权威·前沿·原创

皮书系列为
"十二五""十三五"国家重点图书出版规划项目

BLUE BOOK

智库成果出版与传播平台

宏观经济蓝皮书

BLUE BOOK OF
MACRO-ECONOMY

丛书主编／张　平　刘霞辉
丛书副主编／袁富华　张自然

中国经济增长报告
(2019~2020)

ANNUAL REPORT ON CHINA'S ECONOMIC GROWTH
(2019-2020)

面向 2035 年的高质量发展
High Quality Development Face to 2035

张自然　张　平　刘霞辉　袁富华　等／著

社会科学文献出版社
SOCIAL SCIENCES ACADEMIC PRESS（CHINA）

图书在版编目（CIP）数据

中国经济增长报告.2019~2020：面向2035年的高质量发展／张自然等著．--北京：社会科学文献出版社，2020.10
（宏观经济蓝皮书）
ISBN 978-7-5201-7322-3

Ⅰ.①中…　Ⅱ.①张…　Ⅲ.①中国经济-经济增长-研究报告-2019-2020②中国经济-经济增长质量-研究报告-2019-2020　Ⅳ.①F124.1

中国版本图书馆CIP数据核字（2020）第180462号

宏观经济蓝皮书

中国经济增长报告（2019~2020）
——面向2035年的高质量发展

著　　者／张自然　张　平　刘霞辉　袁富华 等

出 版 人／谢寿光
组稿编辑／周　丽
责任编辑／张丽丽

出　　版／社会科学文献出版社·城市和绿色发展分社（010）59367143
　　　　　　地址：北京市北三环中路甲29号院华龙大厦　邮编：100029
　　　　　　网址：www.ssap.com.cn
发　　行／市场营销中心（010）59367081　59367083
印　　装／天津千鹤文化传播有限公司

规　　格／开　本：787mm×1092mm　1/16
　　　　　　印　张：18.5　字　数：275千字
版　　次／2020年10月第1版　2020年10月第1次印刷
书　　号／ISBN 978-7-5201-7322-3
定　　价／128.00元

本书得到以下资助：

中国社会科学院创新工程"中国高质量发展路径研究"；国家社会科学基金重点课题"中国城市规模、空间聚集与管理模式研究"（批准文号：15AJL013）。

特此致谢。

主要编撰者简介

张　平　中国社会科学院经济研究所研究员，中国社会科学院大学（研究生院）教授、博士生导师。参加和主持了与世界银行、亚洲开发银行、世界劳工组织等的多项国际合作以及社科基金重点课题和国家交办的课题。负责中国社会科学院重大课题"中国经济增长的前沿"及国家社会科学基金重大招标课题"我国经济结构战略性调整和增长方式转变"和"加快经济结构调整与促进经济自主协调发展研究"等。四次获孙冶方经济科学奖。出版专著若干，在《经济研究》等核心期刊上发表或合作发表了几十篇论文，共计百余万字。

刘霞辉　中国社会科学院经济研究所研究员，中国社会科学院大学（研究生院）教授、博士生导师。曾承担和主持多项国家社会科学基金重大招标课题及中国社会科学院、中国社会科学院经济研究所重大课题研究。在《经济研究》等核心期刊上发表了论文多篇。主要著作有《改革年代的经济增长与结构变迁》（合著）、《中国经济增长前沿》（合著）。

袁富华　中国社会科学院经济研究所经济增长理论研究室主任、研究员，中国社会科学院大学（研究生院）教授。承担和主持多项国家社会科学基金项目。在《经济研究》等核心期刊上发表论文多篇。主要专著有《中国经济增长潜力分析》等。

张自然　中国社会科学院经济研究所研究员，中国社会科学院大学（研究生院）教授。两次主持国家社会科学基金重点项目。作为子课题负责人或主要成员参与了多项国家社会科学基金重大招标课题。在《经济研究》《经济学动态》《金融评论》《经济学（季刊）》等学术期刊上发表论文多篇。著作《中国城市化模式、演进机制和可持续发展研究》（合著）入选中国社会科学院文库，并被评选为中国社会科学院 2016 年十项重大理论与现实问题研究成果之一。

摘　要

　　总报告依据"S"形经济增长路径曲线模型对中国未来经济增长路径进行预测，对增长路径转变条件的经验事实进行实证分析，探讨了经济增长效率的提升与高质量发展，并对 2020 年和"八五"计划至"十三五"规划期间 30 个省（区、市）的发展前景进行评估，提出适应增长路径转换的模式构造，指出引入非经济因素的"正反馈机制"来克服路径锁定，通过推动经济与非经济因素共同演化，实现中国经济增长路径转换，迈向现代化。内容包括：①指出高质量转型下的宏观管理体制演进方向；②提出政府治理和宏观管理体制改革的着力点：政府治理和公共财政体系改革；货币供给体系改革；政府配置资源体系的改革；③构建社会等非经济因素的"正反馈"机制；④中国现代化进程中体制改革的顺序安排：2021～2035 年高质量转型目标函数的确立与宏观资源管理体制改革，2036～2050 年全面建构国家能力与国家治理现代化体系。

　　区域经济发展前景报告从指数、分级和排名三个层面对中国 30 个省（区、市）1990～2020 年 31 年间的经济增长、增长潜力、政府效率、人民生活和环境质量等五个方面进行分析，在此基础上，得出 1990～2020 年中国 30 个省（区、市）的发展前景，并基于面向 2035 年的高质量发展背景，对中国 30 个省（区、市）发展前景进行评价，得出"八五"至"十三五"时期中国 30 个省（区、市）发展前景指数、分级及排名变化。研究结论为：中国 30 个省（区、市）发展前景可分为 5 级，分别为Ⅰ级、Ⅱ级、Ⅲ级、Ⅳ级、Ⅴ级。其中，上海市、北京市、江苏省、浙江省在 1990 年以来、2000 年以来、2010 年以来及 2009～2017 年发展前景均处于Ⅰ级水平，广东省在 2018～2020 年上升至Ⅰ级水平，而在此期间，北京市则由Ⅰ级水平下

滑至Ⅱ级水平。从区域角度看，相比1990年，2020年，中国东部、西部、中部发展前景变化情况为：西部地区发展前景的改善情况总体优于东部和中部地区；西部地区人民生活的改善情况也优于东部和中部地区，但东部地区的经济增长、增长潜力、政府效率和环境质量四个方面的改善情况总体优于中部和西部地区。另外，通过对近七年具体指标的权重变化对比发现，2020年城镇失业保险覆盖率权重最高；2014～2020年城市化率权重均位于前列；2015～2020年城镇基本养老保险覆盖率权重位于前列；在2015～2017年、2019年和2020年这几个时间段，人均GDP权重位于前列。位于权重排名前几名的具体指标的变化，可折射出在中国迈向高质量发展的过程中，城镇失业保险覆盖率、城市化率、城镇基本养老保险覆盖率等公共服务、社会保障、人民生活等城市化相关指标的重要程度。

关键词： 宏观经济　经济增长　高质量发展　区域发展前景

目　录

Ⅰ　总报告

Ⅱ　区域经济发展前景报告

皮书数据库阅读 使用指南

总 报 告

General Report

B.1

中国经济增长路径转变中经济与
非经济因素共同演进机制构建

——面向 2035 年的高质量发展

中国经济增长前沿课题组*

摘　要： 本文依据"S"形经济增长路径曲线模型对中国未来经济增
　　　　　长路径进行预测，对增长路径转变的经验事实进行实证分析，
　　　　　探讨了经济增长效率的提升与高质量发展，并对 2020 年和
　　　　　"八五"计划至"十三五"规划期间 30 个省（区、市）的发
　　　　　展前景进行评估，提出适应增长路径转换的模式构造，指出
　　　　　引入非经济因素的"正反馈机制"来克服路径锁定，通过推

---

* 中国经济增长前沿课题组负责人为张平、刘霞辉、袁富华。本文执笔人为张平、张自然、刘
霞辉、袁富华、楠玉。参加讨论的人员有赵志君、仲继银、常欣、吴延兵、陈昌兵、汤铎铎、
郭路、张小溪、付敏杰、陆明涛、张鹏、陆江源等。

动经济与非经济因素共同演化，实现中国经济增长路径转换，迈向现代化。包括：①指出高质量转型下的宏观管理体制演进方向；②提出政府治理和宏观管理体制改革的着力点：政府治理和公共财政体系改革；货币供给体系改革；政府配置资源体系改革；③构建社会等非经济因素的"正反馈"机制；④中国现代化进程中体制改革的顺序安排：2021~2035年高质量转型目标函数的确立与宏观资源管理体制改革；2036~2050年全面建构国家能力与国家治理现代化体系。

关键词：　宏观经济　经济增长　高质量发展　区域发展前景

　　党的十九大报告明确了中国全面建成小康社会后"两步走"的战略目标、阶段性特征和发展的路径。十九大报告指出："第一个阶段，从2020年到2035年，在全面建成小康社会的基础上，再奋斗十五年，基本实现社会主义现代化。第二个阶段，从2035年到本世纪中叶，在基本实现现代化的基础上，再奋斗十五年，把我国建成富强民主文明和谐美丽的社会主义现代化强国。"中国2019年人均GDP①达到1万美元，2020年将在全面实现小康的基础上向实现现代化迈进，到2035年人均GDP将超过2万美元，初步实现现代化，迈入高收入国家行列。按现在的高收入组计算，人均GDP超过1.3万美元时，我国将突破中等收入上限，进入高收入国家行列。预计中国在2028年前后突破中等收入阶段，进入高收入国家行列，再经过几年的发展，到2035年中国人均GDP将超过2万美元，初步实现社会主义现代化，到21世纪中叶建成现代化强国。

　　十九大报告不仅仅给了我们经济发展路径，更给出了经济发展新阶段的基本矛盾、新发展理念和坚持改革开放的方式方法。其核心强调了围绕着以

---

　　① 人均GDP为当期价格。

人民为中心这一个根本命题，促使中国经济增长从物质供给转向满足人的全面发展。"必须坚定不移贯彻创新、协调、绿色、开放、共享的发展理念"，基于国家的现代化建设进程和奋斗目标，"全面落实经济建设、政治建设、文化建设、社会建设、生态文明建设五位一体总体布局"，使政治、文化、社会、自然等非经济性因素成为主导现代化转变的根本。

第一个百年目标实现的内在经济逻辑在于，中国通过改革开放实现工业化、国际化、城市化的三重发展，工业化、城市化及国际化带来的"规模效率"成为中国经济增长的动力。技术依赖于"干中学"，资本靠高储蓄和吸引外资快速积累，而农村剩余劳动力在开放中转变为"人口红利"，创造了劳动要素的比较优势，推动了中国经济高速增长。第二个百年是中国转向现代化的阶段，人的全面发展贯穿于整个发展阶段，发展路径的转向已经是必然的。然而转折是艰难的，高速增长意味着"规模收益递增"，经济的"正反馈机制"自我强化；而转向以人的全面发展为导向的路径，是经济走向均衡，"规模收益递减"，经济回馈机制减弱，只有构造非经济因素的"正反馈机制"才能打破路径依赖，使经济转向新的发展方向。本文依据"S"形经济增长路径曲线模型来对中国未来经济增长路径进行预测，对增长路径转变的经验事实进行验证，进而探讨经济增长效率的提升与高质量发展情况，并对2020年和"八五"计划至"十三五"规划期间30个省（区、市）的发展前景进行评估，提出适应增长路径转换的模式构造，指出引入非经济因素的"正反馈机制"来克服路径锁定，通过推动经济与非经济因素共同演化，实现中国经济增长路径转换，迈向现代化。

一 中国长期"S"形增长路径

（一）增长研究范式的转变

中国经济增长的长期路径一直是我们最为关心的命题。中国社会科学院经济研究所中国经济增长前沿课题组创新性地提出了长期经济增长的"S"

形经济增长路径这一命题，刻画了中国赶超中的阶段性"规模收益递增"特征，探讨了从工业化转向城市化所导致的动力结构转变、收益特性、政府干预、技术进步等（张平、刘霞辉，2007）。而后探讨了技术进步中的"干中学"效应递减、低成本要素提供不可持续、从"结构性加速"向"结构性减速"转换的机理与挑战等问题（张平等，2011；中国经济增长前沿课题组，2012）。

"S"形经济增长路径曲线的增长命题涵盖了两方面的拓展：第一，拓展增长模型成为一个依赖于时间的增长模型。具有最少两期性质，即阶段性特征，一期是"规模收益递增"的发展阶段，该阶段受到阶段性极限限制被强制转向，转到二期"规模收益递减"阶段；在二期"规模收益递减"阶段，能否依靠创新等新要素推动经济走向内生增长是不确定的，此外跨期受到自然条件等约束，需要一套新发展模式。第二，拓展增加了"非经济"因素。"S"形生产函数在从增长依赖于资本、劳动要素积累的模型中拓展增加了新的规模递增要素，把社会、制度、创意、人力资本等新要素加入模型，并将增长目标从单一经济绩效目标拓展为"人的全面发展"的经济社会福利目标，修补了简化的新古典增长范式。现代经济增长模型的演变过程就是一个不断简化的过程，不包括阶段性，也不包含任何非经济性要素，是一个单调的要素积累增长模型，外生变量为技术进步和人口。内生化增长理论将人力资本内生为技术进步，并将其作为增长的持续推动因素。增长模型中也没有因破坏自然资源而引起气候变暖的成本项目，没有两极化分裂社会的代价因素，这种把人类－自然社会的高度复杂化过程简化为要素积累的增长模型适合于工业化物质生产阶段，而对于基于人的全面发展的现代化阶段的分析而言是非常有局限性的。

对单一增长过程和极其简化的经济学进行抽象分析的贡献是毋庸置疑的，但这种分析难以涵盖经济真实发展的多阶段特征和阶段转换的特性，而且过度地简化掉了非经济性因素，使所研究的经济系统成为一个孤立的系统，同现实经济与社会、政治、文化、自然融为一体的人类真实活动也越来越不相关。这些问题促使经济学家积极进行探索，从多方面对研究进行拓展和丰富。马克思主义学术传统一直将经济生产方式与阶级产生相连接，形成了丰富的经济与社会互动的发展机制分析理论，并划分了历史发展阶段，指导了实践。从亚当·斯密到现代经济学者都在不断探索经济与伦理、社会等人类活动变量的互动连接关系（乔洪武等，2016）。阿马蒂亚·森指出现代经济学的两个根源：一是由"边际革命"开创的经济学的"工程学"根源；二是经济与伦理学的分离（阿马蒂亚·森，2000）。对经济与社会活动的分析研究更是浩如烟海，有经济"嵌入"社会等理论。从在心理活动基础上拓展而来的行为经济学等来说，经济学与人类活动的互动性是现代主义的一个基准。

关于经济发展多阶段性的探讨，罗斯托（2016）在《经济增长理论史：从大卫·休谟至今》中，以经济发展阶段为分基准讨论了每个经济发展阶段的"增长基本方程"，将"非经济因素"和"增长阶段与极限"作为讨论的阶段的范式，并归纳了自己所处的发展阶段特征为"起飞、成熟技术、大众消费"。亚洲金融危机后，世界银行的"中等收入陷阱"假说再次将发展阶段研究推到了重要位置。中国作为新兴市场国家如何跨越中等收入陷阱成为研究的一个重要话题。阶段性讨论本质上隐含了阶段性断点出现的可能性和演化分叉的可能性，这也是人类社会多样性特征的一个表现。

加入自然冲击成本后再探讨经济增长模型。我们应为增长模型增加成本项目，如大自然作为复杂系统"涌现"出的宏观现象，包括具有全球性的灾害、污染、瘟疫等，会根本性地改变增长的技术和演进路径。工业化以来以刺激消费、增加物质消耗为基准提升 GDP 的增长模式因温室效应而不断面临挑战，如自然灾害、污染和疫情等已经造成了增长的损失。2020 年的新冠肺炎疫情，直接导致 IMF 将全球经济增速预测从原有的 3.2% 调低到 −3.2%。气候经济学被全球所接受，气候、环境、排放、循环经济等被列入全球应对气候变化协约，并深深地改变了人们的生活和生产方式。中国是《巴黎协定》的缔约国，减少大气污染、降低排放、循环利用物质已经开启了中国新的生产方式。日本提倡的"氢社会"、欧洲提出的"第三次产业革命"都希望改变传统生活和生产方式，使自身进入绿色平衡发展的状态，但这种状态基本上处于零增长。学者、大众、政府精英都开始重新讨论

增长的意义，即增长是否只是通过消耗物质来提高 GDP。在跨越小康或进入高收入阶段后，精神享受是否为"精神收入"，能否被核算，以及在自然成本冲击下，如何重新设置人类发展新目标和新模式被广泛讨论。

增长路径转折是对经济增长路径逐步逼近阶段性极限的特征表述，路径转折是一个过程，属必然趋势，路径转换的方向含有多种可能性，如经济学、组织学中讨论的"路径依赖"，会导致经济不能成功转换到更高的增长路径而陷入增长困境，即增长的陷阱。中国经济增长路径阶段性极限特征表现在多个方面：①随着人均 GDP 增长和市场全面开放，要素完成了国际市场定价，由市场规模扩张和隐蔽资源（要素）重新定价推动的规模效用逐步开始递减；②人口红利推动的劳动力供给比较优势逐步消失，人口老龄化会导致人口负债；③随着本国技术水平接近全球技术前沿边界，技术模仿效率和收益逐渐下降，技术开发不确定性逐渐增强；④随着后发国家的传统农业部门转为现代化部门，城市化率不断提高，从农村到城市的结构再配置效率递减；⑤自然成本约束明显加强，可持续发展成为增长的要求；⑥基于城市发展的社会等非经济因素推动增长向包容性增长转变。

这些新的增长模型和对发展模式的探索实质上就是要通过发展模式转变，推动增长路径转变，最大的特征就是通过非经济因素的加入取得超越增长的"正反馈"，从而引导增长路径转向新的发展路径。

（二）"S"形增长曲线模型和对2021～2050年的预测

"S"形增长曲线模型本质上就是一个人均 GDP 基于资本要素积累形成的增长的生产函数扩展，扩展为一个因时而变的增长路径，构成了一个逻辑曲线（张平、刘霞辉，2007）。在陈昌兵、张平（2018）依据模型做的实证估计基础上，我们依据最新的数据重新估计了中国长期增长曲线。我国人均 GDP 增长在 1953～1978 年的波动性较大，在 1984～2019 年变化较大。依据 1978～2019 年的数据，用贝叶斯统计估计模型为：参数估计值可得到 α 的均值为 0.00412，95% 的置信区间为（0.00398，0.0042）；a 的均值为 86.1516，95% 的置信区间为（83.9856，89.4521）；b 的均值为 0.0892，

95%的置信区间为（0.0827，0.09176），收敛于 $\alpha = 0.00412$，可得到 $k = 242.72$，$a = 86.1516$，$b = 0.0892$。由此得出我国人均 GDP "S" 形增长曲线函数：

$$y_t = \frac{242.72}{1 + 86.1516 \cdot e^{-0.0892t}} \tag{1}$$

根据 1978～2019 年实际的人均 GDP 与模拟的人均 GDP 可计算得到方程预测误差项为 $e^2 = 7.4159$，曲线见图 1，可计算出拐点为 2033 年，即我国人均 GDP 将从高速增长转向中高速增长阶段，再转入稳定增长期，2034 年以后我国人均 GDP 将进入平稳发展期。

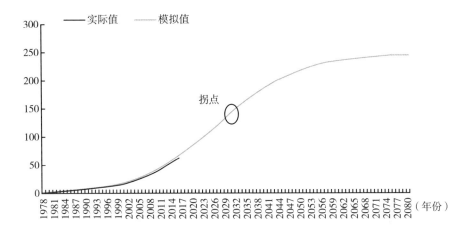

图 1　1978 年以来中国人均 GDP 的情况及对未来的预测

注：人均 GDP 是以 1952 年价格计算的，也就是将 1952 年数据单位化为 1。该模型测算结果由中国社会科学院经济研究所陈昌兵研究员更新计算得到。

根据模型的预测值，我们以 2019 年人均 GDP 1 万美元为基数，由于遭到新冠肺炎疫情冲击，2020 年以名义增长率 3.5% 和汇率 7 计算 GDP 增速，而后年份的预测我们假定汇率为 7，并给出了三个阶段的通货膨胀率。2021～2033 年 GDP 平减指数，即通货膨胀水平保持为 2%，2030～2040 年通货膨胀水平降低到 1.5%，2041～2050 年通货膨胀水平降低到 1%，这意味着在 2050 年以前中国对外汇率将保持小幅升值的增长态势。按模型预测的人均

GDP 增长情况如表 1 所示，到 2033 年，中国人均 GDP 将达到 2.4 万美元，到 2050 年将达到 4.1 万美元，中国将成为现代化强国。从现在到 2050 年我国经济增长将逐步从赶超速度向发达国家增长速度收敛，因此衡量财富水平的关键不是速度，而是一国经济稳定和持续增长，汇率的升值是经济、政治、社会多方面和谐稳定的信用性特征，降低波动，和谐和持续增长是发展的根本。

表 1　1978 年以来中国经济与人口增长情况及未来人均 GDP 增长预测

单位：%

年份	人均国内生产总值年增长率	国内生产总值增长率	人口增长率	人均 GDP 增长率(贝叶斯)(以 1978 年为基期的实际增长)
1978	10.2	11.65	1.35	
1979	6.2	7.57	1.33	9.20
1980	6.5	7.85	1.19	9.19
1981	3.8	5.14	1.38	9.18
1982	7.4	9.03	1.58	9.16
1983	9.2	10.77	1.33	9.15
1984	13.7	15.23	1.31	9.13
1985	11.9	13.51	1.43	9.11
1986	7.3	8.95	1.56	9.09
1987	9.9	11.72	1.67	9.07
1988	9.4	11.3	1.58	9.05
1989	2.6	4.21	1.51	9.02
1990	2.4	3.9	1.45	9.00
1991	7.8	9.3	1.30	8.97
1992	12.8	14.2	1.16	8.93
1993	12.6	13.9	1.15	8.90
1994	11.8	13	1.12	8.86
1995	9.8	11	1.06	8.82
1996	8.8	9.9	1.05	8.78
1997	8.1	9.2	1.01	8.73
1998	6.8	7.8	0.92	8.67
1999	6.7	7.7	0.82	8.62
2000	7.6	8.5	0.76	8.56
2001	7.6	8.3	0.70	8.49
2002	8.4	9.1	0.65	8.42
2003	9.4	10	0.60	8.35

续表

年份	人均国内生产总值年增长率	国内生产总值增长率	人口增长率	人均GDP增长率（贝叶斯）（以1978年为基期的实际增长）
2004	9.5	10.1	0.59	8.26
2005	10.7	11.4	0.59	8.18
2006	12.1	12.7	0.53	8.08
2007	13.6	14.2	0.52	7.98
2008	9.1	9.7	0.51	7.88
2009	8.9	9.4	0.49	7.76
2010	10.1	10.6	0.48	7.65
2011	9	9.6	0.48	7.52
2012	7.3	7.9	0.50	7.38
2013	7.2	7.8	0.49	7.24
2014	6.8	7.4	0.52	7.10
2015	6.4	7	0.50	6.94
2016	6.1	6.8	0.59	6.78
2017	6.4	6.9	0.53	6.61
2018	6.3	6.7	0.38	6.44
2019	5.7	6.1	0.33	6.25
2020				6.07
2021				5.88
2022				5.68
2023				5.48
2024				5.28
2025				5.07
2026				4.86
2027				4.66
2028				4.45
2029				4.24
2030				4.04
2031				3.83
2032				3.63
2033				3.44
2034				3.25
2035				3.06
2036				2.88
2037				2.70
2038				2.54
2039				2.38
2040				2.22

年份	人均国内生产总值年增长率	国内生产总值增长率	人口增长率	人均GDP增长率(贝叶斯) （以1978年为基期的实际增长）
2041				2.07
2042				1.93
2043				1.80
2044				1.67
2045				1.55
2046				1.44
2047				1.34
2048				1.24
2049				1.15
2050				1.06

注：2020年及以后的人均GDP增长率（贝叶斯）为预测值。

2021年后，中国将从工业化过程中以"物质"效率供给为核心的发展阶段转向深度城市化过程中以"人"为中心的发展阶段，即通过消费和服务提升"人"的质量，达到创新和效率提升。由城市化的经济体系向福利社会体系转型，为人提供高质量公共服务。中国2019年常住人口城镇化率为60.6%，户籍人口城镇化率为44.38%。随着户籍改革在2020年逐步实施推进，以常住人口衡量的城市化与以户籍人口衡量的城市化将逐步统一，预计到2030年以常住人口衡量的城市化率将达到70%，而后城市化率将进入自然增长过程，即城市化率的提高将通过城乡人口比例的自然变动来实现。城市人口比重高于农村人口，而且年轻化程度高，预期寿命长，人口自然增长的差异将推动城市化率提高，到2050年，基本的城市化率将达到85%的水平。

中国第二个百年目标核心是基于深度城市化过程实现人的现代化。在人的现代化过程中，政治、文化、社会等"非经济因素"关键变量应被纳入现代化模型构建中。

二 中国经济增长转变中的经验性事实与模式演进

虽然我们预测2033年为经济增长转折点，但转折本质上是一个过程，而不是一个简单的预测时点，这个过程是由一组转折性经验事实推动形成的。我们对这一转折过程中的经验事实进行梳理，并配合发展模式的变与不变进行讨论，以理解过程中不可更改的趋势与传统模式锁定的冲突与调整。

（一）经济增长转变中的经验性事实

在中国经济增长发生转折的过程中，我们可以看到一系列相关事实都在揭示着"规模收益"递增过程的转变。

1. "结构性减速"

以出口为导向的工业化推动的"规模收益递增"的经济赶超阶段结束。2012年中国由"结构性加速"转变为"结构性减速"（中国经济增长前沿课题组，2012）。工业化是中国实现赶超增长的第一大结构性动力，2011年之前中国工业增加值占GDP比重在40%以上，个别年份会低些，但很快就会上升，而2011年之后，工业增加值占GDP比重出现系统性下降，到2019年下降到30%。低效率的传统农业部门的资源被配置到高效率的现代工业化部门，推动结构性配置带来"规模收益递增"，随着中国经济结构服务化水平快速提升，经济增长速度因服务业比重上升逐步减缓，这与国际规律相一致，经济结构服务化是路径发生转向的最重要标志。

2. 全球化市场带动的规模收益递增趋势结束

中国通过比较优势，以出口拓展的全球贸易市场份额到2015年达到顶峰。中国出口额占全球出口额的份额，2015年达到14%，之后略有下降，2019年为13%强的水平，达到极限，由中国出口带动的全球市场扩展所推动形成的"规模收益递增"趋势结束。中国净出口占GDP的比重从2007年的8.6%下降到2018年的0.85%，出口带动效应下降，出口导向的经济扩张结束，逐步进入以国内为主导的经济发展阶段。

3. 以空间聚集获得规模收益的特征预计到2030年前后结束

2011年中国城市化率突破50%，2019年突破60%，为60.6%，空间聚集带来的规模效应推动着城市化的投资和生产，但到2030年城市化率达到70%后，城市规模效应便逐步稳定，人口城市化转移仅依循城乡人口自然增

长，库兹涅茨的城市化的"建设周期"基本结束。2030 年后，由于城市人口比例高、年轻人多、预期寿命长，城乡人口的自然增长会不断提高城市人口比重，但这种城市化率的提高不具有人口转移带来的聚集效应，相应地为聚集而大幅度投资的"建设周期"结束，城市化加速经济增长路径转向平稳路径。

4. 中国人口红利2015年已结束

人口红利是中国赶超路径中最重要的一个要素。中国劳动人口占总人口的比重从改革开放后持续上升，但在改革开放之前，人口是负担而不是红利。后发国家人口多是贫穷因素，人口导致落后国家陷入"马尔萨斯陷阱"。只有将大量农村剩余劳动力转移到工业化进程中，并且使他们参与到国际化分工体系中，才能继续推动剩余劳动力的转移，化负担为红利。中国劳动力人口占比 2012 年见顶，然后缓慢回落，人口老龄化加快。按联合国人口预测数据，中国人口总量 2031 年将达到 14.6 亿的顶峰，之后人口将转变为负增长，劳动供给增长率下降。

5. 中国的资本形成增长速度逐步下降

资本形成来自一国储蓄，包括"国内投资 + 净出口"。中国净出口占GDP 比重已下降到了 1%，因此中国储蓄增长现在主要来自国内储蓄的增长。从现有的情况看，储蓄增长率与收入增长率保持着正相关关系，随着收入增长减缓，储蓄增长也将相应减缓。另外，居民、企业、政府负债增长加速，按国家金融与发展实验室公布的 2020 年资产负债表，2020 年第一季度居民负债占 GDP 的 57.7%，企业负债占 GDP 的 161.1%，政府负债占 GDP的 40.5%。由于净储蓄水平在持续下降，资本形成增长速度也将逐步下降。

6. 中国汇率重估带来的 GDP 高速增长到2016年人民币加入特别提款权（SDR）体系后结束

1994 年中国汇率并轨，人民币汇率从 5.8 贬值为 8.7，中国从此开创了出口盈余的历史，通过压低汇率增强比较优势提升出口竞争力，随着中国贸易额占全球贸易额份额的提高，汇率贬值带来的出口效应得到第一次修正。2005 年人民币持续小幅升值，到 2015 年，中国 GDP 按美元计算实现超高速增长，包含了名义 GDP 的高速增长和汇率升值，汇率升值导致大量国际资金涌入中国，中国人民银行的货币发行基于外汇资产的货币供给，货币供给大幅度增加（张平，2012），通货膨胀水平提高，中国名义 GDP 增长每年超过 15%，加上每年汇率升值 3%，中国以美元计价 GDP 年均增速高达 18%，汇率升值带来了中国超高速赶超。2015 年 8 月 11 日中国央行宣布进行汇率改革，汇率按市场定价原则进行改革，2016 年 10 月，中国加入国际货币基金组织（IMF）的特别提款权（SDR）体系，人民币双向波动，直到 2020 年才稳定在 7% 左右，形成比较均衡的汇率体系，但基于汇率升值带来较大经济增长速度的时期也已经结束。汇率定价透明化后，中国资源（要素）价格也逐步与国际定价接轨，隐蔽资源（要素）价格重估结束。

7. 中国 2016 年加入《巴黎协定》，强调了中国减排的国际责任，使得自然约束成为新的成本，这些基本的事实预示着阶段性发展逐步走向极限，转折已经不可避免

2019 年中国人均 GDP 超过 1 万美元，未来 15 年中国将跨越"中等收入"阶段，进入高收入国家行列，中国人均 GDP 增长速度将向发达国家收敛，规模收益将逐步走向递减。增长路径转变是不以人的意志为转移的，它有其内生逻辑，符合现代化发展的三大规律。第一是人类需求定律。大量事实与理论如经济学中的恩格尔定律、心理学中的马斯洛需求层次理论等，都已经证明了人类需求定律，即随着人们收入的不断提高，人们物质消费占比将不断下降，精神需求将不断上升，与之匹配的就是服务业占比的持续上升（中国经济增长前沿课题组，2015）。第二是广义人力资本消费 - 创新效率补偿的规律。精神需求的提高，必须伴随广义人力资本消费的提高，从而提升人的创新能力，形成创新效率补充，否则该循环是不能持续的（中国经济增长前沿课题组，2016）。第三是人的全面发展规律。在人们的收入 - 福利水平超过小康阈值后，经济体将逐步进入均衡增长阶段，经济约束将逐步减弱，人的全面发展将成为现代化的中心议题，大量的非经济因素成为现代化体系构建的新基础。

（二）转型方向、路径依赖与模式变革

2020 年，中国将实现全面建成小康社会的目标，2035 年将步入现代化国家行列，这意味着在跨越"中等收入"进入高收入的最重要阶段，首先遇到的问题是经济规模报酬递增的消失，经济增长放缓，经济增长路径需要转换，并且这一转换没有强的经济激励；其次，与原有高速增长相伴的增长模式需要转变，即模式中的控制系统（宏观制度）的导向需要转变，需要重新确立激励方向、相关结构（市场结构、产权结构、生产结构、利益格局等）和动力机制（正反馈机制），才能改变路径锁定状态。中国从经济赶超模式转变为高质量发展模式，从单一物质增长转向以"人的发展"为基准，创新、协调、绿色、开放、共享和经济、政治、文化、社会、生态五位一体的协同发展，是一个全新的激励目标。相应的发展模式也要做出巨大的调整，否则难以实现这一转变。在未来经济增长的基本模型中，一方面要融入更多具有规模收益递增的新要素，如将创意、人力资本、知识与数据等变量加入创新变量组中；另一方面要将非经济要素加入基本增长模型，如将绿色作为可持续度量变量、共享作为包容性变量加入模型。而在经济因素外，政治、文化、社会、法律等作为制度性治理变量，同样是重要的新变量，也要加入增长模型中。高质量增长模型要素组要远远高于传统的增长模型，而被解释变量也不再是 GDP，而是包含了基于人的发展的多维社会福利目标函数。增长路径的改变充满了不确定性，特别是原有路径和发展模式都会阻碍这一改变。应吸收超前性的意识，开拓未来的方向，最终依据路径导向，积极改变发展模式，制定基于中国"人的发展"的宏观激励目标和配置体系，形成新的基于新要素的结构，建立新的非经济要素的"正反馈机制"，通过国民积极参与打破路径锁定，形成新的路径、模式（激励）的双重转换。

必须打破增长路径依赖和原有发展模式下的利益格局的锁定，否则很难转向新的发展路径，导致经济停滞。打破路径依赖锁定成为模式转换的根本。路径依赖来自对技术路径的讨论，诺思（North, D. C., 1994）将其引入经济学，逐步形成了一套制度演进的路径依赖理论。制度变迁和路径依赖理论涉及很多命题，我们从以下三大问题入手讨论制度变迁和路径依赖：①报酬递增与自我强化。报酬递增机制是保证路径持续性的逻辑，经济报酬作为唯一的激励手段，具有自我强化效应，并形成一个单一的追逐经济利益最大化的体制格局。②制度变迁动力机制揭示了制度形成的一个最重要的基础是人们的意识形态和产权安排制度效率。"意识形态是使个人和集团行为范式呵护理性的智力成果"，通过意识形态等因素构成一组相互关联的制度体系，因此对制度的变革不单是一个经济绩效问题，还要把绩效拓宽为"把一个社会的政治和经济的制度、技术、人口统计学和意识形态都包括在内"（诺思，1992）。③路径锁定，本质上是利益格局和历史选择对现在选择的约束性。

很多学者沿着技术进步和制度变迁又做了很多探索，特别是在打破路径依赖方面。打破路径依赖的相关分析有对路径构造、路径依赖与路径构造的相互作用，以及共同演化过程构造和挑战路径等很多问题的讨论，并延展到微观层面（刘汉民等，2012）。从现有的分析看，由于规模递增因素消失，原有的路径需要改变，从技术进步和微观组织分析看需要侧重于再构造新的"规模收益递增"的路径，但这对一国的宏观经济与制度而言是不可行的。任何国家都不存在持续的经济规模收益递增特性，经济转入规模收益递减路径后，往往也是从赶超阶段转向高质量发展阶段。狭义的增长绩效难以持续提供规模递增的回报，改变增长路径并构建新的发展模式变得非常不易，其中两个方面的拓展是必需的：第一是高质量转型过程中广义绩效的加入，即基于人的发展的福利目标构造；第二是"正反馈"机制需要拓展为包含意识形态、降低交易成本的政治和法制体系构建以及社会参与等非经济类要素的"正反馈"，形成新的发展模式。基于人的发展的高质量增长路径的方向性改变和激励过程依然是可构造的，可通过使用经济奖励和惩罚来影响路径发展过程，通过非经济的多因素建立"正反馈"机制，形成经济与社会等的共同演化过程，打破原有利益锁定，形成新的模式。这个过程保持了渐进性、正反馈、共同参与，并保证了交易成

本不断下降，共享利益的帕累托改进，以及经济的平稳增长。路径转换模式与激励的特性更多来自目标转变、激励机制改变、社会参与度推动"正反馈"，以及利益再调整打破原有利益格局的锁定，这些都是改变路径增长模式所需要的基本要素。

中国政府和学者对高质量发展的路径转型方向已经达成共识，而且中国也出台了很多改革措施，但路径转型依然举步维艰。赶超增长的路径依然有其增长空间，未到极限，而新增长路径更多地显示出的是均衡、可持续的增长，呈现的是规模收益递减特性，增长速度逐步放缓，这与"规模回报递增"的历史观念和路径非常不同。新增长路径需要的是经济绩效方面以创新为中心的内生增长的制度设计，需要更广泛地放开产业管制，特别是让大众参与到基于人的全面发展的过程中来，形成意识形态、政治和法律制度、知识社会改造过程中的"正反馈"机制，获得非经济报酬类的激励。这次转型是经济、文化、政治、社会、自然的相互作用共同演化的新转型，宏观资源配置和激励体制改革是推动转型的根本。要通过宏观资源配置体制和激励目标的转变，积极提高社会参与性，形成社会正反馈机制，推动路径转向。这是一个现代化转型过程，也是治理现代化的过程。

路径转换的另一大风险就是，由于"规模收益递增"接近尾声，可用的正向经济绩效激励或可分享的利益越来越少，既得利益者会展开存量博弈：第一种是透支未来，增加高负债，试图延续"规模收益递增"；第二种是保证既得利益者的利益，强占弱势群体的分配份额，强化分配不公和加大收入差距；第三种是通过更多的干预、管制等损害市场机制，设租寻租，大幅度增加交易成本，降低制度效率。打破传统路径依赖形成的利益锁定在微观层面要降低交易成本，不断吸收具有"规模递增性"的新要素，积极推动和深化市场配置资源体系改革，加强产权保护。同时，要尽快推动宏观资源配置体制的改革，矫正政府干预资源的行为，积极改变增长路径的导向、激励目标，促进社会等非经济因素的参与，消除路径依赖对新增长资源的消耗，为转型创造有利的宏观导向。

三 经济增长效率提升与高质量发展

2019 年底召开的中央经济工作会议强调，贯彻新发展理念、推动高质量发展，是未来一个阶段的工作重点。当前中国经济的发展现状是：经济增速逐渐放缓，人均收入水平不断提升。在经历了三十多年的高速增长之后，中国经济于 2012 年之后逐渐告别两位数的增长，从"结构性加速"转向"结构性减速"（中国经济增长前沿课题组，2012）。2018 年和 2019 年中国 GDP 增长率分别为 6.4% 和 6.1%，2020 年受新冠肺炎疫情影响，第一季度 GDP 增速同比下降 6.8%。同时，全球经济也受到不同程度的冲击，IMF 对全球经济的预测，从之前的 3.2% 下调至 -3.2%，预计未来中国经济增速会进一步放缓。而与此同时，2019 年中国人均 GDP 达到 70892 元，按年平均汇率折算，已经突破 1 万美元大关，依据世界银行增长阶段划分标准，中国已进入中等收入偏高发展阶段。

值得关注的是，中国经济当前正面临新旧产业交替和增长动能转换的挑战，大规模工业化阶段形成的规模数量型扩张模式很难延续中国经济高速且高效的增长过程。主要表现在：①工业化阶段通过劳动力部门间重新配置产生的人口红利效应逐渐消失，低成本劳动力比较优势不可持续。对外开放程度的加深使得中国在国际贸易中拥有比较优势的劳动密集型产业加速发展，农村剩余劳动力通过重新配置至工业部门即可转化为"人口红利"。随着工人收入水平的提升和人口老龄化的加快，低成本劳动力的供给不可持续，加之周边拥有后发优势的国家（如越南、柬埔寨等）经济起飞所带来的外部冲击，进一步加速了中国劳动力比较优势的消失。如表 2 所示，劳动投入增长率和劳动年龄人口增长率由高增长阶段（1985～2007 年）的 1.50%、1.58% 分别下降至目前（2008～2019 年）的 0.23%、0.27%；劳动对增长的贡献份额也逐渐减小，从高增长时期（1985～2007 年）的 6.17% 下降至 2008 年以来平均 1.40% 的水平。②工业化阶段粗放型资本积累模式不具备全要素生产率（TFP）持续改进的机制。依赖高储蓄率和外资引进，中国实现了工业化阶段的资本快速积累。由表 2 可知，中国经济一直保持高资本投入增长，但资本使用效率却没有改善。中国高速增长阶段（1985~2007 年）资本投入增长率为 11.13%，2008 年金融危机以来仍保持着平均 10.78% 的高资本投入增长，但与此同时，资本效率却从 0.52 下降至 0.24。中国经济长期的投资依赖使得资本边际回报递减，资本驱动的低效率路径依赖问题愈加明显。而国内资本形成主要来自国内储蓄，未来随着居民收入水平增速减缓，储蓄以及资本积累增速也将放缓，预计未来 15 年资本投入增速会下降至 6.95%。因此，中国要迈入高质量发展阶段，迫切需要通过增长效率提升和效率模式重塑激发经济活力和增长潜能，实现长期可持续增长。

表 2 生产函数分解

指标	历史(峰－峰): 1985~2007 年	现状: 2008~2019 年	预测: 2020~2035 年
[1][潜在增长(生产函数拟合)三因素](%)	10.10	7.89	4.7
[2]资本投入(K):弹性	0.60	0.55	0.45
[3]资本贡献份额 = ([2]×[8])/[1](%)	68.72	76.35	66.54
[4]劳动投入(L):弹性	0.40	0.45	0.55
[5]劳动贡献份额 = ([4]×[11])/[1](%)	6.17	1.40	3.46
[6]TFP:增长率(%)	2.82	1.79	1.41
[7]TFP:贡献份额 = 100－[3]－[5](%)	25.11	22.25	30.0
[8]资本投入增长率(k = dK/K) = [9]×[10](%)	11.13	10.78	6.95
[9](净)投资率(I/Y)(%)	21.32	44.93	—
[10]资本效率(Y/K)	0.52	0.24	—
[11]劳动投入增长率(l = dL/L) = [12] + [13](%)	1.50	0.23	0.28
[12]劳动年龄人口增长率(pop_l)(%)	1.58	0.27	-0.79
[13]劳动参与率变化率(θ_L)	-0.07	-0.04	1.07
[14]劳动生产率增长率(y = Y/L) = [15] + [16](%)	8.54	8.21	—
[15]资本效率(Y/K)增长率(%)	-0.89	-3.84	—
[16]人均资本(K/L)增长率(%)	9.43	12.05	—
城市化			
[17]城市化率(%)	33	54.15	72

注：产出（Y）变量是以 1978 年为基期的不变价国内生产总值；劳动投入（L）变量为就业人数；资本投入（K）水平为依据 Nehru&Dhareshwar 永续盘存法计算的以 1978 年为基期的固定资产存量水平。

资料来源：《新中国六十年统计资料汇编》、《中国统计年鉴》及各省统计年鉴。

（一）全要素生产率及提升路径

高质量发展是城市化可持续发展和以人民为中心发展理念的内在要求。随着人口红利消失，以往依靠低成本劳动力比较优势的增长模式将逐渐终结，创新将会成为我国城市化发展的新引擎之一。未来随着发展阶段性特征的变化，中国应秉承创新、协调、绿色、开放、共享的新发展理念推进现代化建设，重点立足于国家创新能力培育和创新效率改善。当工业化规模经济的条件消失之后，全要素生产率提升成为我国实现高质量发展的必要条件。党的十九大报告明确提出，要"以供给侧结构性改革为主线，推动经济发展质量变革、效率变革、动力变革，提高全要素生产率"。城市化阶段，随着知识经济的发展，与全要素生产率提高相关联的因素，如制度、治理、企业家才能、要素质量及配置效率的作用日益凸显。提高全要素生产率是推动高质量发展的动力源泉，对于我国决胜全面建成小康社会、开启全面建设社会主义现代化国家新征程具有重要作用（蔡昉，2018）。我国应通过提高全要素生产率的"集约式增长"，形成以人民为中心的新经济循环体系，实现创新、效率提升、价值创造与公平分享，从而更好地实现高质量发展。

发达经济体的经验表明，在进入中等收入阶段之后将会出现一个效率显著提升时期，从而为较快达到高收入水平并实现稳定增长提供新动力。根据联合国 PWT 9.1 数据库中各国相对于美国全要素生产率水平的数据，欧洲发达经济体在跨越中等收入门槛时，TFP 水平基本接近于甚至会超越美国的水平，如法国和加拿大的相对水平分别为 1.08 和 1.04。德国和英国进入中等收入阶段时 TFP 相对水平虽然分别为 0.89 和 0.84，但进入高收入阶段时已基本与美国相当，TFP 相对水平分别为 1.01 和 0.99。日本和韩国跨过中等收入门槛时 TFP 相对水平分别为 0.73 和 0.74，迈过高收入门槛时相对水平分别为 0.82 和 0.76。中国于 2010 年迈过中等收入门槛，但 TFP 相对于美国的水平仅为 0.4，差距相对较大。

基于 Fare 等建立的 Malmquist 生产率指数分析方法，我们对中国 1978

年以来的 TFP 增长及其贡献水平进行了测算，结果如图 2 所示。可以看到，全球金融危机冲击，使得我国 TFP 增速从 7.2% 下降至 2008 年的 3.0%，至 2009 年仅为 2.1%。为应对危机，我国在 2008 年和 2009 年采取了 4 万亿元的刺激政策，短期内虽使得 TFP 增速略有回升（2010 年 TFP 增速为 3.3%），但并不可持续（2011 年 TFP 增速又降至 2.4%）。随后，我国又采取了一系列应对结构性减速的改革举措，如"去杠杆化""减税降费"等，欲从根本上改善经济运行效率。2014 年以来我国 TFP 增速已呈现出稳步回升的趋势，2019 年 TFP 增速为 1.4% 左右，对增长的贡献率为 22.95%。

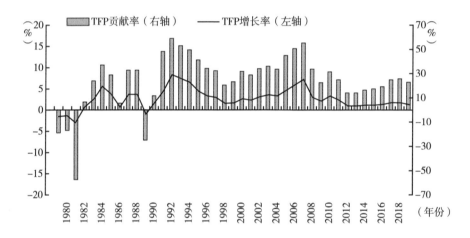

图 2　中国 1978～2019 年 TFP 增长及贡献情况

注：TFP 数据是基于 Malmquist-DEA 方法测算所得。测算 TFP 数值时，产出端为以 1978 年为基期的实际 GDP 水平，投入端为劳动力和以 1978 年为基期的实际物质资本存量水平，由于投入端未纳入劳动力质量等因素，因此这些因素对增长的影响都包含在 TFP 增长和贡献之中。

资料来源：各年《中国统计年鉴》。

根据发达国家的经验，结合中国经济转型时期的经济社会条件变化，我们认为促进全要素生产率提升的路径包括：①提升要素质量。通过增强劳动者教育人力资本和健康人力资本的培育和积累，从长期来看能显著促进效率提升和经济增长。②提高要素配置效率。通过产业结构优化和矫正要素激励扭曲等方式，促进要素在部门间、行业间的重新配置，提高全要素生产率。

③推动制度创新和体制改革，增强企业竞争和创新竞争，促进全要素生产率提升。

（二）产业结构问题及其优化

经济高质量发展的基础是制造业与服务业的协同发展。从城市化的知识经济特征看，服务业发展以其溢出效应为制造业和整体经济效率提供动力和保证。但是，中国转型时期产业发展的不协调问题仍很突出。我们对中国整体及各产业实际劳动生产率进行测算，结果如图3所示。2019年中国整体实际劳动生产率为18658万元/人，第一、第二、第三产业实际劳动生产率分别为3001万元/人、48619万元/人、13993万元/人，第二产业实际劳动生产率水平明显高于第一产业和第三产业，且增速较快。服务业劳动生产率从2007年14.8%的高增速迅速下滑，2013年增速仅为1.2%，2019年增速又恢复至4.6%的水平。表3给出了各产业分阶段劳动生产率增长情况。中国整体劳动生产率和第三产业劳动生产率增速从2007年之后开始下滑，2011～2019年平均增速分别降为7.15%和4.32%，而第二产业劳动生产率增长放缓发生在2002年之后，2001～2010年、2011～2019年两个阶段增速分别为8.30%和7.34%。

从名义增加值占比来看，第三产业2012年就已超过第二产业，成为主导产业，2015年第三产业名义增加值占比更是超过50%。但从实际增加值份额来看，第二产业仍是经济发展的主导产业，2019年三次产业实际增加值占比分别为3.6%、64.4%、32.0%。如表3所示，虽然2011～2019年第二产业分阶段的名义增加值份额有所下降，但实际增加值份额仍处于上升状态。从就业份额变动率来看，第一产业就业份额加速下滑，第二产业和第三产业就业份额呈现此消彼长的态势，2011～2019年第二产业就业份额已经呈现为下降趋势，平均增速为－0.46%，第三产业就业份额呈加速增长趋势，平均增速为3.57%。

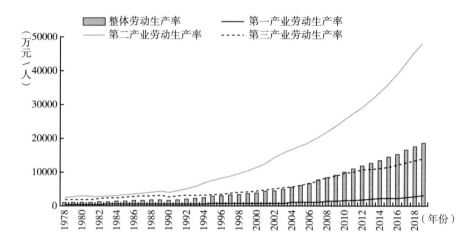

图3 1978～2019年中国整体及三次产业实际劳动生产率

注：国内生产总值是以1978年为基期的实际国内生产总值水平。
资料来源：各年《中国统计年鉴》。

表3 劳动生产率因素分解

项目	1978～1990年	1991～2000年	2001～2010年	2011～2019年
劳动生产率($y=Y/L$)增长率(%)	4.92	9.28	9.97	7.15
第一产业劳动生产率增长率(%)	2.91	4.58	6.78	8.07
就业份额变动率(%)	-1.31	-1.81	-3.03	-4.12
实际增加值份额	0.23	0.12	0.07	0.04
名义增加值份额	0.29	0.19	0.11	0.08
第二产业劳动生产率增长率(%)	3.69	11.76	8.30	7.34
就业份额变动率(%)	1.82	0.52	2.51	-0.46
实际增加值份额	0.49	0.59	0.64	0.66
名义增加值份额	0.44	0.45	0.46	0.42
第三产业劳动生产率增长率(%)	3.48	4.85	8.17	4.32
就业份额变动率(%)	3.60	4.08	2.33	3.57
实际增加值份额	0.28	0.29	0.29	0.30
名义增加值份额	0.27	0.36	0.42	0.50

注：劳动生产率（$y=Y/L$）增长率=第一产业增加值份额×（第一产业劳动生产率增长率+第一产业就业份额变动率）+第二产业增加值份额×（第二产业劳动生产率增长率+第二产业就业份额变动率）+第三产业增加值份额×（第三产业劳动生产率增长率+第三产业就业份额变动率）。实际增加值份额是各产业以1978年为基期的实际产出份额数据。各产业劳动生产率数据是以实际国内生产总值数据计算而得，反映各产业实际劳动生产率水平。

（三）高质量与人的全面发展

随着结构服务化主导趋势的形成，提高"两个效率"（全要素生产率和劳动生产率）的关键逐渐成为推动"人"的全面发展，这是由城市化时期知识经济的特征所决定的。"人"的全面发展与劳动生产率提升密切相关。人的发展是知识社会的根本，基于政府提供的高质量的公共服务和私人对教育、健康、医疗等服务投入的增加能提升人力资本积累，进而形成"人力资本消费－创新效率补偿"的正向循环。政府投入高质量公共服务可以实现人口质量提升，劳动生产率提升能有效提高居民可支配收入，提高居民初次分配比重，进而能让人民分享更多的发展成果。因此，高质量发展的本质是"以人民为中心"。这一论断明确指出转向高质量发展阶段的本质，即要从以"物质"生产体系为主转向"以人民为中心"的创新、高效、包容的可持续发展轨道。高质量发展阶段就是要更加重视人的全面发展，发展体系要围绕以人民为中心展开。与此相适应，中国宏观资源配置体系和国家治理体系的基础也将发生根本性改变。自 1993 年以来，国家宏观调控体系和政府治理体系都是围绕工业化发展展开实践，未来将向城市化发展和创新转型方向进行调整。

四 中国区域发展前景

《中国经济增长报告》已经连续 10 年对中国各省（区、市）发展前景、经济发展质量和可持续发展情况进行评估。从 2018 年起，《中国经济增长报告》调整了评价标准和评估方式，采用基于效率的评估方式，选取以 TFP 增长贡献和劳动生产率为基准的评价标准。本报告在前十版《中国经济增长报告》的研究基础上，基于面向 2035 年的高质量发展背景，对中国 30 个省（区、市）1990～2020 年 31 年的发展前景及可持续发展情况继续进行跟踪评估。同时，2020 年是"十三五"规划的收官之年，本报告将继续评估 30 个省（区、市）"八五"到"十三五"时期的发展前景。

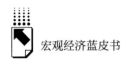

（一）2020年中国30个省（区、市）发展前景及一级指标排名

2020年，总的发展前景排名方面，上海市排名位于全国第1位，浙江省、江苏省、广东省和北京市排名分别位于全国第2位至第5位；经济增长一级指标方面，排名位于全国前5位的依次是上海市、广东省、浙江省、江苏省和天津市；增长潜力一级指标方面，排名位于全国前5位的依次是上海市、浙江省、江苏省、广东省和北京市；人民生活一级指标方面，排名位于全国前5位的依次是上海市、天津市、北京市、浙江省和江苏省；政府效率一级指标方面，北京市排名位于全国第1位，其他四位依次是山东省、浙江省、上海市和江苏省；环境质量一级指标方面，广东省排名位于全国第1位，其他四位依次是吉林省、浙江省、海南省和湖南省。较2019年而言，2020年总的发展前景及5个一级指标排名第一的省（区、市）没有变化，详情见表4。

表4 2020年全国30个省（区、市）发展前景及一级指标排名情况

省（区、市）	北京	天津	河北	山西	内蒙古	辽宁	吉林	黑龙江	上海	江苏
综合	5	7	15	19	11	9	10	18	1	3
经济增长	7	5	16	24	9	22	15	18	1	4
增长潜力	5	15	22	23	10	8	7	17	1	3
政府效率	1	6	26	21	24	13	16	9	4	5
人民生活	3	2	14	11	15	6	7	24	1	5
环境质量	14	12	26	29	16	27	2	9	6	19
省（区、市）	浙江	安徽	福建	江西	山东	河南	湖北	湖南	广东	广西
综合	2	17	8	20	6	24	23	14	4	27
经济增长	3	17	6	25	12	20	14	21	2	26
增长潜力	2	19	14	20	13	26	18	11	4	25
政府效率	3	25	11	20	2	28	19	18	7	23
人民生活	4	26	9	25	8	16	10	22	19	28
环境质量	3	11	7	8	22	30	23	5	1	10
省（区、市）	海南	重庆	四川	贵州	云南	陕西	甘肃	青海	宁夏	新疆
综合	16	21	13	30	28	12	29	25	22	26
经济增长	30	19	13	28	23	8	10	29	27	11

省(区、市)	海南	重庆	四川	贵州	云南	陕西	甘肃	青海	宁夏	新疆
增长潜力	12	27	16	30	28	21	29	6	24	9
政府效率	8	12	14	17	27	15	30	22	10	29
人民生活	21	30	17	27	20	13	29	12	23	18
环境质量	4	17	21	25	13	28	24	15	20	18

1. 2020年全国30个省（区、市）总的发展前景排名及权重

和2019年总的发展前景排名相比，2020年有12个省（区、市）排名上升：河北（全国排名第15名）上升了3位；湖南（全国排名第14位）、宁夏（全国排名第22位）、吉林（全国排名第10位）、辽宁（全国排名第9位）、新疆（全国排名第26位）、安徽（全国排名第17位）、山西（全国排名第19位）7个省（区、市）上升了2位；四川（全国排名第13位）、重庆（全国排名第21位）、青海（全国排名第25位）、云南（全国排名第28位）4个省（区、市）上升了1位。

2020年有8个省（区、市）发展前景排名下降：湖北（全国排名第23位）下降了10位；内蒙古（全国排名第11位）、陕西（全国排名第12位）、广西（全国排名第27位）、甘肃（全国排名第29位）4个省（区、市）下降了2位；黑龙江（全国排名第18位）、海南（全国排名第16位）、河南（全国排名第24位）3个省（区、市）下降了1位。

2020年发展前景排名不变的省（区、市）有10个，具体见表5。

表5　2020年全国30个省（区、市）发展前景排名变化及权重

省(区、市)	北京	天津	河北	山西	内蒙古	辽宁	吉林	黑龙江	上海	江苏
2019年	5	7	18	21	9	11	12	17	1	3
2020年	5	7	15	19	11	9	10	18	1	3
2020年变化	0	0	3	2	-2	2	2	-1	0	0
权重(%)	6.33	4.72	2.43	2.20	2.67	2.75	2.75	2.27	8.39	8.21
省(区、市)	浙江	安徽	福建	江西	山东	河南	湖北	湖南	广东	广西
2019年	2	19	8	20	6	23	13	16	4	25
2020年	2	17	8	20	6	24	23	14	4	27

省（区、市）	浙江	安徽	福建	江西	山东	河南	湖北	湖南	广东	广西
2020 年变化	0	2	0	0	0	−1	−10	2	0	−2
权重（%）	8.21	2.27	4.17	2.17	6.22	2.02	2.06	2.45	7.00	1.67
省（区、市）	海南	重庆	四川	贵州	云南	陕西	甘肃	青海	宁夏	新疆
2019 年	15	22	14	30	29	10	27	26	24	28
2020 年	16	21	13	30	28	12	29	25	22	26
2020 年变化	−1	1	1	0	1	−2	−2	1	2	2
权重（%）	2.40	2.13	2.61	0.52	1.57	2.64	1.57	1.80	2.07	1.74

2. 2020年全国30个省（区、市）经济增长一级指标排名及权重

和2019年经济增长一级指标排名相比，2020年有8个省（区、市）排名上升：新疆（全国排名第11位）、河北（全国排名第16位）2个省（区、市）上升了4位；辽宁（全国排名第22位）、天津（全国排名第5位）2个省（区、市）上升了2位；吉林（全国排名第15位）、陕西（全国排名第8位）、宁夏（全国排名第27位）、湖南（全国排名第21位）4个省（区、市）上升了1位。

2020年有11个省（区、市）排名下降：安徽（全国排名第17位）下降了4位；山西（全国排名第24位）下降了3位；四川（全国排名第13位）、黑龙江（全国排名第18位）、山东（全国排名第12位）、河南（全国排名第20位）、北京（全国排名第7位）、内蒙古（全国排名第9位）、福建（全国排名第6位）、贵州（全国排名第28位）、重庆（全国排名第19位）9个省（区、市）下降了1位。

2020年有11个省（区、市）排名不变，具体见表6。

表6　2020年全国30个省（区、市）经济增长一级指标排名变化及权重

省（区、市）	北京	天津	河北	山西	内蒙古	辽宁	吉林	黑龙江	上海	江苏
2019 年	6	7	20	21	8	24	16	17	1	4
2020 年	7	5	16	24	9	22	15	18	1	4
2020 年变化	−1	2	4	−3	−1	2	1	−1	0	0
权重（%）	4.19	5.11	2.88	1.67	4.11	1.87	2.89	2.71	9.69	5.95

续表

省（区、市）	浙江	安徽	福建	江西	山东	河南	湖北	湖南	广东	广西
2019 年	3	13	5	25	11	19	14	22	2	26
2020 年	3	17	6	25	12	20	14	21	2	26
2020 年变化	0	-4	-1	0	-1	-1	0	1	0	0
权重（%）	6.26	2.74	5.04	1.49	3.41	2.38	3.29	1.92	9.42	1.14
省（区、市）	海南	重庆	四川	贵州	云南	陕西	甘肃	青海	宁夏	新疆
2019 年	30	18	12	27	23	9	10	29	28	15
2020 年	30	19	13	28	23	8	10	29	27	11
2020 年变化	0	-1	-1	-1	0	1	0	0	1	4
权重（%）	0.17	2.66	3.30	0.87	1.77	4.13	3.68	0.51	1.11	3.66

3. 2020年全国30个省（区、市）增长潜力一级指标排名及权重

和2019年增长潜力一级指标排名相比，2020年有7个省（区、市）排名上升：山西（全国排名第23位）、内蒙古（全国排名第10位）2个省（区、市）上升了2位；辽宁（全国排名第8位）、青海（全国排名第6位）、吉林（全国排名第7位）、天津（全国排名第15位）、山东（全国排名第13位）5个省（区、市）上升了1位。

2020年有7个省（区、市）排名下降：新疆（全国排名第9位）下降了3位；福建（全国排名第14位）、海南（全国排名第12位）、四川（全国排名第16位）、广西（全国排名第25位）、宁夏（全国排名第24位）、湖南（全国排名第11位）6个省（区）下降了1位。

2020年其他16个省（区、市）排名不变，具体见表7。

表7　2020 年全国30 个省（区、市）增长潜力一级指标排名变化及权重

地区	北京	天津	河北	山西	内蒙古	辽宁	吉林	黑龙江	上海	江苏
2019 年	5	16	22	25	12	9	8	17	1	3
2020 年	5	15	22	23	10	8	7	17	1	3
2020 年变化	0	1	0	2	2	1	1	0	0	0
权重（%）	5.58	3.21	1.86	1.64	3.75	4.02	4.28	2.68	9.66	6.79

地区	浙江	安徽	福建	江西	山东	河南	湖北	湖南	广东	广西
2019 年	2	19	13	20	14	26	18	10	4	24
2020 年	2	19	14	20	13	26	18	11	4	25
2020 年变化	0	0	−1	0	1	0	0	−1	0	−1
权重(%)	7.14	2.32	3.28	2.31	3.37	1.29	2.64	3.62	6.69	1.43
地区	海南	重庆	四川	贵州	云南	陕西	甘肃	青海	宁夏	新疆
2019 年	11	27	15	30	28	21	29	7	23	6
2020 年	12	27	16	30	28	21	29	6	24	9
2020 年变化	−1	0	−1	0	0	0	0	1	−1	−3
权重(%)	3.57	1.24	2.99	0.61	1.04	2.07	1.00	4.35	1.62	3.95

4. 2020年全国30个省（区、市）政府效率一级指标排名及权重

和 2019 年政府效率一级指标排名相比，2020 年有 12 个省（区、市）排名上升：湖南（全国排名第 18 位）上升了 4 位；广西（全国排名第 23 位）上升了 3 位；山东（全国排名第 2 位）上升了 2 位；陕西（全国排名第 15 位）、四川（全国排名第 14 位）、云南（全国排名第 27 位）、重庆（全国排名第 12 位）、江西（全国排名第 20 位）、贵州（全国排名第 17 位）、海南（全国排名第 8 位）、江苏（全国排名第 5 位）、湖北（全国排名第 19 位）9 个省（区、市）上升了 1 位。

2020 年有 11 个省（区、市）政府效率排名下降：山西（全国排名第 21 位）下降了 4 位；青海（全国排名第 22 位）下降了 3 位；吉林（全国排名第 16 位）、河北（全国排名第 26 位）2 个省（区、市）排名下降了 2 位；内蒙古（全国排名第 24 位）、辽宁（全国排名第 13 位）、上海（全国排名第 4 位）、天津（全国排名第 6 位）、黑龙江（全国排名第 9 位）、浙江（全国排名第 3 位）、河南（全国排名第 28 位）7 个省（区、市）下降了 1 位。

2020 年有 7 个省（区、市）排名不变，具体见表 8。

表8　2020年全国30个省（区、市）政府效率一级指标排名变化及权重

省（区、市）	北京	天津	河北	山西	内蒙古	辽宁	吉林	黑龙江	上海	江苏
2019年	1	5	24	17	23	12	14	8	3	6
2020年	1	6	26	21	24	13	16	9	4	5
2020年变化	0	-1	-2	-4	-1	-1	-2	-1	-1	1
权重（%）	8.70	5.94	1.52	2.01	1.65	2.98	2.60	4.29	6.36	6.03
省（区、市）	浙江	安徽	福建	江西	山东	河南	湖北	湖南	广东	广西
2019年	2	25	11	21	4	27	20	22	7	26
2020年	3	25	11	20	2	28	19	18	7	23
2020年变化	-1	0	0	1	2	-1	1	4	0	3
权重（%）	6.58	1.55	3.60	2.06	7.06	1.40	2.25	2.26	4.83	1.74
省（区、市）	海南	重庆	四川	贵州	云南	陕西	甘肃	青海	宁夏	新疆
2019年	9	13	15	18	28	16	30	19	10	29
2020年	8	12	14	17	27	15	30	22	10	29
2020年变化	1	1	1	1	1	1	0	-3	0	0
权重（%）	4.32	3.59	2.72	2.34	1.44	2.67	0.78	2.01	3.82	0.90

5. 2020年全国30个省（区、市）人民生活一级指标排名及权重

和2019年人民生活一级指标排名相比，2020年有4个省（区、市）排名上升：河南（全国排名第16位）上升了2位；江西（全国排名第25位）、湖北（全国排名第10位）、广西（全国排名第28位）3个省（区、市）上升了1位。

2020年有5个省（区、市）排名下降，且均下降了1位：甘肃（全国排名第29位）、新疆（全国排名第18位）、四川（全国排名第17位）、安徽（全国排名第26位）、山西（全国排名第11位）。

2020年其他省（区、市）排名不变，具体见表9。

表9　2020年全国30个省（区、市）人民生活一级指标排名变化及权重

省（区、市）	北京	天津	河北	山西	内蒙古	辽宁	吉林	黑龙江	上海	江苏
2019年	3	2	14	10	15	6	7	24	1	5
2020年	3	2	14	11	15	6	7	24	1	5
2020年变化	0	0	0	-1	0	0	0	0	0	0
权重（%）	5.17	5.44	3.35	3.71	3.21	4.44	4.36	2.31	6.92	4.49

续表

省(区、市)	浙江	安徽	福建	江西	山东	河南	湖北	湖南	广东	广西
2019年	4	25	9	26	8	18	11	22	19	29
2020年	4	26	9	25	8	16	10	22	19	28
2020年变化	0	-1	0	1	0	2	1	0	0	1
权重(%)	5.03	2.09	3.78	2.14	4.13	3.03	3.72	2.46	2.83	1.70
省(区、市)	海南	重庆	四川	贵州	云南	陕西	甘肃	青海	宁夏	新疆
2019年	21	30	16	27	20	13	28	12	23	17
2020年	21	30	17	27	20	13	29	12	23	18
2020年变化	0	0	-1	0	0	0	-1	0	0	-1
权重(%)	2.50	1.53	2.99	2.05	2.60	3.46	1.68	3.64	2.40	2.83

6. 2020年全国30个省(区、市)环境质量一级指标排名及权重

和2019年环境质量一级指标排名相比,2020年有10个省(区、市)排名上升:天津(全国排名第12位)上升了3位;河北(全国排名第26位)、新疆(全国排名第18位)、湖北(全国排名第23位)3个省(区)上升了2位;上海(全国排名第6位)、湖南(全国排名第5位)、重庆(全国排名第17位)、宁夏(全国排名第20位)、浙江(全国排名第3位)、山东(全国排名第22位)6个省(区、市)上升了1位。

2020年有10个省(区、市)排名下降:青海(全国排名第15位)、福建(全国排名第7位)、江苏(全国排名第19位)、甘肃(全国排名第24位)、四川(全国排名第21位)5个省下降了2位;海南(全国排名第4位)、陕西(全国排名第28位)、辽宁(全国排名第27位)、云南(全国排名第13位)、贵州(全国排名第25位)5个省(区、市)下降了1位。

2020年共有10个省(区、市)排名保持不变,具体见表10。

表10 2020年全国30个省(区、市)环境质量一级指标排名变化及权重

省(区、市)	北京	天津	河北	山西	内蒙古	辽宁	吉林	黑龙江	上海	江苏
2019年	14	15	28	29	16	26	2	9	7	17
2020年	14	12	26	29	16	27	2	9	6	19
2020年变化	0	3	2	0	0	-1	0	0	1	-2
权重(%)	3.33	3.55	1.34	0.80	3.20	1.30	6.35	4.02	4.90	2.81

省（区、市）	浙江	安徽	福建	江西	山东	河南	湖北	湖南	广东	广西
2019 年	4	11	5	8	23	30	25	6	1	10
2020 年	3	11	7	8	22	30	23	5	1	10
2020 年变化	1	0	−2	0	1	0	2	1	0	0
权重（%）	5.73	3.63	4.81	4.61	2.29	0.02	2.21	5.24	7.17	3.84

省（区、市）	海南	重庆	四川	贵州	云南	陕西	甘肃	青海	宁夏	新疆
2019 年	3	18	19	24	12	27	22	13	21	20
2020 年	4	17	21	25	13	28	24	15	20	18
2020 年变化	−1	1	−2	−1	−1	−1	−2	−2	1	2
权重（%）	5.32	2.91	2.73	2.15	3.47	1.21	2.18	3.25	2.78	2.83

（二）全国30个省（区、市）"八五"至"十三五"时期发展前景情况

1. 全国30个省（区、市）"八五"至"十三五"时期发展前景指数及排名情况

2020 年是"十三五"规划的第五个年头，即"十三五"规划的收官之年，因此有必要探讨近几个五年计划内中国经济发展质量和发展前景情况。这里通过主成分分析法得出全国 30 个省（区、市）"八五"至"十三五"时期的发展前景排名和各个一级指标的排名情况。

表 11 全国 30 个省（区、市）"十三五"时期发展前景及一级指标排名情况

省（区、市）	北京	天津	河北	山西	内蒙古	辽宁	吉林	黑龙江	上海	江苏
综合	5	7	19	20	10	9	11	13	1	2
经济增长	7	5	18	22	9	24	14	17	1	4
增长潜力	5	14	22	27	8	12	10	17	1	3
政府效率	1	6	24	16	22	11	14	9	3	4
人民生活	3	2	15	10	14	6	7	24	1	5
环境质量	14	15	28	29	16	26	4	9	6	18
省（区、市）	浙江	安徽	福建	江西	山东	河南	湖北	湖南	广东	广西
综合	3	16	8	21	6	23	14	18	4	28
经济增长	3	13	6	23	10	20	11	21	2	25

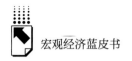

续表

省（区、市）	浙江	安徽	福建	江西	山东	河南	湖北	湖南	广东	广西
增长潜力	2	18	9	19	13	28	20	15	4	25
政府效率	2	25	12	23	5	27	18	21	7	26
人民生活	4	25	9	26	8	18	11	23	19	29
环境质量	3	13	5	8	25	30	22	7	1	10

省（区、市）	海南	重庆	四川	贵州	云南	陕西	甘肃	青海	宁夏	新疆
综合	17	22	15	30	29	12	27	25	24	26
经济增长	30	19	12	29	26	8	15	28	27	16
增长潜力	11	24	16	30	26	21	29	7	23	6
政府效率	8	13	15	19	28	20	30	17	10	29
人民生活	20	30	17	27	21	12	28	13	22	16
环境质量	2	20	19	24	12	27	23	11	21	17

　　和"十二五"时期的发展前景排名相比，"十三五"时期共有9个省（区、市）排名上升：陕西（全国排名第12位）上升了5位；四川（全国排名第15位）上升了4位；内蒙古（全国排名第10位）、江西（全国排名第21位）2个省（区、市）上升了3位；安徽（全国排名第16位）、湖南（全国排名第18位）2个省（区、市）上升了2位；重庆（全国排名第22位）、青海（全国排名第25位）、广东（全国排名第4位）3个省（区、市）上升了1位。

　　10个省（区、市）"十三五"时期发展前景的排名是下降的：山西（全国排名第20位）下降了6位；湖北（全国排名第14位）、河北（全国排名第19位）2个省（区、市）下降了3位；宁夏（全国排名第24位）、海南（全国排名第17位）、河南（全国排名第23位）3个省（区、市）排名下降了2位；新疆（全国排名第26位）、黑龙江（全国排名第13位）、吉林（全国排名第11位）、北京（全国排名第5位）4个省（区、市）下降了1位。

　　"十三五"时期发展前景排名不变的省（区、市）有11个，具体见表12。

表12　全国30个省（区、市）"十三五"时期发展前景排名变化

省（区、市）	北京	天津	河北	山西	内蒙古	辽宁	吉林	黑龙江	上海	江苏
"十三五"	5	7	19	20	10	9	11	13	1	2
"十二五"	4	7	16	14	13	9	10	12	1	2
变化	−1	0	−3	−6	3	0	−1	−1	0	0

省（区、市）	浙江	安徽	福建	江西	山东	河南	湖北	湖南	广东	广西
"十三五"	3	16	8	21	6	23	14	18	4	28
"十二五"	3	18	8	24	6	21	11	20	5	28
变化	0	2	0	3	0	−2	−3	2	1	0

省（区、市）	海南	重庆	四川	贵州	云南	陕西	甘肃	青海	宁夏	新疆
"十三五"	17	22	15	30	29	12	27	25	24	26
"十二五"	15	23	19	30	29	17	27	26	22	25
变化	−2	1	4	0	0	5	0	1	−2	−1

全国30个省（区、市）"八五"至"十三五"时期发展前景排名见表13。

表13　全国30个省（区、市）"八五"至"十三五"时期发展前景排名

省(区、市)	北京	天津	河北	山西	内蒙古	辽宁	吉林	黑龙江	上海	江苏
"八五"	2	4	11	16	15	5	9	6	1	3
"九五"	2	3	11	12	15	5	10	7	1	4
"十五"	2	3	12	13	15	6	10	8	1	4
"十一五"	2	5	14	10	15	8	13	9	1	4
"十二五"	4	7	16	14	13	9	10	12	1	2
"十三五"	5	7	19	20	10	9	11	13	1	2
"八五"	7	17	13	19	8	21	14	24	10	28
"九五"	6	16	14	26	8	17	13	24	9	27
"十五"	5	16	11	25	9	17	14	23	7	28
"十一五"	3	22	11	25	7	21	12	20	6	28
"十二五"	3	18	8	24	6	21	11	20	5	28
"十三五"	3	16	8	21	6	23	14	18	4	28

续表

省（区、市）	海南	重庆	四川	贵州	云南	陕西	甘肃	青海	宁夏	新疆
"八五"	18	27	25	30	26	23	20	29	22	12
"九五"	20	28	19	30	25	21	22	29	23	18
"十五"	22	29	18	30	27	21	24	26	19	20
"十一五"	19	26	16	30	29	17	24	27	18	23
"十二五"	15	23	19	30	29	17	27	26	22	25
"十三五"	17	22	15	30	29	12	27	25	24	26

全国30个省（区、市）"八五"至"十三五"时期的平均发展前景指数见表14。

表14 全国30个省（区、市）"八五"至"十三五"时期平均发展前景指数

省（区、市）	北京	天津	河北	山西	内蒙古	辽宁	吉林	黑龙江	上海	江苏
"八五"	99.7	102.3	103.9	103.6	101.8	104.6	102.0	99.8	98.8	99.3
"九五"	100.0	100.2	101.1	102.2	98.6	100.4	102.2	99.4	100.7	101.0
"十五"	101.3	103.0	103.1	104.2	104.9	101.6	98.3	100.6	101.7	102.9
"十一五"	106.4	103.3	105.4	106.3	107.1	104.0	106.0	105.1	107.2	107.9
"十二五"	101.9	100.5	98.0	96.6	101.3	99.7	101.4	99.2	102.8	105.0
"十三五"	101.9	103.6	104.9	104.2	103.0	101.3	103.8	103.4	103.2	103.8

省（区、市）	浙江	安徽	福建	江西	山东	河南	湖北	湖南	广东	广西
"八五"	103.2	99.8	104.5	102.0	103.7	107.4	100.7	105.8	103.3	102.8
"九五"	101.4	100.3	100.6	95.3	101.3	100.4	101.3	99.9	101.4	104.8
"十五"	105.3	100.9	106.1	107.0	101.7	103.2	103.9	104.7	105.4	102.9
"十一五"	108.8	109.0	106.1	109.2	108.1	105.6	106.3	109.6	109.2	110.5
"十二五"	103.0	103.2	102.7	102.7	104.5	101.9	99.6	100.8	103.2	99.6
"十三五"	104.2	104.7	104.2	103.9	104.4	102.9	101.1	106.5	104.0	105.3
"八五"	103.2	97.6	106.8	103.7	102.2	104.4	103.9	102.2	105.5	98.4
"九五"	101.6	102.0	98.9	98.7	102.5	99.3	97.1	101.6	100.2	97.9
"十五"	100.6	103.1	107.6	105.3	99.1	104.0	103.2	107.7	103.4	102.2
"十一五"	110.9	111.8	107.1	106.6	108.7	111.0	108.4	108.7	109.0	105.9
"十二五"	100.3	103.1	99.9	101.5	100.3	99.6	100.7	101.6	100.1	101.5
"十三五"	103.9	103.2	104.7	103.9	107.9	104.8	103.6	104.1	104.4	103.6

2. 全国30个省（区、市）"八五"至"十三五"时期经济增长指数及排名情况

和"十二五"时期的经济增长排名相比，"十三五"时期有12个省（区、市）排名上升：甘肃（全国排名第15位）上升了8位；黑龙江（全国排名第17位）上升了7位；四川（全国排名第12位）上升了5位；河北（全国排名第18位）上升了4位；广西（全国排名第25位）、湖北（全国排名第11位）、云南（全国排名第26位）、新疆（全国排名第16位）四个省（区、市）上升了3位；陕西（全国排名第8位）上升了2位；吉林（全国排名第14位）、上海（全国排名第1位）、贵州（全国排名第29位）3个省（区、市）上升了1位。

"十三五"时期经济增长排名下降的省（区、市）有10个：辽宁（全国排名第24位）下降了11位；河南（全国排名第20位）下降了9位；海南（全国排名第30位）、江西（全国排名第23位）2个省（区、市）下降了5位；重庆（全国排名第19位）下降了3位；青海（全国排名第28位）、山东（全国排名第10位）、山西（全国排名第22位）3个省（区、市）下降了2位；广东（全国排名第2位）、安徽（全国排名第13位）2个省（区、市）下降了1位。

"十三五"时期经济增长排名不变的省（区、市）有8个，见表15。

表15　全国30个省（区、市）"十三五"时期经济增长排名变化

省(区、市)	北京	天津	河北	山西	内蒙古	辽宁	吉林	黑龙江	上海	江苏
"十三五"	7	5	18	22	9	24	14	17	1	4
"十二五"	7	5	22	20	9	13	15	24	2	4
变化	0	0	4	−2	0	−11	1	7	1	0
排名	浙江	安徽	福建	江西	山东	河南	湖北	湖南	广东	广西
"十三五"	3	13	6	23	10	20	11	21	2	25
"十二五"	3	12	6	18	8	11	14	21	1	28
变化	0	−1	0	−5	−2	−9	3	0	−1	3
省(区、市)	海南	重庆	四川	贵州	云南	陕西	甘肃	青海	宁夏	新疆
"十三五"	30	19	12	29	26	8	15	28	27	16
"十二五"	25	16	17	30	29	10	23	26	27	19
变化	−5	−3	5	1	3	2	8	−2	0	3

全国30个省（区、市）"八五"至"十三五"时期经济增长排名见表16。

表16 全国30个省（区、市）"八五"至"十三五"时期经济增长排名

省（区、市）	北京	天津	河北	山西	内蒙古	辽宁	吉林	黑龙江	上海	江苏
"八五"	1	7	10	17	23	13	16	9	4	5
"九五"	6	5	16	15	19	7	11	10	4	2
"十五"	10	4	14	13	18	6	12	9	3	2
"十一五"	10	4	15	14	11	7	16	13	3	2
"十二五"	7	5	22	20	9	13	15	24	2	4
"十三五"	7	5	18	22	9	24	14	17	1	4

省（区、市）	浙江	安徽	福建	江西	山东	河南	湖北	湖南	广东	广西
"八五"	2	14	6	21	8	12	11	25	3	30
"九五"	3	17	12	22	8	14	18	24	1	30
"十五"	5	19	8	21	7	16	15	23	1	30
"十一五"	5	25	8	19	6	17	12	23	1	29
"十二五"	3	12	6	18	8	11	14	21	1	28
"十三五"	3	13	6	23	10	20	11	21	2	25

省（区、市）	海南	重庆	四川	贵州	云南	陕西	甘肃	青海	宁夏	新疆
"八五"	29	19	28	20	24	15	18	26	27	22
"九五"	29	21	27	23	20	9	13	28	26	25
"十五"	22	27	28	29	25	11	17	26	24	20
"十一五"	26	21	22	30	28	9	18	27	24	20
"十二五"	25	16	17	30	29	10	23	26	27	19
"十三五"	30	19	12	29	26	8	15	28	27	16

全国30个省（区、市）"八五"至"十三五"时期的经济增长指数见表17。

表17 全国30个省（区、市）"八五"至"十三五"时期经济增长指数

省（区、市）	北京	天津	河北	山西	内蒙古	辽宁	吉林	黑龙江	上海	江苏
"八五"	100.5	110.7	100.7	101.5	108.3	103.4	112.0	101.0	101.9	106.4
"九五"	97.7	98.6	100.1	97.9	100.6	103.7	98.2	100.8	99.2	101.1
"十五"	100.0	102.6	102.4	104.5	103.7	100.4	102.6	101.9	101.6	100.8

续表

省(区、市)	北京	天津	河北	山西	内蒙古	辽宁	吉林	黑龙江	上海	江苏
"十一五"	101.4	101.9	97.9	98.9	101.1	100.6	100.3	98.1	103.5	100.7
"十二五"	103.1	100.5	98.4	96.7	102.9	96.8	100.4	100.2	103.8	100.7
"十三五"	100.0	100.4	106.7	104.8	101.5	100.8	99.6	102.6	102.6	101.0

省(区、市)	浙江	安徽	福建	江西	山东	河南	湖北	湖南	广东	广西
"八五"	99.4	107.6	102.4	101.0	106.4	104.4	100.1	102.3	107.4	109.4
"九五"	100.2	98.7	99.3	102.0	100.7	98.2	100.2	99.4	100.8	101.1
"十五"	100.9	98.2	102.9	99.5	101.9	102.1	102.0	101.8	103.4	98.8
"十一五"	102.8	102.6	101.6	102.3	101.1	100.1	101.9	102.0	102.6	105.3
"十二五"	101.4	103.2	101.3	99.6	99.5	101.1	99.7	99.7	102.3	99.8
"十三五"	101.8	100.3	101.6	99.2	100.0	99.8	101.6	100.8	101.6	100.8

省(区、市)	海南	重庆	四川	贵州	云南	陕西	甘肃	青海	宁夏	新疆
"八五"	99.6	104.6	107.9	99.8	105.3	101.7	104.1	101.3	105.3	99.0
"九五"	103.1	97.2	97.7	99.6	99.2	102.9	100.2	99.6	99.7	101.3
"十五"	103.5	99.6	104.6	100.3	97.7	99.8	101.5	103.4	103.3	102.6
"十一五"	99.8	106.5	104.1	99.6	102.7	102.1	98.4	98.7	100.2	99.7
"十二五"	99.3	100.6	100.5	99.8	99.8	99.5	101.0	100.1	100.5	98.9
"十三五"	98.7	100.6	103.9	102.4	103.5	103.0	104.5	101.2	100.4	106.6

3. 全国30个省(区、市)"八五"至"十三五"时期的增长潜力指数及排名情况

和"十二五"时期的增长潜力排名相比,"十三五"时期排名上升的省(区、市)有11个:湖南(全国排名第15位)上升了9位;福建(全国排名第9位)、河北(全国排名第22位)、新疆(全国排名第6位)、青海(全国排名第7位)4个省(区、市)排名上升了6位;吉林(全国排名第10位)上升了4位;内蒙古(全国排名第8位)、宁夏(全国排名第23位)、浙江(全国排名第2位)3个省(区、市)上升3位;江西(全国排名第19位)上升了2位;河南(全国排名第28位)上升了1位。

"十三五"时期增长潜力排名下降的省(区、市)有13个:天津(全国排名第14位)、黑龙江(全国排名第17位)2个省(区、市)下降了8位;山东(全国排名第13位)下降了5位;甘肃(全国排名第29位)、重庆(全国排名第24位)、云南(全国排名第26位)、海南(全国排名第

11位）4个省（区、市）下降了4位；陕西（全国排名第21位）、北京（全国排名第5位）2个省（区、市）下降了3位；广西（全国排名第25位）、辽宁（全国排名第12名）2个省（区、市）下降了2位；湖北（全国排名第20位）、安徽（全国排名第18位）2个省（区、市）下降了1位。

"十三五"时期有6个省（区、市）的排名仍然保持不变，具体见表18。

表18 全国30个省（区、市）"十三五"时期增长潜力排名变化

省（区、市）	北京	天津	河北	山西	内蒙古	辽宁	吉林	黑龙江	上海	江苏
"十三五"	5	14	22	27	8	12	10	17	1	3
"十二五"	2	6	28	27	11	10	14	9	1	3
变化	−3	−8	6	0	3	−2	4	−8	0	0
省（区、市）	浙江	安徽	福建	江西	山东	河南	湖北	湖南	广东	广西
"十三五"	2	18	9	19	13	28	20	15	4	25
"十二五"	5	17	15	21	8	29	19	24	4	23
变化	3	−1	6	2	−5	1	−1	9	0	−2
省（区、市）	海南	重庆	四川	贵州	云南	陕西	甘肃	青海	宁夏	新疆
"十三五"	11	24	16	30	26	21	29	7	23	6
"十二五"	7	20	16	30	22	18	25	13	26	12
变化	−4	−4	0	0	−4	−3	−4	6	3	6

全国30个省（区、市）"八五"至"十三五"时期增长潜力排名见表19。

表19 全国30个省（区、市）"八五"至"十三五"时期增长潜力排名

省（区、市）	北京	天津	河北	山西	内蒙古	辽宁	吉林	黑龙江	上海	江苏
"八五"	2	7	24	30	21	5	9	4	1	3
"九五"	2	7	24	28	11	4	3	5	1	6
"十五"	2	5	23	24	9	6	11	3	1	7
"十一五"	2	6	25	24	9	11	15	8	1	5
"十二五"	2	6	28	27	11	10	14	9	1	3
"十三五"	5	14	22	27	8	12	10	17	1	3

续表

省(区、市)	浙江	安徽	福建	江西	山东	河南	湖北	湖南	广东	广西
"八五"	10	23	14	26	8	27	15	20	12	17
"九五"	9	17	19	25	8	27	18	16	13	21
"十五"	10	20	16	27	15	28	14	22	8	17
"十一五"	3	21	16	27	12	29	17	22	4	19
"十二五"	5	17	15	21	8	29	19	24	4	23
"十三五"	2	18	9	19	13	28	20	15	4	25
省(区、市)	海南	重庆	四川	贵州	云南	陕西	甘肃	青海	宁夏	新疆
"八五"	18	16	13	28	22	25	19	11	29	6
"九五"	14	23	12	30	22	26	20	15	29	10
"十五"	18	25	12	30	21	26	19	13	29	4
"十一五"	7	26	14	30	20	23	18	13	28	10
"十二五"	7	20	16	30	22	18	25	13	26	12
"十三五"	11	24	16	30	26	21	29	7	23	6

全国 30 个省(区、市)"八五"至"十三五"时期的增长潜力指数见表 20。

表 20　全国 30 个省(区、市)"八五"至"十三五"时期增长潜力指数

省(区、市)	北京	天津	河北	山西	内蒙古	辽宁	吉林	黑龙江	上海	江苏
"八五"	100.8	103.9	106.6	105.9	105.0	104.9	103.0	100.1	97.5	99.9
"九五"	102.2	103.1	100.5	105.1	103.7	101.1	104.3	102.5	103.2	101.8
"十五"	103.6	103.9	106.0	104.0	104.3	103.9	100.4	103.8	103.0	104.5
"十一五"	105.0	103.4	100.8	102.1	105.1	101.7	103.0	104.6	109.4	104.4
"十二五"	100.1	98.6	99.2	98.6	99.2	101.0	100.9	98.1	102.5	104.2
"十三五"	103.8	102.7	106.3	107.1	103.9	105.0	107.8	101.2	104.3	104.8
省(区、市)	浙江	安徽	福建	江西	山东	河南	湖北	湖南	广东	广西
"八五"	102.1	110.8	101.1	104.9	104.4	104.8	103.0	104.4	100.4	101.6
"九五"	102.4	101.2	102.5	103.5	102.3	102.6	102.2	102.2	102.9	102.5
"十五"	104.4	102.9	106.8	103.8	102.9	104.4	105.7	103.7	106.7	104.2
"十一五"	106.3	104.6	101.7	102.9	105.7	101.1	100.6	101.1	104.7	101.5
"十二五"	102.7	99.5	101.1	101.4	99.1	101.1	99.2	101.1	102.7	98.6
"十三五"	105.7	104.5	103.6	105.5	103.2	104.4	106.5	110.0	105.0	104.0

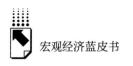
省（区、市）	海南	重庆	四川	贵州	云南	陕西	甘肃	青海	宁夏	新疆
"八五"	97.4	101.1	100.8	101.7	102.5	102.1	100.9	99.8	108.4	99.4
"九五"	106.6	100.8	103.6	101.3	101.7	103.2	102.7	102.9	102.8	102.8
"十五"	102.8	102.9	104.2	106.1	104.9	104.6	104.2	104.9	104.7	104.3
"十一五"	109.4	104.8	102.2	101.3	101.9	103.0	100.6	102.9	103.4	104.2
"十二五"	96.3	100.4	99.9	100.8	100.2	100.5	98.8	100.5	100.4	98.8
"十三五"	103.7	101.1	104.0	102.2	100.5	104.4	102.2	107.1	104.6	105.2

4. 全国30个省（区、市）"八五"至"十三五"时期的政府效率指数及排名情况

和"十二五"时期的政府效率排名相比，"十三五"时期排名上升的省（区、市）有14个：四川（全国排名第15位）上升了8位；重庆（全国排名第13位）、陕西（全国排名第20位）2个省（区、市）上升了4位；山西（全国排名第16位）、广西（全国排名第26位）、贵州（全国排名第19位）3个省（区、市）排名上升了3位；山东（全国排名第5位）、云南（全国排名第28位）2个省（区、市）上升了2位；吉林（全国排名第14位）、黑龙江（全国排名第9位）、安徽（全国排名第25位）、浙江（全国排名第2位）、宁夏（全国排名第10位）、河南（全国排名第27位）6个省（区、市）上升了1位。

"十三五"时期政府效率排名下降的省（区、市）共有12个：内蒙古（全国排名第22位）下降了6位；青海（全国排名第17位）、湖北（全国排名第18位）、新疆（全国排名第29位）3个省（区、市）排名下降4位；湖南（全国排名第21位）、江西（全国排名第23位）、河北（全国排名第24位）、甘肃（全国排名第30位）4个省（区、市）排名下降3位；辽宁（全国排名第11位）下降了2位；广东（全国排名第7位）、上海（全国排名第3位）、天津（全国排名第6位）3个省（区、市）排名下降了1位。

"十三五"时期政府效率排名不变的省（区、市）有4个，具体见表21。

表21　全国30个省（区、市）"十三五"时期政府效率排名变化

省（区、市）	北京	天津	河北	山西	内蒙古	辽宁	吉林	黑龙江	上海	江苏
"十三五"	1	6	24	16	22	11	14	9	3	4
"十二五"	1	5	21	19	16	9	15	10	2	4
变化	0	−1	−3	3	−6	−2	1	1	−1	0
省（区、市）	浙江	安徽	福建	江西	山东	河南	湖北	湖南	广东	广西
"十三五"	2	25	12	23	5	27	18	21	7	26
"十二五"	3	26	12	20	7	28	14	18	6	29
变化	1	1	0	−3	2	1	−4	−3	−1	3
省（区、市）	海南	重庆	四川	贵州	云南	陕西	甘肃	青海	宁夏	新疆
"十三五"	8	13	15	19	28	20	30	17	10	29
"十二五"	8	17	23	22	30	24	27	13	11	25
变化	0	4	8	3	2	4	−3	−4	1	−4

全国30个省（区、市）"八五"至"十三五"时期的政府效率排名见表22。

表22　全国30个省（区、市）"八五"至"十三五"时期政府效率排名

省（区、市）	北京	天津	河北	山西	内蒙古	辽宁	吉林	黑龙江	上海	江苏
"八五"	3	1	16	12	14	7	19	5	2	9
"九五"	3	2	16	15	14	7	12	5	1	8
"十五"	2	3	16	21	12	6	15	8	1	4
"十一五"	1	5	18	20	13	6	17	11	2	4
"十二五"	1	5	21	19	16	9	15	10	2	4
"十三五"	1	6	24	16	22	11	14	9	3	4
省（区、市）	浙江	安徽	福建	江西	山东	河南	湖北	湖南	广东	广西
"八五"	8	23	25	17	11	28	15	30	18	29
"九五"	6	23	25	18	10	30	13	27	17	29
"十五"	5	25	17	22	10	28	14	18	11	30
"十一五"	3	27	16	21	9	28	14	15	11	29
"十二五"	3	26	12	20	7	28	14	18	6	29
"十三五"	2	25	12	23	5	27	18	21	7	26
省（区、市）	海南	重庆	四川	贵州	云南	陕西	甘肃	青海	宁夏	新疆
"八五"	4	21	27	24	26	22	13	6	10	20
"九五"	4	24	26	22	28	21	19	9	11	20
"十五"	7	27	24	26	29	20	23	9	19	13
"十一五"	7	23	24	25	30	22	28	9	12	19
"十二五"	8	17	23	22	30	24	27	13	11	25
"十三五"	8	13	15	19	28	20	30	17	10	29

全国30个省（区、市）"八五"至"十三五"时期的政府效率指数见表23。

表23　全国30个省（区、市）"八五"至"十三五"时期政府效率指数

省（区、市）	北京	天津	河北	山西	内蒙古	辽宁	吉林	黑龙江	上海	江苏
"八五"	100.2	100.1	99.5	98.6	100.7	99.6	100.6	100.6	101.1	100.4
"九五"	98.6	95.0	98.8	94.4	98.0	100.4	100.4	98.3	101.4	103.6
"十五"	104.3	101.6	100.6	101.1	103.9	105.0	97.2	99.2	101.7	105.1
"十一五"	113.7	102.6	105.9	107.6	104.8	103.5	109.3	106.6	105.1	106.8
"十二五"	106.0	106.3	107.1	108.7	106.3	104.0	108.5	107.1	103.0	106.0
"十三五"	101.3	107.6	102.5	103.8	101.6	102.0	105.9	106.6	102.9	104.4
省（区、市）	浙江	安徽	福建	江西	山东	河南	湖北	湖南	广东	广西
"八五"	102.7	100.6	101.4	99.5	98.2	97.8	100.4	99.8	97.9	100.8
"九五"	102.6	99.6	99.2	97.5	100.9	98.6	98.5	102.9	101.0	96.3
"十五"	107.0	99.1	107.9	98.3	103.4	105.5	101.7	107.9	105.7	103.1
"十一五"	103.6	107.2	106.3	110.7	108.4	107.6	108.2	106.8	110.5	110.7
"十二五"	109.2	107.3	110.3	105.5	108.9	104.4	107.1	105.8	107.9	106.1
"十三五"	103.7	106.6	107.3	106.4	110.9	108.7	102.5	105.7	105.3	109.7
省（区、市）	海南	重庆	四川	贵州	云南	陕西	甘肃	青海	宁夏	新疆
"八五"	100.6	100.8	102.5	101.0	99.6	101.9	98.2	99.6	100.3	100.8
"九五"	97.8	95.2	96.3	101.8	96.5	98.9	96.0	99.5	95.5	97.4
"十五"	97.1	100.3	105.1	95.8	99.4	101.3	96.3	103.4	101.2	105.3
"十一五"	107.7	112.5	106.1	109.9	106.5	106.5	108.1	100.8	110.6	103.1
"十二五"	106.4	110.9	110.4	110.6	108.9	106.7	105.9	104.3	108.8	102.2
"十三五"	104.5	109.7	109.1	107.1	112.3	110.0	102.9	102.5	106.4	103.5

5. 全国30个省（区、市）"八五"至"十三五"时期的人民生活指数及排名情况

和"十二五"时期的人民生活指数排名相比，"十三五"时期有12个省（区、市）排名上升：云南（全国排名第21位）上升了8位；湖北（全国排名第11位）上升了6位；贵州（全国排名第27位）、青海（全国排名第13位）2个省（区、市）上升了3位；天津（全国排名第2位）、河南（全国排名第18位）、宁夏（全国排名第22位）3个省（区、市）排名上升了2位；陕西（全国排名第12位）、辽宁（全国排名第6位）、吉林（全国排名第7位）、安徽（全国排名第25位）、海南（全国排名第20名）5个省（区、市）排名上升了1位。

　　"十三五"时期人民生活排名下降的省（区、市）有12个：黑龙江（全国排名24位）下降了5位；河北（全国排名第15位）、江西（全国排名第26位）、新疆（全国排名第16位）3个省（区、市）排名下降了4位；甘肃（全国排名第28位）、重庆（全国排名第30位）2个省（区、市）排名下降了3位；四川（全国排名第17位）、山东（全国排名第8位）2个省（区、市）排名下降了2位；广西（全国排名第29位）、广东（全国排名第19位）、浙江（全国排名第4位）、北京（全国排名第3位）4个省（区、市）下降了1位。

　　"十三五"时期人民生活排名不变的省（区、市）有6个，具体见表24。

表24　全国30个省（区、市）"十三五"时期人民生活排名变化

省（区、市）	北京	天津	河北	山西	内蒙古	辽宁	吉林	黑龙江	上海	江苏
"十三五"	3	2	15	10	14	6	7	24	1	5
"十二五"	2	4	11	10	14	7	8	19	1	5
变化	-1	2	-4	0	0	1	1	-5	0	0
省（区、市）	浙江	安徽	福建	江西	山东	河南	湖北	湖南	广东	广西
"十三五"	4	25	9	26	8	18	11	23	19	29
"十二五"	3	26	9	22	6	20	17	23	18	28
变化	-1	1	0	-4	-2	2	6	0	-1	-1
省（区、市）	海南	重庆	四川	贵州	云南	陕西	甘肃	青海	宁夏	新疆
"十三五"	20	30	17	27	21	12	28	13	22	16
"十二五"	21	27	15	30	29	13	25	16	24	12
变化	1	-3	-2	3	8	1	-3	3	2	-4

　　全国30个省（区、市）"八五"至"十三五"时期人民生活排名见表25。

表25　全国30个省（区、市）"八五"至"十三五"时期人民生活排名

省（区、市）	北京	天津	河北	山西	内蒙古	辽宁	吉林	黑龙江	上海	江苏
"八五"	2	3	17	8	12	4	10	6	1	7
"九五"	2	3	7	9	8	4	10	11	1	5
"十五"	1	3	12	7	10	5	9	11	2	6
"十一五"	1	4	11	10	12	5	8	9	2	6
"十二五"	2	4	11	10	14	7	8	19	1	5
"十三五"	3	2	15	10	14	6	7	24	1	5

续表

省（区、市）	浙江	安徽	福建	江西	山东	河南	湖北	湖南	广东	广西
"八五"	11	26	15	14	16	24	20	23	18	27
"九五"	6	29	14	17	13	25	22	21	15	26
"十五"	4	27	13	23	8	24	21	22	14	26
"十一五"	3	26	13	23	7	20	19	22	15	27
"十二五"	3	26	9	22	6	20	17	23	18	28
"十三五"	4	25	9	26	8	18	11	23	19	29
省（区、市）	海南	重庆	四川	贵州	云南	陕西	甘肃	青海	宁夏	新疆
"八五"	9	29	22	30	25	19	28	13	21	5
"九五"	16	24	23	30	28	19	27	18	20	12
"十五"	17	28	19	30	29	18	25	20	16	15
"十一五"	24	28	16	30	29	18	25	17	21	14
"十二五"	21	27	15	30	29	13	25	16	24	12
"十三五"	20	30	17	27	21	12	28	13	22	16

全国30个省（区、市）"八五"至"十三五"时期人民生活指数见表26。

表26　全国30个省（区、市）"八五"至"十三五"时期人民生活指数

省（区、市）	北京	天津	河北	山西	内蒙古	辽宁	吉林	黑龙江	上海	江苏
"八五"	98.7	98.1	101.5	99.1	99.7	99.3	96.4	100.7	98.1	98.5
"九五"	103.0	104.0	108.0	101.3	104.5	103.9	102.2	100.3	100.2	103.6
"十五"	102.1	101.4	98.8	101.0	100.8	103.1	102.5	103.3	102.8	103.0
"十一五"	104.3	104.5	110.7	111.2	107.9	106.2	108.7	107.8	104.3	107.1
"十二五"	100.6	106.6	101.4	102.7	102.3	103.7	105.2	99.9	104.2	106.4
"十三五"	104.1	105.0	106.6	105.8	105.7	105.9	106.4	104.2	105.0	104.0
省（区、市）	浙江	安徽	福建	江西	山东	河南	湖北	湖南	广东	广西
"八五"	97.8	95.1	99.2	98.1	103.2	99.8	95.7	97.9	101.2	98.4
"九五"	107.2	106.0	107.2	101.3	104.7	106.0	102.7	108.3	105.1	107.8
"十五"	103.9	104.7	100.6	101.3	102.2	102.5	103.7	101.2	103.1	102.3
"十一五"	107.4	110.7	109.4	109.4	109.2	112.3	110.2	110.0	106.7	109.8
"十二五"	103.6	104.0	105.3	103.6	104.9	105.0	107.1	102.8	104.0	102.6
"十三五"	105.3	105.3	105.1	105.5	105.2	105.2	105.7	106.7	104.7	106.1

续表

省(区、市)	海南	重庆	四川	贵州	云南	陕西	甘肃	青海	宁夏	新疆
"八五"	101.6	106.7	102.5	95.0	95.9	99.5	101.5	96.7	99.1	94.5
"九五"	100.3	108.1	105.2	108.2	108.1	102.5	107.1	103.6	104.4	102.1
"十五"	99.4	100.2	102.6	109.9	98.8	102.1	103.9	101.6	102.8	103.4
"十一五"	108.0	110.9	111.8	109.5	111.5	111.3	109.9	111.1	107.3	107.2
"十二五"	106.4	102.5	103.8	106.9	107.2	106.7	102.5	104.9	103.8	106.2
"十三五"	104.6	105.0	104.9	106.4	107.6	104.8	104.5	106.6	106.1	102.1

6. 全国30个省（区、市）"八五"至"十三五"时期环境质量指数及排名情况

和"十二五"时期环境质量排名相比，"十三五"时期排名上升的省（区、市）有10个：吉林（全国排名第4位）上升了9位；内蒙古（全国排名第16位）上升了6位；宁夏（全国排名第21位）、天津（全国排名第15位）、甘肃（全国排名第23位）3个省（区、市）上升了4位；湖南（全国排名第7位）、广东（全国排名第1位）、北京（全国排名第14位）3个省（区、市）上升了3位；安徽（全国排名第13位）、黑龙江（全国排名第9位）2个省（区、市）上升了2位。

"十三五"时期环境质量排名下降的省（区、市）有15个：四川（全国排名第19位）下降了7位；青海（全国排名第11位）、云南（全国排名第12位）2个省（区、市）下降了5位；江苏（全国排名第18位）、山东（全国排名第25位）2个省（区、市）下降了4位；辽宁（全国排名第26位）下降了3位；福建（全国排名第5位）、湖北（全国排名第22位）、重庆（全国排名第20位）3个省（区、市）下降了2位；新疆（全国排名第17位）、海南（全国排名第2位）、上海（全国排名第6位）、陕西（全国排名第27位）、广西（全国排名第10位）、浙江（全国排名第3位）6个省（区、市）排名下降了1位。

"十三五"时期环境质量排名不变的省（区、市）有5个，具体见表27。

表27 全国30个省（区、市）"十三五"时期环境质量排名变化

省（区、市）	北京	天津	河北	山西	内蒙古	辽宁	吉林	黑龙江	上海	江苏
"十三五"	14	15	28	29	16	26	4	9	6	18
"十二五"	17	19	28	29	22	23	13	11	5	14
变化	3	4	0	0	6	-3	9	2	-1	-4
省（区、市）	浙江	安徽	福建	江西	山东	河南	湖北	湖南	广东	广西
"十三五"	3	13	5	8	25	30	22	7	1	10
"十二五"	2	15	3	8	21	30	20	10	4	9
变化	-1	2	-2	0	-4	0	-2	3	3	-1
省（区、市）	海南	重庆	四川	贵州	云南	陕西	甘肃	青海	宁夏	新疆
"十三五"	2	20	19	24	12	27	23	11	21	17
"十二五"	1	18	12	24	7	26	27	6	25	16
变化	-1	-2	-7	0	-5	-1	4	-5	4	-1

全国30个省（区、市）"八五"至"十三五"时期环境质量排名见表28。

表28 全国30个省（区、市）"八五"至"十三五"时期环境质量排名

省（区、市）	北京	天津	河北	山西	内蒙古	辽宁	吉林	黑龙江	上海	江苏
"八五"	26	27	29	30	19	9	11	13	18	15
"九五"	26	25	29	30	18	14	12	15	16	9
"十五"	23	22	29	30	18	17	13	14	19	9
"十一五"	21	23	28	30	22	17	13	12	14	9
"十二五"	17	19	28	29	22	23	13	11	5	14
"十三五"	14	15	28	29	16	26	4	9	6	18
省（区、市）	浙江	安徽	福建	江西	山东	河南	湖北	湖南	广东	广西
"八五"	14	16	3	10	24	23	20	17	7	2
"九五"	11	13	2	10	20	23	21	19	7	3
"十五"	11	12	3	10	21	26	15	20	8	4
"十一五"	5	11	4	10	18	29	20	15	7	6
"十二五"	2	15	3	8	21	30	20	10	4	9
"十三五"	3	13	5	8	25	30	22	7	1	10
省（区、市）	海南	重庆	四川	贵州	云南	陕西	甘肃	青海	宁夏	新疆
"八五"	1	22	8	12	4	28	25	5	21	6
九五	1	24	6	17	4	28	27	5	22	8
"十五"	1	25	6	16	5	28	27	2	24	7
"十一五"	1	24	8	19	3	27	25	2	26	16
"十二五"	1	18	12	24	7	26	27	6	25	16
"十三五"	2	20	19	24	12	27	23	11	21	17

全国30个"八五"至"十三五"时期环境质量指数见表29。

表29　全国30个"八五"至"十三五"时期环境质量指数

省(区、市)	北京	天津	河北	山西	内蒙古	辽宁	吉林	黑龙江	上海	江苏
"八五"	102.3	100.5	105.2	101.2	103.2	103.7	101.2	99.6	101.7	101.8
"九五"	103.4	104.7	101.2	104.8	101.8	96.9	101.2	102.3	102.1	103.7
"十五"	103.7	104.1	106.6	107.6	101.4	102.7	100.9	101.4	100.4	101.7
"十一五"	104.7	102.0	102.8	101.9	101.5	101.0	103.2	103.8	106.0	101.4
"十二五"	100.4	102.0	96.1	100.7	99.2	96.0	100.6	99.7	102.1	98.7
"十三五"	103.5	104.8	105.2	99.0	105.1	99.9	109.5	103.9	103.5	101.1

省(区、市)	浙江	安徽	福建	江西	山东	河南	湖北	湖南	广东	广西
"八五"	102.2	101.2	101.2	101.6	103.2	102.8	102.1	100.4	102.1	102.9
"九五"	102.0	102.7	101.2	102.2	104.6	102.3	101.5	103.9	101.8	99.8
"十五"	101.6	102.0	99.8	102.3	102.2	98.8	103.7	99.5	101.0	100.1
"十一五"	105.4	101.9	102.2	101.5	102.5	101.6	100.8	105.3	103.1	101.0
"十二五"	102.6	100.6	100.5	101.7	96.0	94.6	98.4	101.8	102.5	99.0
"十三五"	103.4	102.7	102.0	103.7	104.4	98.7	102.0	106.0	107.2	102.9

省(区、市)	海南	重庆	四川	贵州	云南	陕西	甘肃	青海	宁夏	新疆
"八五"	99.9	100.5	101.2	101.8	100.8	101.2	104.1	101.5	103.1	100.4
"九五"	100.3	101.1	104.0	100.0	101.9	105.4	99.8	100.7	100.6	101.8
"十五"	99.9	102.0	100.9	102.3	101.6	99.4	104.9	105.4	101.3	99.9
"十一五"	100.8	104.7	99.2	99.3	101.0	101.5	100.5	100.6	102.6	100.8
"十二五"	101.3	101.8	99.2	99.1	99.6	100.7	103.0	98.3	98.5	101.3
"十三五"	99.6	102.3	100.2	102.2	100.4	97.9	101.3	99.7	106.5	99.7

7. 全国30个省（区、市）"八五"至"十二五"发展前景排名情况

这里对全国30个省（区、市）"八五"至"十二五"的发展前景及一级指标的排名进行汇总，见表30至表34。

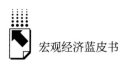

表30　全国30个省（区、市）"八五"时期发展前景及一级指标排名

省(区、市)	北京	天津	河北	山西	内蒙古	辽宁	吉林	黑龙江	上海	江苏
综合	26	27	29	30	19	9	11	13	18	15
经济增长	1	7	10	17	23	13	16	9	4	5
增长潜力	2	7	24	30	21	5	9	4	1	3
政府效率	3	1	16	12	14	7	19	5	2	9
人民生活	2	3	17	8	12	4	10	6	1	7
环境质量	26	27	29	30	19	9	11	13	18	15

省(区、市)	浙江	安徽	福建	江西	山东	河南	湖北	湖南	广东	广西
综合	14	16	3	10	24	23	20	17	7	2
经济增长	2	14	6	21	8	12	11	25	3	30
增长潜力	10	23	14	26	8	27	15	20	12	17
政府效率	8	23	25	17	11	28	15	30	18	29
人民生活	11	26	15	14	16	24	20	23	18	27
环境质量	14	16	3	10	24	23	20	17	7	2

省(区、市)	海南	重庆	四川	贵州	云南	陕西	甘肃	青海	宁夏	新疆
综合	1	22	8	12	4	28	25	5	21	6
经济增长	29	19	28	20	24	15	18	26	27	22
增长潜力	18	16	13	28	22	25	19	11	29	6
政府效率	4	21	27	24	26	22	13	6	10	20
人民生活	9	29	22	30	25	19	28	13	21	5
环境质量	1	22	8	12	4	28	25	5	21	6

表31　全国30个省（区、市）"九五"时期发展前景及一级指标排名

省(区、市)	北京	天津	河北	山西	内蒙古	辽宁	吉林	黑龙江	上海	江苏
综合	2	3	7	9	8	4	10	11	1	5
经济增长	6	5	16	15	19	7	11	10	4	2
增长潜力	2	7	24	28	11	4	3	5	1	6
政府效率	3	2	16	15	14	7	12	5	1	8
人民生活	2	3	7	9	8	4	10	11	1	5
环境质量	26	25	29	30	18	14	12	5	16	9

省(区、市)	浙江	安徽	福建	江西	山东	河南	湖北	湖南	广东	广西
综合	6	29	14	17	13	25	22	21	15	26
经济增长	3	17	12	22	8	14	18	24	1	30
增长潜力	9	17	19	25	8	27	18	16	13	21

续表

省（区、市）	浙江	安徽	福建	江西	山东	河南	湖北	湖南	广东	广西
政府效率	6	23	25	18	10	30	13	27	17	29
人民生活	6	29	14	17	13	25	22	21	15	26
环境质量	11	13	2	10	20	23	21	19	7	3

省（区、市）	海南	重庆	四川	贵州	云南	陕西	甘肃	青海	宁夏	新疆
综合	16	24	23	30	28	19	27	18	20	12
经济增长	29	21	27	23	20	9	13	28	26	25
增长潜力	14	23	12	30	22	26	20	15	29	10
政府效率	4	24	26	22	28	21	19	9	11	20
人民生活	16	24	23	30	28	19	27	18	20	12
环境质量	1	24	6	17	4	28	27	5	22	8

表32 全国30个省（区、市）"十五"时期发展前景及一级指标排名

省（区、市）	北京	天津	河北	山西	内蒙古	辽宁	吉林	黑龙江	上海	江苏
综合	2	3	16	21	12	6	15	8	1	4
经济增长	10	4	14	13	18	6	12	9	3	2
增长潜力	2	5	23	24	9	6	11	3	1	7
政府效率	2	3	16	21	12	6	15	8	1	4
人民生活	1	3	12	7	10	5	9	11	2	6
环境质量	23	22	29	30	18	17	13	14	19	9

省（区、市）	浙江	安徽	福建	江西	山东	河南	湖北	湖南	广东	广西
综合	5	25	17	22	10	28	14	18	11	30
经济增长	5	19	8	21	7	16	15	23	1	30
增长潜力	10	20	16	27	15	28	14	22	8	17
政府效率	5	25	17	22	10	28	14	18	11	30
人民生活	4	27	13	23	8	24	21	22	14	26
环境质量	11	12	3	10	21	26	15	20	7	4

省（区、市）	海南	重庆	四川	贵州	云南	陕西	甘肃	青海	宁夏	新疆
综合	7	27	24	26	29	20	23	9	19	13
经济增长	22	27	28	29	25	11	17	26	24	20
增长潜力	18	25	12	30	21	26	19	13	29	4
政府效率	7	27	24	26	29	20	23	9	19	13
人民生活	17	28	19	30	29	18	25	20	16	15
环境质量	1	25	6	16	5	28	27	2	24	7

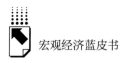
表33　全国30个省（区、市）"十一五"时期发展前景及一级指标排名

省（区、市）	北京	天津	河北	山西	内蒙古	辽宁	吉林	黑龙江	上海	江苏
综合	2	6	25	24	9	11	15	8	1	5
经济增长	10	4	15	14	11	7	16	13	3	2
增长潜力	2	6	25	24	9	11	15	8	1	5
政府效率	1	5	18	20	13	6	17	11	2	4
人民生活	1	4	11	10	12	5	8	9	2	6
环境质量	21	23	28	30	22	17	13	12	14	9
省（区、市）	浙江	安徽	福建	江西	山东	河南	湖北	湖南	广东	广西
综合	3	21	16	27	12	29	17	22	4	19
经济增长	5	25	8	19	6	17	12	23	1	29
增长潜力	3	21	16	27	12	29	17	22	4	19
政府效率	3	27	16	21	8	26	14	15	10	29
人民生活	3	26	13	23	7	20	19	22	15	27
环境质量	5	11	4	10	18	29	20	15	7	6
省（区、市）	海南	重庆	四川	贵州	云南	陕西	甘肃	青海	宁夏	新疆
综合	7	26	14	30	20	23	18	13	28	10
经济增长	26	21	22	30	28	9	18	27	24	20
增长潜力	7	26	14	30	20	23	18	13	28	10
政府效率	7	23	24	25	30	22	28	9	12	19
人民生活	24	28	16	30	29	18	25	17	21	14
环境质量	1	24	8	19	3	27	25	2	26	16

表34　全国30个省（区、市）"十二五"时期发展前景及一级指标排名

省（区、市）	北京	天津	河北	山西	内蒙古	辽宁	吉林	黑龙江	上海	江苏
综合	7	5	22	20	9	13	15	24	2	4
经济增长	7	5	22	20	9	13	15	24	2	4
增长潜力	2	6	28	27	11	10	14	9	1	3
政府效率	1	5	21	19	16	9	15	10	2	4
人民生活	2	4	11	10	14	7	8	19		5
环境质量	17	19	28	29	22	23	13	11	5	14
省（区、市）	浙江	安徽	福建	江西	山东	河南	湖北	湖南	广东	广西
综合	3	12	6	18	8	11	14	21	1	28
经济增长	3	12	6	18	8	11	14	21	1	28
增长潜力	5	17	15	21	8	29	19	24	4	23

续表

省（区、市）	浙江	安徽	福建	江西	山东	河南	湖北	湖南	广东	广西
政府效率	3	26	12	20	7	28	14	18	6	29
人民生活	3	26	9	22	6	20	17	23	18	28
环境质量	2	15	3	8	21	30	20	10	4	9

省（区、市）	海南	重庆	四川	贵州	云南	陕西	甘肃	青海	宁夏	新疆
综合	25	16	17	30	29	10	23	26	27	19
经济增长	25	16	17	30	29	10	23	26	27	19
增长潜力	7	20	16	30	22	18	25	13	26	12
政府效率	8	17	23	22	30	24	27	13	11	25
人民生活	21	27	15	30	29	13	25	16	24	12
环境质量	1	18	12	24	7	26	27	6	25	16

（三）区域发展前景结论

通过对1990～2020年的中国30个省（区、市）发展前景进行评价，本报告认为中国经济面临着经济结构服务化引致的结构性减速和2020年新冠肺炎疫情的影响，但中国30个省（区、市）的发展前景指数和经济发展质量仍然得到了一定的提高。

从1990年到2020年，全国、东部、中部和西部地区发展前景指数分别改善了136.48%、140.65%、106.34%和158.05%。1990～2020年各省（区、市）发展前景指数改善最多和改善最少的分别为湖南省和黑龙江省。经济增长指数改善最多和最少的分别为四川省和贵州省。增长潜力指数改善最多和最少的分别为宁夏回族自治区和甘肃省。政府效率指数和2016～2019年一样，改善最多和最少的分别为福建省和甘肃省。人民生活指数和2016～2019年一样，改善最多和最少的分别为贵州省和北京市。环境质量指数和2018～2019年一样，改善最多和改善最少的分别为北京市和河南省。除了在发展前景、人民生活方面西部地区改善情况优于东部地区和中部地区，在经济增长、增长潜力、政府效率和环境质量四个方面均是东部地区改

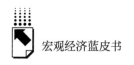
善情况优于中、西部地区。

和2019年的发展前景比较，2020年有12个省（区、市）排名上升：河北（全国排名第15位）上升了3位；湖南（全国排名第14位）、宁夏（全国排名第22位）、吉林（全国排名第10位）、辽宁（全国排名第9位）、新疆（全国排名第26位）、安徽（全国排名第17位）、山西（全国排名第19位）7个省（区、市）上升了2位；四川（全国排名第13位）、重庆（全国排名第21位）、青海（全国排名第25位）、云南（全国排名第28位）4个省（区、市）排名上升了1位。2020年有8个省（区、市）发展前景排名下降：湖北（全国排名第23位）下降了10位；内蒙古（全国排名第11位）、陕西（全国排名第12位）、广西（全国排名第27位）、甘肃（全国排名第29位）4个省（区、市）排名下降了2位；黑龙江（全国排名第18位）、海南（全国排名第16位）、河南（全国排名第24位）有3个省（区、市）排名下降了1位。2020年发展前景排名不变的省（区、市）有10个。

本文将1990年以来、2000年以来、2010年以来、2009～2020年30个省（区、市）发展前景分为五级，上海市、北京市、江苏省、浙江省在2009～2017年、2010年以来、2000年以来和1990年以来均处于Ⅰ级水平，2018年、2019年和2020年广东省发展前景上升至Ⅰ级水平，而北京市下降为Ⅱ级水平。和2019年相比较，2020年发展前景级别上升的有3个省（区、市）：吉林（Ⅱ级）、宁夏（Ⅳ级）、山西（Ⅲ级）均上升了一级；级别下降的有2个省（区、市）：陕西（Ⅲ级）、湖北（Ⅳ级）均下降了一级。

2020年是"十三五"的收官之年。本报告对"八五"至"十三五"时期的发展前景及各一级指标的排名、指数进行了评估。

通过对比近七年具体指标权重的变化发现，城镇失业保险覆盖率2020年权重最高，城市化率权重在2014～2020年连续七年处于前列，城镇基本养老保险覆盖率权重2015～2020年连续六年处于前列，人均GDP权重在2015～2017年连续三年处于前列（2018年权重居第16位），2019年和2020年处于第六位。权重居前几位的具体指标的变化反映了我国在迈向高质量发展过程中涉及的城镇失业保险覆盖率、城市化率、城镇基本养老保险覆盖率等公共服务、社会保障、人民生活等城市化相关指标的重要程度。

五 宏观资源配置体制改革和共同机制的建立

路径转换需构建新的目标、激励和资源分配机制，将社会等非经济因素纳入发展模式中，推动非经济因素的"正反馈"机制建立，推动路径转变。从中国现有的发展阶段看，积极深化和完善基于产权保护的法律制度体系，降低交易成本，提高市场配置资源激励效率，激活新的生产要素并使其融入创新增长体系是社会主义市场基础制度的完善过程。而强化宏观资源配置体系的转型是该阶段转型的核心任务。中国经济已经迈入新发展阶段，宏观资源配置体系和国家治理的经济基础已发生了根本的变化。基于工业化的宏观调控和政府治理体系经过了自 1993 年以来 27 年的实践，未来需要向着基于城市化发展和创新转型的思路进行重新设定和积极调整。2019 年中国城市化率突破 60%，服务业占 GDP 的比重达到 53%，经济基础条件发生了深刻变化，同时发展的最突出特征成为基于人的发展来推进深度城市化。中国应通过提供高质量的公共和私人服务，服务于人的发展。人的发展是知识社会的根本，只有通过人的发展才能实现创新，获得创新效率，同时人的发展需要人参与社会治理过程，这些新的属性直接要求宏观资源配置体系的转型。城市化的发展要求政府推动宏观生产资源配置，从促进生产转向提供公共服务，从注重 GDP 单一经济绩效指标转向注重包含有人的发展的社会福利目标。政府为人服务的属地特征决定了理顺中央与地方政府的体系是公共服务体系建立的基础。基于城市化的以人的发展为导向的转型已经时不我待，中国需要建立新的宏观资源配置体系，包括财税体制、金融体制、政府治理体制和相关激励导向，以适应深度城市化发展的需求。财税体制上，要对税收征收、支出等各个环节进行综合改革。中国政府治理的现代化和宏观调控的稳定化需要实现财政体制、金融体制、政府治理的转型，让财政金融、政府治理等宏观资源配置体系服务好"人的发展"这一目标，增加激励，推动

社会参与、意识形态、法律等非经济因素成为支持转型的"正反馈"因素。宏观资源配置体系的改革有利于厘清政府、国企边界，强化地方政府的硬约束，明确政府以公共服务为本的激励目标，并通过政府体制的转型，积极推动国企转型。应重视将社会治理等非经济要素体系纳入国家治理体系，推动发展模式的转型和国家治理的现代化。

关于中国财政、金融、政府宏观资源配置体系改革的当务之急，一方面要促进国家防范系统性风险和构建激励经济转型的新宏观资源配置体系，保障中国经济平稳跨入高收入和高质量的发展阶段；另一方面要基于国家现代化目标完善国家治理体系，使文化、政治、法律、社会等积极转型因素平稳地与经济转型协调一致，通过非经济因素的正反馈推动经济体系进入创新、均衡的增长路径。从全球增长的一般规律看，只要中国名义 GDP 增长保持高于发达国家的均值（3%）水平，保持汇率的稳定，中国人均 GDP 便会不断向发达国家人均 GDP 水平收敛，中国将成功跨进高收入国家的行列。中国应在保持"稳中求进"及宏观稳定的同时，进行适应发展阶段的体制改革，向高质量现代化国家转型。

（一）高质量转型下的宏观管理体制演进方向

改革开放后，1978～1992 年中国经济增速达到 9.3%，但价格波动大，有过三次价格水平超过两位数。1993～2012 年为重化工业化加速阶段，经济增速高达 10.5%，通货膨胀平稳。这个时期，中国初步建立市场经济体制，对对外开放和宏观管理体系进行了深度调整，实现了从低收入水平向中高收入水平的飞跃。20 年高速平稳的经济增长，一是受益于改革开放，经济转向了出口导向的工业化；二是进行了基于出口导向工业化过程的宏观资源配置体制构建，保证了经济平稳；三是积极推动了城市化发展。2011 年城市化率突破 50%，中国启动了城市的大"建设周期"，1998 年、2008 年两次积极的财政政策构建了中国坚实的基础设施体系。此外，1997 年的住房消费信贷开启，1999 年的公房改造，2002 年的土地招拍挂，加速了城市化进程。2013～2035 年进入深度城市化发展阶段，2019 年城市化率突破

60%。2020年中国开始推进户籍改革、土地要素改革，预计中国深度城市化将展开于2021年，到2030年城市化率突破70%后城市化进程将逐渐平缓。城市化将成为下个阶段发展的主导力量和核心议题，为实现人均GDP向高收入阶段的飞跃，城市化发展模式要积极进行转型。

在工业化、城市化扩张向深度城市化转变的过程中，新的增长路径方向和宏观资源配置体制要随阶段性发展的变化而变化。以往基于出口导向工业化发展的政府治理体系和宏观管理体制也要发生变化。2002年中国允许土地招拍挂后，经济的运行流程发生了变化，城市建设加速，在传统宏观管理体系的母体中"孪生"出一个满足城市化需求的资源配置体系，即形成一个"血脉"下的两个资源配置系统——一个服务于工业化，另一个服务于城市化。2008年金融危机后，中国银行体系借信托通道提供大量资金给城市化发展，形成了庞大的影子银行体系，或也可确切地称之为银行的影子——钱主要来自银行体系，但服务于市政和住房开发的城市化需求；财政方面更是直言不讳，传统财政就是"吃饭财政"，发展城市必须依靠"土地财政"，同时，空间规划优先于产业规划以推动城市化。于是，"孪生"于工业化激励体制之上的第二套宏观管理体制在城市化阶段开始起到主导作用，作为既成事实，它应城市需求而生，同时与城市需求相互牵制和扭曲。宏观管理体制转型的方向，应是顺应深度城市化和高质量发展的要求，确立以"人民为中心"的经济社会多重目标管理体制。毫无疑问，在主体责任、发展目标和协调机制的重塑过程中，将会遇到更多的挑战（张平、袁富华，2019）。

（二）政府治理和宏观管理体制改革的着力点

宏观管理体制的转变与城市发展阶段特征相关联。国际货币基金组织（IMF）为中国宏观管理框架改革列出了十一项阶段性评估标准：①从外部需求转向国内需求；②从投资转向消费；③从工业转向服务业；④资源分配上，从国家导向转向市场和私人部门推动；⑤从过高的企业债务转向可持续的杠杆水平；⑥从财政债务（特别是地方政府债务）上升转向可持续的财

政；⑦从金融部门自由化转向改善治理；⑧从增加要素投入转向提高生产率和鼓励创新；⑨从不平等的增长转向更加包容性的增长；⑩从高污染转向绿色增长、可持续利用能源；⑪从旧式的、间歇的政府公告转向及时的、清晰易懂的沟通（林为基等，2018）。这些评估标准指出了中国未来发展的目标、宏观资源激励方向都要进行根本性改革，而不是修补。

中国政府始终保持着非常清醒的头脑，从提出新常态、供给侧结构性改革，到签署《巴黎协定》、进行高质量经济增长转型、制定"两步走"的现代化目标、重新确立新的发展阶段的社会主要矛盾，都推动了国家治理现代化体系建设，把中国经济发展与转型的目标和步骤清清楚楚地摆在全国及全世界的面前。中国发展路径的方向和目标是明确的，在方向明确后，只有改变政府治理形态和与之相关的宏观经济资源配置与激励机制，才能使激励和资源配置机制向正确的方向转型。

1. 政府治理和公共财政体系改革

与政府治理高度相关的就是财政体系，二者密不可分，中国已经通过了"税收法定原则"，在国家治理层面迈出了坚实的步伐。随着城市化的进程加快，纳税规模的覆盖面越来越广，特别是户籍改革后，城市居民转化为城市纳税公民，公民成为社会经济发展的主体，"取之于民、用之于民"的公共财政收支体系被纳入人大立法体系，通过使公民参与政府公共财政收支体系的决策与监督过程，逐步形成现代政府治理与公共财政体系。政府软预算约束、公共服务与纳税不匹配、公共决策与监督机制缺失等问题的解决，都需要政府治理与财政体系进行调整与改革。

调整政府治理体系最好从财政入手，一方面改革基于工业化建构的财政体系，另一方面通过立法建立规范的政府治理体系，将公民纳入国家治理过程，通过立法、公共决策、公民监督参与等方式完善政府治理。建立起以人民为中心的现代治理体系架构。从财政改革看，首先就是重新建立财权和事权匹配的财政税收体系。这种重新匹配，不仅仅表现在财政收入和公共支出的数字匹配上，还应该体现在城市居民享受服务与纳税责任、中央与地方事权财权的匹配上，否则财税体制会缺少可持续发展的韧性和合理性。

公共财政制度改革方向应是：①从以流转税为主导的税收体制转向以直接税和间接税为双支柱的混合型框架，从单一针对企业法人征税转向对自然人和法人共同征税，逐步形成纳税人与享受的公共福利相匹配的格局。②增加地方消费增值税，并将其作为地方的主税种。要从流转税征收环节上入手，从生产环节和消费环节征收增值税，即在生产环节继续向企业征税，税率应该继续下降到9%，降低企业的增值税负担，提升企业竞争力；从消费环节开征价外消费型增值税，税率从1%以内的水平开启，征收的税收归地方，减轻地方对土地财政的过度依赖，同时提高对人的服务质量，聚集人流消费，并使地方从中获得税收收入。③强化政府预算和负债硬约束。这需要立法层面和政府监督层面的改革，当然这一改革也需要进行债务的技术性处理，因为大量地方债务是因弥补地方财政缺口而累积出来的，属于中央－地方收支不匹配的产物，需要纠正过来。④使中央与地方的事权和财权相匹配。按服务范围与效率等原则进行中央与地方事权的合理划分，在城市化发展的今天已经无法回避。对中央与地方事权匹配已经有很多技术性讨论，但事权改革一直没有得到落实。需要全国统筹的事权，如保障劳动要素全国统一市场形成的全国统一社保问题没有得以解决。中央和地方关系是财税改革的重点，相关划分在中国历史上有一定的经验积累，也有大量国际经验可借鉴不属于技术问题。⑤包容性、绿色发展和未来社保基金的可持续性，都在挑战当前的财政收支体系和运转效率，需要被纳入新的财政体系中进行系统性设计和确立（付敏杰、张平、袁富华，2017）。

2. 货币供给体系改革

只有建立政府治理和公共财政现代体系，才能推动中国货币供给体系和利率市场化的改革。中国基于外汇占款的货币发行方式正在逐步转变。2013年外汇占款达到顶点后，随着2015年汇率改革，外汇占款显著下降，导致央行缩表。2016年央行依靠"其他金融机构借款项目"——以其他金融机构的国债等抵押物发行各类短期、中期借贷便利等，大幅度创造资产，新的资产带来的货币创造占比已经逐步弥补外汇占款的下降。货币乘数持续提高，扩张了M2的供给。以外汇占款作抵押的货币发行模式是明显的小国模型，类似于货币局制度，可稳定盯住汇率，利于出口导向，并推动出口－货币供给的良性循环，形成以出口导向为基础的货币供给体系。中国现阶段出口导向型工业化逐步结束，汇率按市场定价，货币发行的基础也发生了变化，现在将银行的债券作为抵押再贷款的方式属于过渡模式，未来要转向以公债为资产的大国信用模型体系，国债将逐步成为新的资产来源。以国债收益率作为利率市场化和货币政策导引是未来大国的选择方向。中国没有快速转向大国货币发行模式的原因很多，一个根本原因就是政府软预算、财政收支体系存在着很多非规范状态，政府治理现代化是货币发行转向大国模型的前提。基于公债货币供给的转型时不我待，一方面要为中国长期发展筹资，另一方面也要改变中国依赖外汇资产的货币发行格局，加快利率市场化建设。应促进以国债利率为基准替代以中期借贷便利（MLF）利率为基准的LPR利率的改革。政府治理和财政体制不能建立有效的自我约束的监督体制、软预算无法克服、采用公债货币化的货币发行机制会导致经济的波动幅度加大，对此中国有着深刻的教训（张平，2017）。

从城市发展资金需求看，央行货币供给90%分给银行体系，银行再分配给非银机构以绕开监管，如贷款给城市发展部门，这部分资金成本高，期限短，与城市化低成本和长期限的资金需求完全不匹配，也导致了城市化大发展的同时负债快速增长的弊端。中国的银行体系是工业化效率提升的代表，但随着城市化发展，日益多样化的需求需要更多样性的金融机构来予以满足。应增加金融机构的多样性，提高资金配置的灵活性，防风险，改进金融监管效率，增强金融体系韧性。

城市化阶段，建立统一的债券市场和多层次的资本市场，成为越来越迫切的需求，特别是债券市场的改革需要进一步加快。债券市场难以统一、监管规则不统一、债券品种创新难以推出，极大地延缓了中国债券市场的发展，难以满足城市发展需求。

3. 政府配置资源体系改革

中国赶超成功的重要经验之一就是政府干预资源配置，即有为政府——通过产业政策、土地政策、税收优惠政策、选择性金融政策进行工业化推动和对外招商引资。中央、地方政府的税收都与工业化高度相关，部委也与地方政府发展工业化纵向配置资源体系相配合，形成了一组激励相容的中央地方大力发展工业化的特征，取得突出的赶超效率。但工业化发展见顶后，产能过剩、过度污染和负债等问题慢慢暴露出来，中央提出的供给侧结构性改革政策，就是针对这些问题的改革举措。未来发展方向虽然清晰，但激励机制并没有跟进，政府将继续沿着传统资源配置体系进行推进，发达和发展区域当前最重要的任务依然是招商引资，沿着产业链延伸发展的思路，扩大工业制造产能是各个属地工作的重点，在需求难以扩张的条件下，要避免存量博弈、产能扩张、资源浪费。

中国政府从干预资源配置的产业政策转向激励竞争和创新的"创造环境"的资源配置产业政策依然任重而道远。产业政策在发达国家是重要的功能性干预工具，注重产业和创新成长条件的改变，塑造创新环境是这种干预的本质。发达国家产业政策致力于对小企业的扶持，但多集中于改善环境、降低风险方面，而不是直接用补贴的方式。城市化后，创新和就业都需要中小企业的大发展，产业政策重点也应从干预产业发展转变为制订主体开发区规划，为小企业发展创造条件，在改善基础设施、金融设施、社会公共服务设施等领域加大投入。

政府行政管理体制改革要加快推进，特别是要以事业单位体制改革为突破口，减少科教文卫体行政管制，这样可以保障基础公共服务的质量。可以按市场需求让市场配置资源满足大众的需求，促进服务的升级，满足以人为本全面发展的需求。转变政府职能，一方面要推动立法层面去放松行政化的管制，干预资源分配；另一方面提高监管水平，不断提升营商环境质量，迎接规则层面的治理参与并与国际规则对接，探索中国屹立于世界的相互融合之道（张平、张自然、袁富华，2019）。

（三）构建社会等非经济因素的"正反馈"机制

两个宏观资源配置体系的资源争夺和激励机制不协调导致的经济摩擦已经引起政府的高度重视。现阶段的宏观调控仍然囿于传统工业化的资源配置

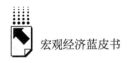
机制，因此混乱的状况不可避免，但这有悖于城市化发展和转型的阶段性要求。从经济阶段转换的要求看，必须着眼于新的宏观资源配置体系的建设。第一，发展目标已经从以物质生产为中心转向以人民为中心，生产供给导向的宏观管理系统已转向消费者导向的宏观管理系统。这种转换背景下，提高居民收入份额和人力资本回报率、强化消费跨期效率补偿，成为宏观调控目标的一个重要方面。第二，发展机制已经发生从低成本 - 规模扩张的单一效率标准向基于多样性 - 风险分散的经济韧性标准的转变，以便形成效率 - 韧性较为均衡的宏观资源配置体制。第三，激励方式已经发生从工业化的产业干预向竞争性政策的转变，特别是已将服务部门从管制和低效率中释放出来，以部分市场供给的方式促进服务业升级，强化创新的市场激励。第四，发展战略逐渐从出口导向调整为"大国模型"，以内需为主，提升在国际分工价值链中的地位，增厚出口附加价值，而非补贴化发展。

为了推动发展阶段转型，宏观资源配置需要进行适应性转变，归根结底需要坚持两条：第一就是要逐步推动政府治理现代化，构建基于城市化发展的资源配置体制，使财政、金融、产业政策两套体制并轨，完成协调、监管、配置、激励信号的一致性，实现主体目标的一致性，从根本上转变为服务以人为中心的内需发展；第二，重构国家发展目标，将国家发展目标从单一 GDP 绩效标准转向以人为中心的新国家福利目标。除包容性、可持续的经济效率目标外，还要将社会等非经济因素纳入国家福利目标体系。

经济、政治、文化、社会、绿色五位一体的新国家福利目标的实现需要一组非经济类因素参与到转型过程中，构造"正反馈"机制，并推动向高质量发展模式的转型。国内很多研究已经涉及这一方面，如"参与促进型改革"理论明确提出，以促进社会成员最大范围、最深程度、更高质量参与工业化、现代化进程为目标，着力推进相关领域改革取得突破；"参与促进型改革"要点可概括为，扩大参与机会，提升参与能力，完善鼓励创业、创新的制度和政策，创造稳定参与预期的法治环境（刘世锦等，2011）。"高质量发展是一个总括性理念，经济高质量是社会高质量和治理高质量的输出"，"城市化的本质是福利社会"，其转型的核心是要发展出"知识中产阶级"，知识中产阶级是一个重要的角色，就是要参与转型，形成"正反馈"的群体（高培勇等，2020）。高质量转型需要社会成员广泛参与，并从中获益，只有构建这种"正反馈"机制才能有效地推动目标、路径方向和机制的成功转型。

福山（Fukuyama，2013）对"国家治理"的定义是"政府制定和执行规则以及提供服务的能力"。考夫曼等（Kaufmann et al.，2009）将"国家治理"定义为"一国行使权力的传统和制度，包括选拔、监督和更换政府的过程；政府有效制定和执行健全政策的能力；尊重公民和国家对管理公民之间的经济和社会互动的制度的尊重"。贝斯里等（Besley et al.，2011）将其简单表述为"财政和法律"。付敏杰（2018）做了更为详尽的诠释，认为国家治理是国家财政理论与微观产权保护的"治理均衡"。

综合国家治理和公共选择理论，我们归纳梳理出国家治理体系现代化的三大支柱：一是国家能力构造，可将其归结为财政能力，即法定税收收取能力和公共服务能力，可矫正外部性，如自然保护；提供社会保障，通过再分配促进帕累托改进，提高全民福利水平。二是基于法律执行的产权保护，可保障市场的运行，避免免费搭车对经济效率的瓦解，制衡政府权力。三是社会广泛参与，建立现代的公共选择治理过程，制定社会民众参与程序、议事规则制定等依法行使权力的流程，保障政府取之于民用之于民，弥补微观市场缺陷。三大支柱本质上都包含经济和非经济因素，经济、政治、社会、文化、法律等多重因素都需要五位一体的建设。更重要的是要得到社会"意识形态"、最广泛阶层人口的支持和参与，形成社会"正反馈"机制，实现多因素的共同演化。从共同演化路径看，通过法律体系建设，以及再分配、公共服务提高教育、医疗等质量，有利于扩大知识中产阶级，达到共同富裕。

（四）中国现代化进程中体制改革的顺序安排

2012年以来，中国不断构建高质量转型的"四梁八柱"，从中央到地方都纷纷设立了高质量的目标，但如果没有宏观激励目标和与之配套的宏观资源配置体制的改革，便难以推动转型。而在没有第一步转型的基础上，特别

是在没有社会受益者的支持，即社会等非经济因素的"正反馈"机制没有形成时，转型往往会被原有路径形成的利益格局锁定，难以完成。现实的体制目标只有以人民为中心，提高人民的人力资本，推动知识阶层崛起，才能形成"人力资本消费 – 创新效率补偿"的正向循环。现代社会的经济、政治、文化、社会目标并非最大化经济增长速度或短期规模效率，而是努力促进作为经济、政治、文化和社会基础力量的中产知识阶层不断扩展，并形成"正反馈"，推动转型成功。

基于这样的现代化转型过程，需要对现有的体制进行改革，并安排好转型的顺序，逐步推动发展与改革的相互配合，多种体制资源的共同演化。2021～2035 年中国最为重要的内容，就是要基于城市化和后小康发展阶段的基础事实，对宏观激励目标和与之相匹配的宏观资源体系做出调整，平稳进入高收入国家。2036～2050 年中国要全面推动国家治理现代化。

1. 2021～2035年：高质量转型目标函数的确立与宏观资源管理体制改革

2021～2035 年改革的重点是依据新发展阶段进行政府 – 宏观体系的改革，以适应新的发展阶段，并保持增长的稳定和连续，同时改革动力机制，从赶超向高质量转变。

2020 年中国及全球受到新冠病毒的肆虐，经济受创，财政收入下降。中国积极应对疫情，调高赤字，第三次发行特别国债，增加地方专项债和政策金融债的发行，给大量中小企业进行税收、社保的期限减免等；在金融方面积极配合，不断提升金融杠杆，预计 2021 年中国经济将在政策激励下进行恢复与整固，逐步走向正常。2021 年后，中国财政和金融重整计划要提上议事日程，财政、金融重整应与宏观经济体制改革相配合。宏观体制改革是基于城市化的大国模型进行的迈向现代化国家治理下的财政框架改革、金融框架改革和产业政策改革。

2. 2036～2050年：全面建构国家能力与国家治理现代化体系

2035 年中国人均 GDP 将超过 2 万美元，中国将成为高收入国家，国家治理现代化将成为国家体制设计的核心任务。国家治理现代化体系是基于人民公共选择体系形成的一整套公共治理机制，可以促进国家制度体系的完整与稳定，并重新构建国家能力，形成基于"以人民为中心"的社会治理与国家能力构造，保障国家的持续繁荣和人民幸福，凸显社会主义国家的优势。

国家治理现代化体系构造包括：一是以提高全民公共福利为目标的国家能力构造，积极提高行政和财政双重能力，服务于以人民为中心的国家发展。二是基于经济、政治、法律体系建立"效率产权保护"结构，保证市场配置资源的决定性地位，推动新生产要素加入，使知识中产阶级在知识创新过程中获益。三是推动国民参与公共治理过程，推动社会等非经济因素参与到路径共同演化体系中，通过参与式改革和演化，逐步将国家增长红利内部化到人力要素持续提高和积累上来，扩大中产知识阶层，让"知识消费－创新发展－共同富裕"成为正向循环。

以人民为中心的经济体系的基本特征：①以消费为起点，推动人的广义人力资本的持续提升，重视包容性发展，推动"知识阶层"的扩大再生产（张平、郭冠清，2016）；②以"人"的要素质量提高促进创新，优化要素市场化配置与激励，提升效率；③基于城市化的社会福利体系和宏观稳定的资源配置体制的逐步建立，保持经济可持续和平稳发展；④人与自然和谐；⑤构建现代治理体系，强调广泛人群"参与"的治理过程，从而构建新型国家能力。可以看出，向以人为中心的高质量发展转型，是一个整体性的转变，涉及经济、社会、社会参与、公共治理等新的激励命题，因此，要从政府及宏观资源配置体系转型入手，把握制度转型的根本和激励方向。

参考文献

Besley, T. & and T. Persson, *Pillars of Prosperity : The Political Economics of Development Clusters*, Princeton University Press, 2011.

Fukuyama Francis, "What is Governance?" *Governance: An International Journal of Policy, Administration, and Institutions*, 2013, 26 (3): 347 – 368.

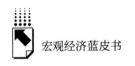
Kaufmann Daniel, AartKraay, Massimo Mastruzzi, "Governance Matters VIII: Aggregate andIndividual Governance Indicators for 1996 – 2008," World Bank Policy Research Working Paper No. 116 4978, 2009.

North, D. C., "Economic Performance through Time," *American Economic Review*, 1994, 84 (3): 1359 – 3681.

United Nations Development Programme, *Human Development Report*, Oxford University Press, 1999.

罗斯托:《经济增长理论史:从大卫·休谟至今》,陈春良等译,浙江大学出版社,2016。

World Bank, "The World Bank Public Information Center Annual Report FY95", World Bank, Washington, DC, 1995.

阿马蒂亚·森:《伦理学与经济学》,王宇等译,商务印书馆,2000。

边雅静、沈利生:《人力资本对我国东西部经济增长影响的实证分析》,《数量经济技术经济研究》2004 年第 12 期。

蔡昉:《人民要论:以提高全要素生产率推动高质量发展》,《人民日报》2018 年 11 月 9 日。

陈昌兵、张平:《加快我国现代化建设,实现第二个百年奋斗目标》,中国社会科学出版社,2018。

丹尼斯·C. 缪勒:《公共选择理论》,韩旭等译,中国社会科学出版社,2011。

付敏杰、张平、袁富华:《工业化和城市化过程中的财税体制演进:事实、逻辑和政策选择》,《经济研究》2017 年第 12 期。

付敏杰:《国家能力视角下改革开放四十年财政制度改革逻辑之演进》,《财政研究》2018 年第 11 期。

高培勇等:《高质量发展的动力、机制与治理》,《经济研究》2020 年第 4 期。

联合国环境规划署:《21 世纪议程》,中国环境科学出版社,1994。

林卫基等编著《中国该如何深化改革:IMF 的国际视野》,中信出版集团,2018。

刘汉民等:《国外路径依赖理论研究新进展》,《经济学动态》2012 年第 4 期。

刘世锦等:《陷阱还是高墙?——中国经济面临真实挑战和战略选择》,中信出版社,2011。

诺思:《经济史上的结构和变迁》,厉以平译,商务印书馆,1992。

乔洪武等:《西方经济伦理思想研究》,商务印书馆,2016。

孙波:《可持续发展评价指标体系述评》,《中国可持续发展》2003 年第 6 期。

叶文虎、全川:《联合国可持续发展指标体系述评》,《中国人口·资源与环境》1997 年第 3 期。

袁富华等:《超越集聚:城市化与知识经济的一类理论认识》,《北京工业大学学报》(社会科学版)2020 年第 2 期。

张平：《"结构性"减速下的中国宏观政策和制度机制选择》，《经济学动态》2012年第10期。

张平、郭冠清：《社会主义劳动力再生产及劳动价值创造与分享——理论、证据与政策》，《经济研究》2016年第8期。

张平、刘霞辉、王宏森主笔《中国经济增长前沿 II——转向结构均衡增长的理论和政策研究》，中国社会科学出版社，2011。

张平、刘霞辉主编《中国经济增长前沿》，社会科学文献出版社，2007。

张平、袁富华：《宏观资源配置系统的失调与转型》，《经济学动态》2019年第5期。

张平、张自然、袁富华：《高质量增长与增强经济韧性的国际比较和体制安排》，《社会科学战线》2019年第8期。

中国经济增长前沿课题组：《突破经济增长减速的新要素供给理论、体制与政策选择》，《经济研究》2015年第11期。

中国经济增长前沿课题组：《中国经济长期增长路径、效率与潜在增长水平》，《经济研究》2012年第11期。

袁富华、张平、刘霞辉、楠玉：《增长跨越：经济结构服务化、知识过程和效率模式重塑》，《经济研究》2016年第10期。

中国科学院可持续发展战略研究组：《2009中国可持续发展战略报告——探索中国特色的低碳道路》，科学出版社，2009。

区域经济发展前景报告

Prospect Report on Regional Economic Development

B.2

1990~2020年中国30个省（区、市）发展前景评价

张自然　张　平　刘霞辉*

摘　要：　本报告从指数、分级和排名三个层面对中国30个省（区、市）1990~2020年31年间经济增长、增长潜力、政府效率、人民生活和环境质量等五个方面的情况进行分析，在此基础上，得出1990~2020年中国30个省（区、市）的发展前景，并基于面向2035年的高质量发展背景，对中国30个省（区、市）发展前景进行评价，得到"八五"至"十三五"时期中国30个省（区、市）发展前景指数、分级及排名变化情况。研究结论如下：中国30个省（区、市）发展前景可分为5

---

* 张自然，中国社会科学院经济研究所研究员、博士，主要研究方向为技术进步与经济增长；张平，中国社会科学院经济研究所研究员、博士生导师，主要研究方向为经济增长；刘霞辉，中国社会科学院经济研究所研究员、博士生导师，主要研究方向为经济增长。

级，分别为Ⅰ级、Ⅱ级、Ⅲ级、Ⅳ级、Ⅴ级。其中，上海市、北京市、江苏省、浙江省在1990年以来、2000年以来、2010年以来及2009~2017年发展前景均处于Ⅰ级水平，广东省在2018~2020年上升至Ⅰ级水平，而在此期间，北京市则由Ⅰ级水平下滑至Ⅱ级水平。从区域角度看，相对于1990年，2020年，中国东部、西部、中部发展前景变化情况如下：西部地区发展前景的改善情况总体优于东部和中部地区；西部地区人民生活的改善情况也优于东部和中部地区，但东部地区的经济增长、增长潜力、政府效率和环境质量四个方面的改善情况总体优于中部和西部地区。另外，通过对近七年具体指标的权重变化进行对比发现，2020年城镇失业保险覆盖率权重最高；2014~2020年，城市化率权重均位于前列；2015~2020年，城镇基本养老保险覆盖率权重位于前列；在2015~2017年、2019年和2020年这几个时间段，人均GDP权重位于前列。位于权重排名前几名的具体指标的变化，可折射出在中国迈向高质量发展的过程中，城镇失业保险覆盖率、城市化、城镇基本养老保险覆盖率等公共服务、社会保障、人民生活等城市化相关指标的重要程度。

关键词： 经济增长　发展前景　高质量发展

一　引言

《中国经济增长报告》已经连续10年对中国30个省（区、市）发展前景、经济发展质量和可持续发展情况进行评估。从2018年起，《中国经济增长报告》调整了评价标准和评估方式，采用基于效率的评估方式，选取以

TFP 增长贡献和劳动生产率为基准的评价标准。经济发展前景指标体系包括 5 个一级指标、11 个二级指标和 58 个三级指标。一级指标和二级指标具体情况为：一级指标是经济增长、增长潜力、政府效率、人民生活和环境质量；二级指标有 11 个，其中，产出效率、经济结构、经济稳定从属于经济增长一级指标，产出消耗和增长可持续性从属于增长潜力一级指标，公共服务效率和社会保障从属于政府效率一级指标，人民生活从属于人民生活一级指标，生态环境、环境治理和空气监测从属于环境质量一级指标。本报告采用经济发展前景指标体系来评估中国 30 个省（区、市）经济可持续发展水平和高质量发展状况，借此发现中国经济结构性短板，增强经济发展韧性，缩小经济较落后省份和发达省份之间的差距。本报告在前十版《中国经济增长报告》的研究基础上，基于面向 2035 年的高质量发展背景，对中国 30 个省（区、市）1990～2020 年 31 年的发展前景及可持续发展情况进行持续跟踪评估。本报告共六个部分：第一部分是引言；第二部分主要分析中国 30 个省（区、市）发展前景评价结果；第三部分主要分析中国 30 个省（区、市）"八五"至"十三五"时期发展前景与五个一级指标指数及排名情况；第四部分主要分析中国 30 个省（区、市）发展前景分级情况；第五部分主要分析影响 30 个省（区、市）发展前景的关键因素；第六部分是结论。下文将选取发展前景的 58 个三级指标，运用主成分分析法，对中国 30 个省（区、市）1990～2020 年的发展前景进行全面客观评价，并按权重将 30 个省（区、市）分为 I 级、II 级、III 级、IV 级、V 级，在此基础上，对影响 30 个省（区、市）发展前景的一级指标、二级指标和三级指标进行分析，探究影响中国 30 个省（区、市）发展前景的关键因素。2020 年是"十三五"规划的收官之年，本报告将继续评估中国 30 个省（区、市）"八五"到"十三五"时期的发展前景。

二　中国30个省（区、市）发展前景评价结果

本报告运用主成分分析法，分析中国 30 个省（区、市）发展前景，以

及30个省（区、市）的5个一级指标排名、指数及分级等情况［发展前景评价指标设计、中国30个省（区、市）数据来源及数据处理方法、中国30个省（区、市）的发展前景评价过程，详见附录2］。

（一）2020年30个省（区、市）发展前景及一级指标排名

2020年，总的发展前景排名方面，上海居全国第1位，浙江、江苏、广东和北京分别居全国第2位至第5位；经济增长一级指标方面，居全国前5位的依次是上海、广东、浙江、江苏和天津；增长潜力一级指标，居全国前5位的依次是上海、浙江、江苏、广东和北京；人民生活一级指标方面，居全国前5位的依次是上海、天津、北京、浙江和江苏；政府效率一级指标方面，北京居全国第1位，其他四位依次是山东、浙江、上海和江苏；环境质量一级指标方面，广东居全国第1位，其他四位依次是吉林、浙江、海南和湖南。较2019年而言，2020年发展前景及5个一级指标排名第一的省（区、市）没有变化，详情见表1。

表1　全国30个省（区、市）2020年发展前景及一级指标排名情况

省（区、市）	北京	天津	河北	山西	内蒙古	辽宁	吉林	黑龙江	上海	江苏
综合	5	7	15	19	11	9	10	18	1	3
经济增长	7	5	16	24	9	22	15	18	1	4
增长潜力	5	15	22	23	10	8	7	17	1	3
政府效率	1	6	26	21	24	13	16	9	4	5
人民生活	3	2	14	11	15	6	7	24	1	5
环境质量	14	12	26	29	16	27	2	9	6	19
省（区、市）	浙江	安徽	福建	江西	山东	河南	湖北	湖南	广东	广西
综合	2	17	8	20	6	24	23	14	4	27
经济增长	3	17	6	25	12	20	14	21	2	26
增长潜力	2	19	14	20	13	26	18	11	4	25
政府效率	3	25	11	20	2	28	19	18	7	23
人民生活	4	26	9	25	8	16	10	22	19	28
环境质量	3	11	7	8	22	30	23	5	1	10

省（区、市）	海南	重庆	四川	贵州	云南	陕西	甘肃	青海	宁夏	新疆
综合	16	21	13	30	28	12	29	25	22	26
经济增长	30	19	13	28	23	8	10	29	27	11
增长潜力	12	27	16	30	28	21	29	6	24	9
政府效率	8	12	14	17	27	15	30	22	10	29
人民生活	21	30	17	27	20	13	29	12	23	18
环境质量	4	17	21	25	13	28	24	15	20	18

1. 2020年全国30个省（区、市）发展前景排名及权重

和2019年的发展前景排名相比，2020年有12个省（区、市）排名上升：河北（全国排名第15名）上升了3位；湖南（全国排名第14位）、宁夏（全国排名第22位）、吉林（全国排名第10位）、辽宁（全国排名第9位）、新疆（全国排名第26位）、安徽（全国排名第17位）、山西（全国排名第19位）7个省（区、市）上升了2位；四川（全国排名第13位）、重庆（全国排名第21位）、青海（全国排名第25位）、云南（全国排名第28位）4个省（区、市）上升了1位。

2020年有8个省（区、市）发展前景排名下降：湖北（全国排名第23位）下降了10位；内蒙古（全国排名第11位）、陕西（全国排名第12位）、广西（全国排名第27位）、甘肃（全国排名第29位）4个省（区、市）下降了2位；黑龙江（全国排名第18位）、海南（全国排名第16位）、河南（全国排名第24位）3个省（区、市）下降了1位。

2020年发展前景排名不变的省（区、市）有10个，具体见表2。

表2　2020年全国30个省（区、市）发展前景排名变化及权重

省（区、市）	北京	天津	河北	山西	内蒙古	辽宁	吉林	黑龙江	上海	江苏
2019 年	5	7	18	21	9	11	12	17	1	3
2020 年	5	7	15	19	11	9	10	18	1	3
2020 年变化	0	0	3	2	-2	2	2	-1	0	0
权重（%）	6.33	4.72	2.43	2.20	2.67	2.75	2.75	2.27	8.39	8.21

续表

省（区、市）	浙江	安徽	福建	江西	山东	河南	湖北	湖南	广东	广西
2019年	2	19	8	20	6	23	13	16	4	25
2020年	2	17	8	20	6	24	23	14	4	27
2020年变化	0	2	0	0	0	-1	-10	2	0	-2
权重（%）	8.21	2.27	4.17	2.17	6.22	2.02	2.06	2.45	7.00	1.67
省（区、市）	海南	重庆	四川	贵州	云南	陕西	甘肃	青海	宁夏	新疆
2019年	15	22	14	30	29	10	27	26	24	28
2020年	16	21	13	30	28	12	29	25	22	26
2020年变化	-1	1	1	0	1	-2	-2	1	2	2
权重（%）	2.40	2.13	2.61	0.52	1.57	2.64	1.57	1.80	2.07	1.74

2. 2020年全国30个省（区、市）经济增长排名及权重

和2019年的经济增长排名相比，2020年有8个省（区、市）排名上升：新疆（全国排名第11位）、河北（全国排名第16位）2个省（区、市）上升了4位；辽宁（全国排名第22位）、天津（全国排名第5位）2个省（市）上升了2位；吉林（全国排名第15位）、陕西（全国排名第8位）、宁夏（全国排名第27位）、湖南（全国排名第21位）4个省（区、市）上升了1位。

2020年有11个省（区、市）排名下降：安徽（全国排名第17位）下降了4位；山西（全国排名第24位）下降了3位；四川（全国排名第13位）、黑龙江（全国排名第18位）、山东（全国排名第12位）、河南（全国排名第20位）、北京（全国排名第7位）、内蒙古（全国排名第9位）、福建（全国排名第6位）、贵州（全国排名第28位）、重庆（全国排名第19位）9个省（区、市）下降了1位。

2020年有11个省（区、市）的经济增长排名不变，具体见表3。

3. 2020年全国30个省（区、市）增长潜力排名及权重

和2019年增长潜力排名相比，2020年有7个省（区、市）排名上升：山西（全国排名第23位）、内蒙古（全国排名第10位）2个省（区、市）上升了2位；辽宁（全国排名第8位）、青海（全国排名第6位）、吉林

表3　2020年全国30个省（区、市）经济增长排名变化及权重

省（区、市）	北京	天津	河北	山西	内蒙古	辽宁	吉林	黑龙江	上海	江苏
2019年	6	7	20	21	8	24	16	17	1	4
2020年	7	5	16	24	9	22	15	18	1	4
2020年变化	−1	2	4	−3	−1	2	1	−1	0	0
权重（%）	4.19	5.11	2.88	1.67	4.11	1.87	2.89	2.71	9.69	5.95
省（区、市）	浙江	安徽	福建	江西	山东	河南	湖北	湖南	广东	广西
2019年	3	13	5	25	11	19	14	22	2	26
2020年	3	17	6	25	12	20	14	21	2	26
2020年变化	0	−4	−1	0	−1	−1	0	1	0	0
权重（%）	6.26	2.74	5.04	1.49	3.41	2.38	3.29	1.92	9.42	1.14
省（区、市）	海南	重庆	四川	贵州	云南	陕西	甘肃	青海	宁夏	新疆
2019年	30	18	12	27	23	9	10	29	28	15
2020年	30	19	13	28	23	8	10	29	27	11
2020年变化	0	−1	−1	−1	0	1	0	0	1	4
权重（%）	0.17	2.66	3.30	0.87	1.77	4.13	3.68	0.51	1.11	3.66

（全国排名第7位）、天津（全国排名第15位）、山东（全国排名第13位）5个省（区、市）上升了1位。

2020年有7个省（区、市）增长潜力排名下降：新疆（全国排名第9位）下降了3位；福建（全国排名第14位）、海南（全国排名第12位）、四川（全国排名第16位）、广西（全国排名第25位）、宁夏（全国排名第24位）、湖南（全国排名第11位）6个省（区、市）下降了1位。

2020年其他省（区、市）增长潜力排名不变，具体见表4。

表4　2020年全国30个省（区、市）增长潜力排名变化及权重

省（区、市）	北京	天津	河北	山西	内蒙古	辽宁	吉林	黑龙江	上海	江苏
2019年	5	16	22	25	12	9	8	17	1	3
2020年	5	15	22	23	10	8	7	17	1	3
2020年变化	0	1	0	2	2	1	1	0	0	0
权重（%）	5.58	3.21	1.86	1.64	3.75	4.02	4.28	2.68	9.66	6.79

省（区、市）	浙江	安徽	福建	江西	山东	河南	湖北	湖南	广东	广西
2019 年	2	19	13	20	14	26	18	10	4	24
2020 年	2	19	14	20	13	26	18	11	4	25
2020 年变化	0	0	−1	0	1	0	0	−1	0	−1
权重（%）	7.14	2.32	3.28	2.31	3.37	1.29	2.64	3.62	6.69	1.43
省（区、市）	海南	重庆	四川	贵州	云南	陕西	甘肃	青海	宁夏	新疆
2019 年	11	27	15	30	28	21	29	7	23	6
2020 年	12	27	16	30	28	21	29	6	24	9
2020 年变化	−1	0	−1	0	0	0	0	1	−1	−3
权重（%）	3.57	1.24	2.99	0.61	1.04	2.07	1.00	4.35	1.62	3.95

4. 2020年全国30个省（区、市）政府效率排名及权重

和2019 年的政府效率排名相比，2020 年有 12 个省（区、市）排名上升：湖南（全国排名第 18 位）上升了 4 位；广西（全国排名第 23 位）上升了 3 位；山东（全国排名第 2 位）上升了 2 位；陕西（全国排名第 15 位）、四川（全国排名第 14 位）、云南（全国排名第 27 位）、重庆（全国排名第 12 位）、江西（全国排名第 20 位）、贵州（全国排名第 17 位）、海南（全国排名第 8 位）、江苏（全国排名第 5 位）、湖北（全国排名第 19 位）9 个省（区、市）上升了 1 位。

2020 年有 11 个省（区、市）政府效率排名下降：山西（全国排名第 21 位）下降了 4 位；青海（全国排名第 22 位）下降了 3 位；吉林（全国排名第 16 位）、河北（全国排名第 26 位）2 个省（区、市）下降了 2 位；内蒙古（全国排名第 24 位）、辽宁（全国排名第 13 位）、上海（全国排名第 4 位）、天津（全国排名第 6 位）、黑龙江（全国排名第 9 位）、浙江（全国排名第 3 位）、河南（全国排名第 28 位）7 个省（区、市）下降了 1 位。

2020 年有 7 个省（区、市）的政府效率排名不变，具体见表5。

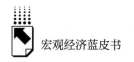

表5 2020年全国30个省（区、市）政府效率排名变化及权重

省（区、市）	北京	天津	河北	山西	内蒙古	辽宁	吉林	黑龙江	上海	江苏
2019年	1	5	24	17	23	12	14	8	3	6
2020年	1	6	26	21	24	13	16	9	4	5
2020年变化	0	−1	−2	−4	−1	−1	−2	−1	−1	1
权重（%）	8.70	5.94	1.52	2.01	1.65	2.98	2.60	4.29	6.36	6.03
省（区、市）	浙江	安徽	福建	江西	山东	河南	湖北	湖南	广东	广西
2019年	2	25	11	21	4	27	20	22	7	26
2020年	3	25	11	20	2	28	19	18	7	23
2020年变化	−1	0	0	1	2	−1	1	4	0	3
权重（%）	6.58	1.55	3.60	2.06	7.06	1.40	2.25	2.26	4.83	1.74
省（区、市）	海南	重庆	四川	贵州	云南	陕西	甘肃	青海	宁夏	新疆
2019年	9	13	15	18	28	16	30	19	10	29
2020年	8	12	14	17	27	15	30	22	10	29
2020年变化	1	1	1	1	1	1	0	−3	0	0
权重（%）	4.32	3.59	2.72	2.34	1.44	2.67	0.78	2.01	3.82	0.90

5. 2020年全国30个省（区、市）人民生活排名及权重

和2019年的人民生活排名相比，2020年有4个省（区、市）排名上升：河南（全国排名第16位）上升了2位；江西（全国排名第25位）、湖北（全国排名第10位）、广西（全国排名第28位）3个省（区、市）上升了1位。

2020年有5个省（区、市）人民生活排名下降，且均下降了1位：甘肃（全国排名第29位）、新疆（全国排名第18位）、四川（全国排名第17位）、安徽（全国排名第26位）、山西（全国排名第11位）。

2020年其他省（区、市）人民生活排名不变，具体见表6。

表6 2020年全国30个省（区、市）人民生活排名变化及权重

省（区、市）	北京	天津	河北	山西	内蒙古	辽宁	吉林	黑龙江	上海	江苏
2019年	3	2	14	10	15	6	7	24	1	5
2020年	3	2	14	11	15	6	7	24	1	5
2020年变化	0	0	0	−1	0	0	0	0	0	0
权重（%）	5.17	5.44	3.35	3.71	3.21	4.44	4.36	2.31	6.92	4.49

省（区、市）	浙江	安徽	福建	江西	山东	河南	湖北	湖南	广东	广西
2019 年	4	25	9	26	8	18	11	22	19	29
2020 年	4	26	9	25	8	16	10	22	19	28
2020 年变化	0	-1	0	1	0	2	1	0	0	1
权重（%）	5.03	2.09	3.78	2.14	4.13	3.03	3.72	2.46	2.83	1.70

省（区、市）	海南	重庆	四川	贵州	云南	陕西	甘肃	青海	宁夏	新疆
2019 年	21	30	16	27	20	13	28	12	23	17
2020 年	21	30	17	27	20	13	29	12	23	18
2020 年变化	0	0	-1	0	0	0	-1	0	0	-1
权重（%）	2.50	1.53	2.99	2.05	2.60	3.46	1.68	3.64	2.40	2.83

6. 2020年全国30个省（区、市）环境质量排名及权重

和 2019 年的环境质量排名相比，2020 年有 10 个省（区、市）排名上升：天津（全国排名第 12 位）上升了 3 位；河北（全国排名第 26 位）、新疆（全国排名第 18 位）、湖北（全国排名第 23 位）3 个省（区、市）上升了 2 位；上海（全国排名第 6 位）、湖南（全国排名第 5 位）、重庆（全国排名第 17 位）、宁夏（全国排名第 20 位）、浙江（全国排名第 3 位）、山东（全国排名第 22 位）6 个省（区、市）上升了 1 位。

2020 年有 10 个省（区、市）排名下降：青海（全国排名第 15 位）、福建（全国排名第 7 位）、江苏（全国排名第 19 位）、甘肃（全国排名第 24 位）、四川（全国排名第 21 位）5 个省（区、市）下降了 2 位；海南（全国排名第 4 位）、陕西（全国排名第 28 位）、辽宁（全国排名第 27 位）、云南（全国排名第 13 位）、贵州（全国排名第 25 位）5 个省（区、市）下降了 1 位。

2020 年共有 10 个省（区、市）的环境质量排名保持不变，具体见表 7。

表7　2020年全国30个省（区、市）环境质量排名变化及权重

省（区、市）	北京	天津	河北	山西	内蒙古	辽宁	吉林	黑龙江	上海	江苏
2019年	14	15	28	29	16	26	2	9	7	17
2020年	14	12	26	29	16	27	2	9	6	19
2020年变化	0	3	2	0	0	-1	0	0	1	-2
权重（%）	3.33	3.55	1.34	0.80	3.20	1.30	6.35	4.02	4.90	2.81
省（区、市）	浙江	安徽	福建	江西	山东	河南	湖北	湖南	广东	广西
2019年	4	11	5	8	23	30	25	6	1	10
2020年	3	11	7	8	22	30	23	5	1	10
2020年变化	1	0	-2	0	1	0	2	1	0	0
权重（%）	5.73	3.63	4.81	4.61	2.29	0.02	2.21	5.24	7.17	3.84
省（区、市）	海南	重庆	四川	贵州	云南	陕西	甘肃	青海	宁夏	新疆
2019年	3	18	19	24	12	27	22	13	21	20
2020年	4	17	21	25	13	28	24	15	20	18
2020年变化	-1	1	-2	-1	-1	-1	-2	-2	1	2
权重（%）	5.32	2.91	2.73	2.15	3.47	1.21	2.18	3.25	2.78	2.83

（二）全国30个省（区、市）发展前景情况

本文选取发展前景的58个具体指标，通过主成分分析法，得出全国30个省（区、市）1990～2020年发展前景排名情况、上一年为100的1990～2020年发展前景指数和以1990年为基期的1990～2020年发展前景指数，分别见附录1的表89、表90和表91。全国30个省（区、市）1990～2020年、2000～2020年、2010～2020年平均发展前景综合得分以及2015～2020年各年的发展前景综合得分分别见图1至图9。

以1990年为基期的30个省（区、市）及东部、中部、西部、全国1990～2020年的发展前景指数见附录1中图69。可以发现，1990～2020年，湖南省和黑龙江省的发展前景指数分别改善最多和改善最少，西部地区的发展前景指数改善情况优于东部，东部地区改善情况又优于中部地区。

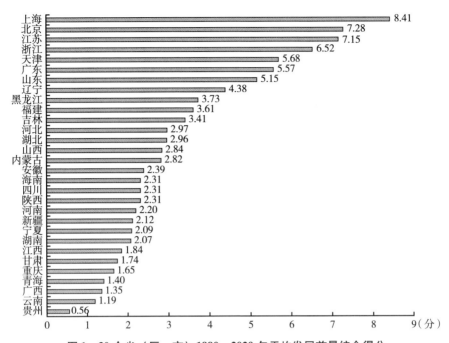

图1　30个省（区、市）1990～2020年平均发展前景综合得分

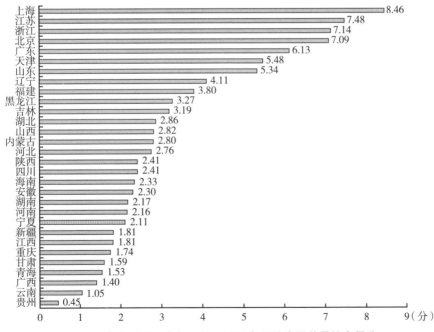

图2　30个省（区、市）2000～2020年平均发展前景综合得分

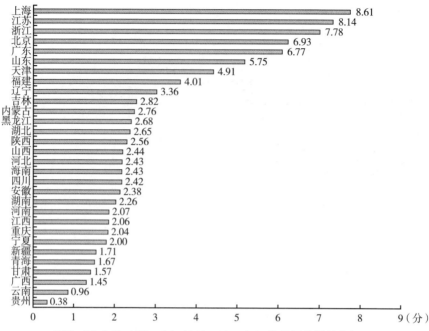

图 3 30 个省（区、市）2010 ~ 2020 年平均发展前景综合得分

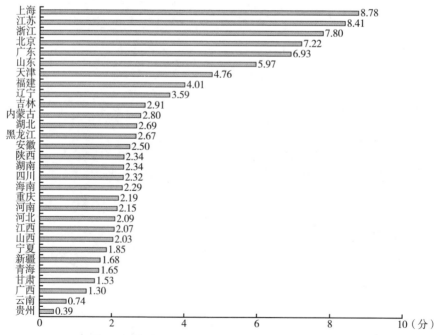

图 4 30 个省（区、市）2015 年发展前景综合得分

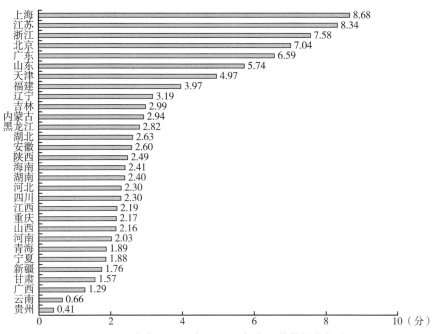

图5　30个省（区、市）2016年发展前景综合得分

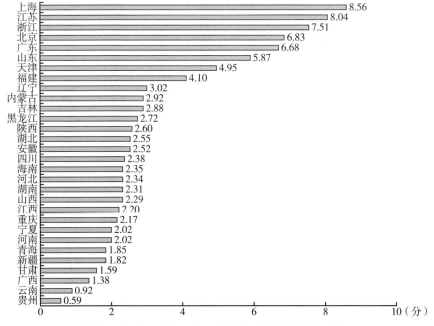

图6　30个省（区、市）2017年发展前景综合得分

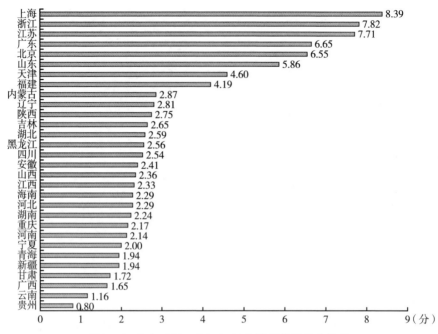

图7　30个省（区、市）2018年发展前景综合得分

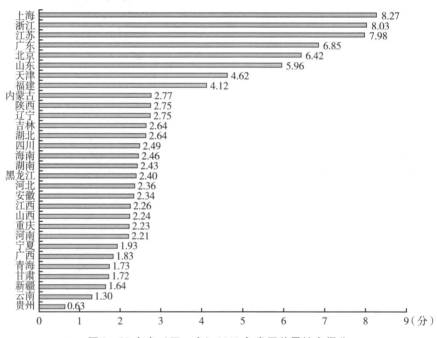

图8　30个省（区、市）2019年发展前景综合得分

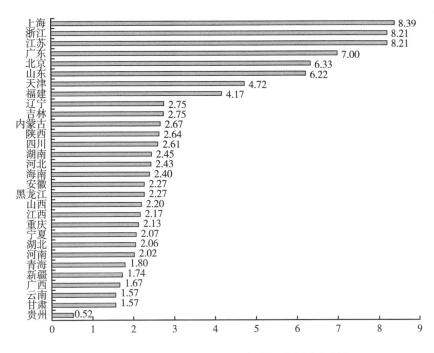

图9　30个省（区、市）2020年发展前景综合得分

（三）一级指标指数及排名情况

1. 全国30个省（区、市）经济增长指数及排名情况

中国 30 个省（区、市）1990～2020 年的经济增长排名情况、以上一年为 100 的 1990～2020 年经济增长指数和以 1990 年为基期的 1990～2020 年经济增长指数，分别见附录 1 中表 92、表 93 和表 94。30 个省（区、市）1990～2020 年、2000～2020 年、2010～2020 年平均经济增长综合得分以及 2015～2020 年各年经济增长综合得分分别见图 10 至图 18。

以 1990 年为基期的 30 个省（区、市）及东部、中部、西部、全国 1990～2020 年的经济增长指数见附录 1 中图 70。可以发现，31 年来经济增长指数改善最多和最少的分别是西部的四川省和贵州省，西部地区经济增长指数的改善情况优于东部地区，东部地区优于中部地区。

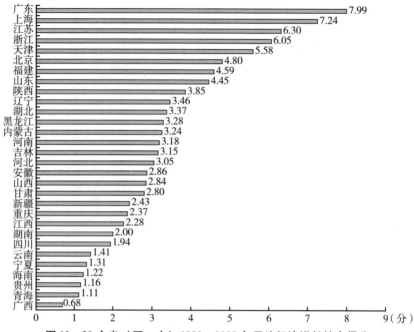

图10 30个省（区、市）1990～2020年平均经济增长综合得分

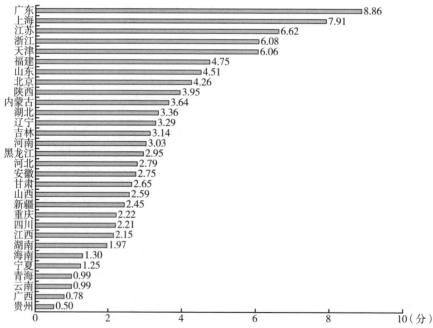

图11 30个省（区、市）2000～2020年平均经济增长综合得分

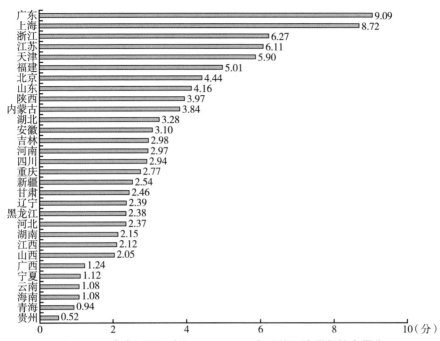

图12 30个省（区、市）2010~2020年平均经济增长综合得分

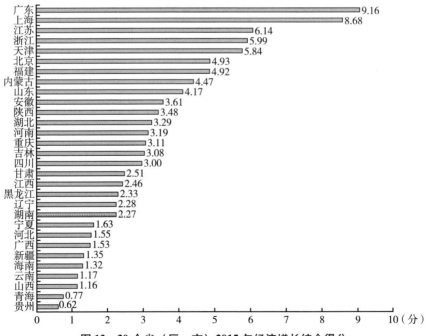

图13 30个省（区、市）2015年经济增长综合得分

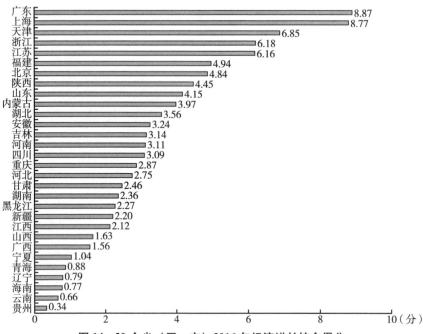

图14　30个省（区、市）2016年经济增长综合得分

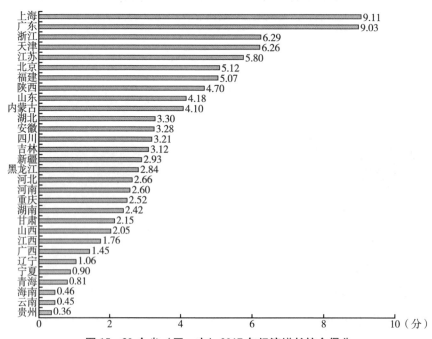

图15　30个省（区、市）2017年经济增长综合得分

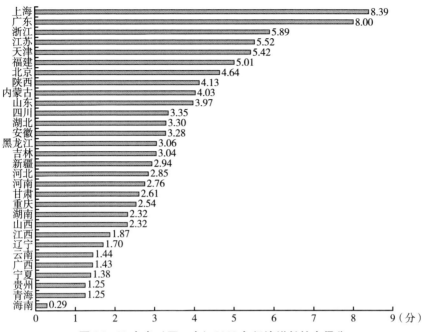

图16 30个省（区、市）2018年经济增长综合得分

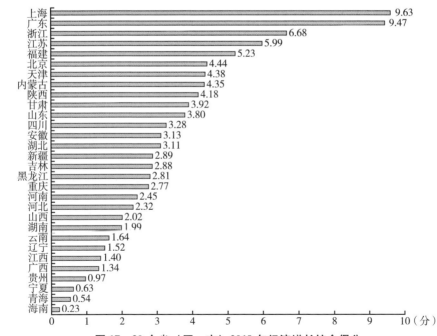

图17 30个省（区、市）2019年经济增长综合得分

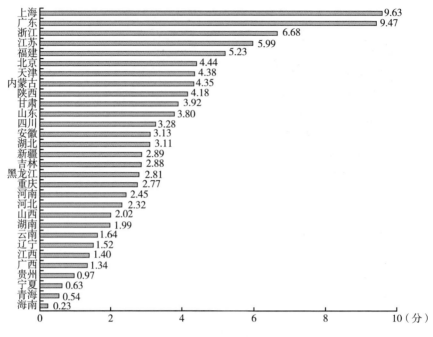

图18　30个省（区、市）2020年经济增长综合得分

2. 全国30个省（区、市）增长潜力指数及排名情况

全国30个省（区、市）1990~2020年的增长潜力排名情况、以上一年为100的1990~2020年增长潜力指数和以1990年为基期的1990~2020年增长潜力指数，分别见附录1中表95、表96和表97。30个省（区、市）1990~2020年、2000~2020年、2010~2020年平均增长潜力综合得分以及2015~2020年各年增长潜力的综合得分分别见图19至图27。

以1990年为基期的全国30个省（区、市）及东部、中部、西部、全国1990~2020年的增长潜力指数见附录1中图71。可以发现，31年来30个省（区、市）增长潜力改善最多和最少的都为西部省（区、市），分别为宁夏和甘肃。增长潜力指数改善方面东部地区优于中部地区，中部地区优于西部地区。

3. 全国30个省（区、市）政府效率指数及排名情况

全国30个省（区、市）1990~2020年的政府效率排名情况、以上一年

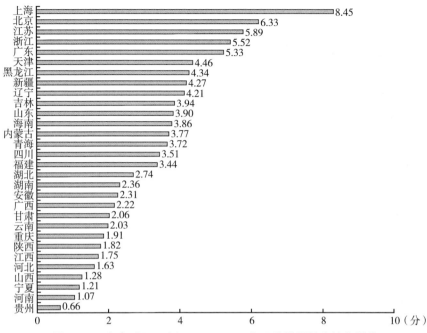

图19　30个省（区、市）1990～2020年平均增长潜力综合得分

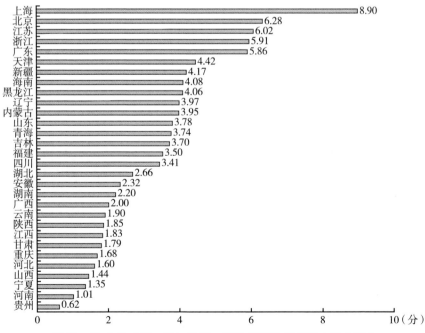

图20　30个省（区、市）2000～2020年平均增长潜力综合得分

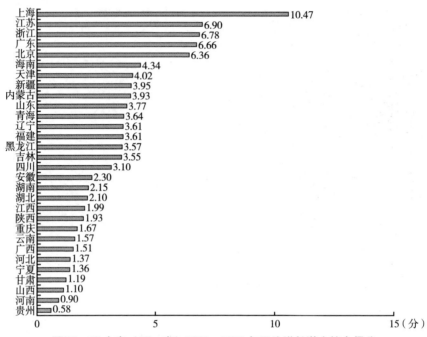

图21　30个省（区、市）2010～2020年平均增长潜力综合得分

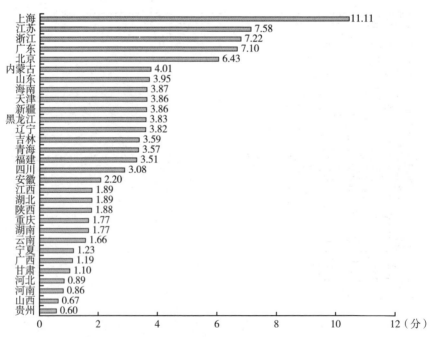

图22　30个省（区、市）2015年增长潜力综合得分

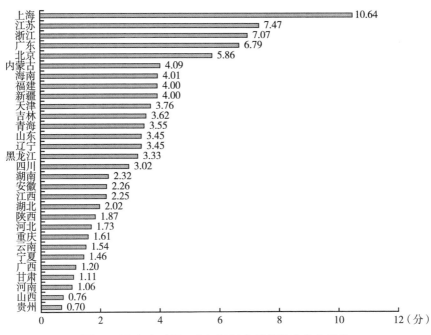

图23 30个省（区、市）2016年增长潜力综合得分

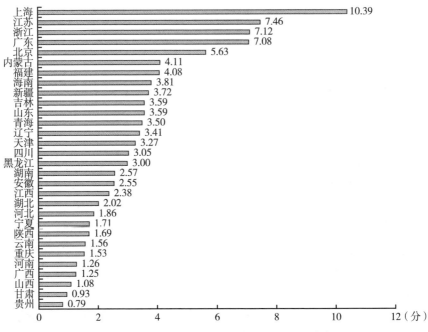

图24 30个省（区、市）2017年增长潜力综合得分

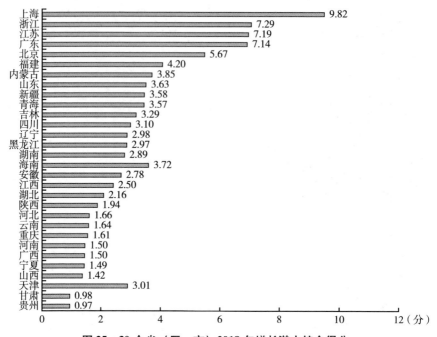

图25　30 个省（区、市）2018 年增长潜力综合得分

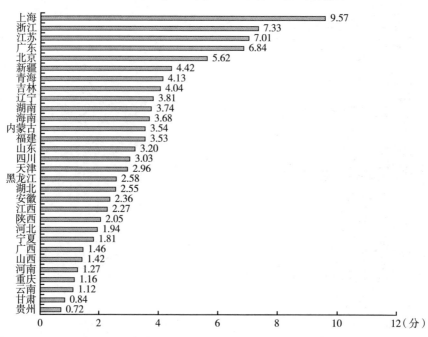

图26　30 个省（区、市）2019 年增长潜力综合得分

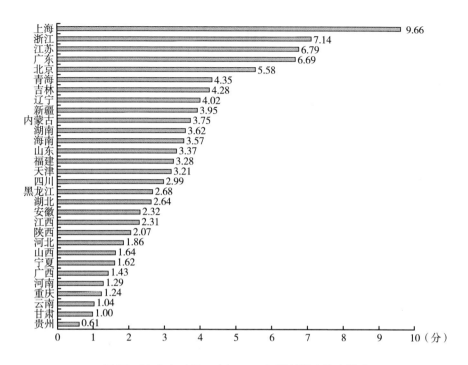

图27　30个省（区、市）2020年增长潜力综合得分

为100的1990～2020年政府效率指数和以1990年为基期的1990～2020年政府效率指数分别见附录1中表98、表99和表100。全国30个省（区、市）1990～2020年、2000～2020年、2010～2020年平均政府效率综合得分以及2015～2020年各年政府效率综合得分分别见图28至图36。

以1990年为基期的全国30个省（区、市）及东部、中部、西部、全国1990～2020年的政府效率指数见附录1中图72。可以发现，31年来政府效率指数改善最多和最少的分别是福建省和甘肃省，东部地区政府效率指数改善优于西部地区，西部地区优于中部地区。

4. 全国30个省（区、市）人民生活指数及排名情况

全国30个省（区、市）1990～2020年的人民生活排名情况、以上一年为100的1990～2020年人民生活指数和以1990年为基期的1990～2020年人民生活指数分别见附录1中表101、表102和表103。30个省（区、市）

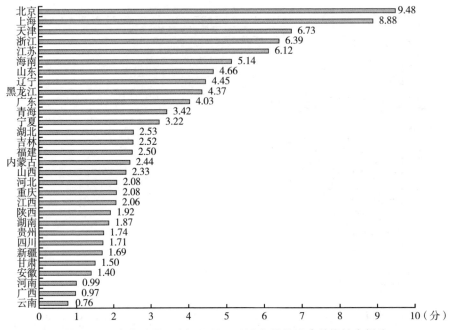

图 28　30 个省（区、市）1990~2020 年平均政府效率综合得分

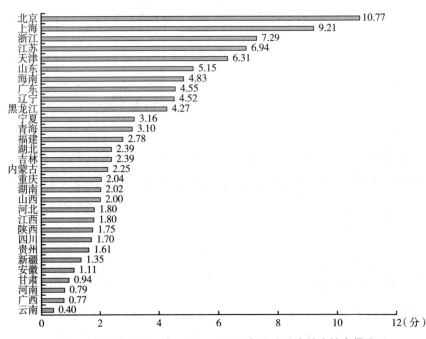

图 29　30 个省（区、市）2000~2020 年平均政府效率综合得分

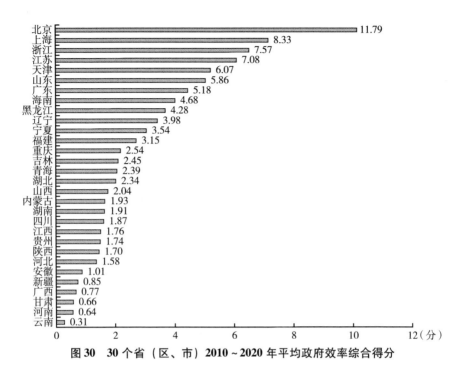

图30 30个省（区、市）2010~2020年平均政府效率综合得分

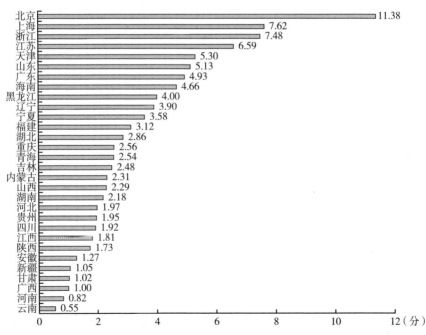

图31 30个省（区、市）2015年政府效率综合得分

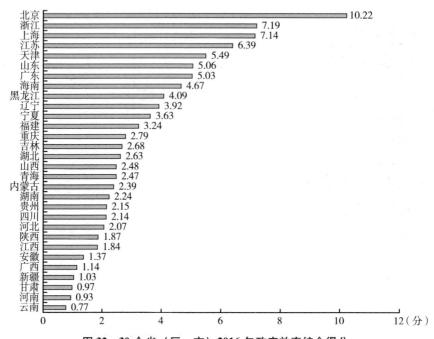

图32 30个省（区、市）2016年政府效率综合得分

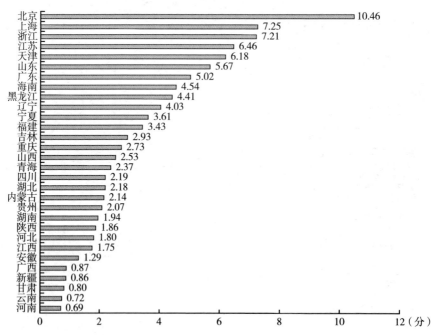

图33 30个省（区、市）2017年政府效率综合得分

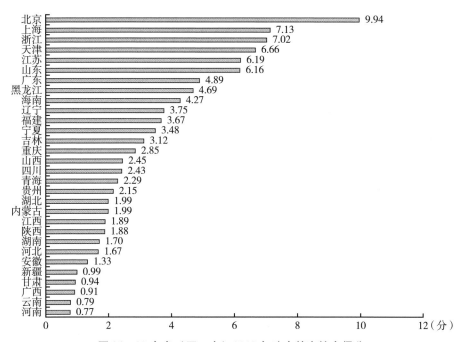

图34　30个省（区、市）2018年政府效率综合得分

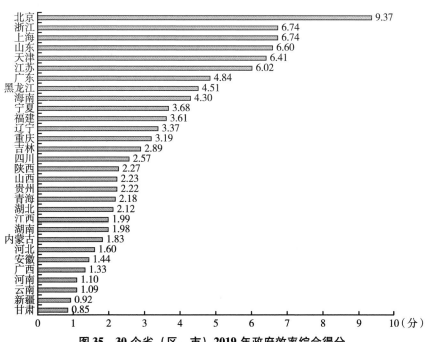

图35　30个省（区、市）2019年政府效率综合得分

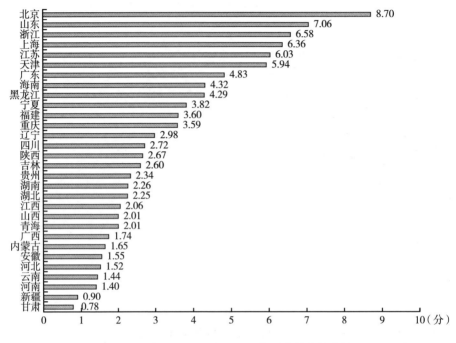

图36　30个省（区、市）2020年政府效率综合得分

1990～2020年、2000～2020年、2010～2020年平均人民生活综合得分以及2015～2020年各年人民生活综合得分分别见图37至图45。

以1990年为基期的30个省（区、市）及东部、中部、西部、全国1990～2020年的人民生活指数见附录1中图73。可以发现，31年来人民生活指数改善最多和最少的分别是贵州省和北京市，西部地区人民生活指数改善优于中部地区，中部地区优于东部地区。

5. 全国30个省（区、市）环境质量增长指数及排名情况

全国30个省（区、市）1990～2020年的环境质量排名情况、以上一年为100的1990～2020年环境质量指数和以1990年为基期的1990～2020年环境质量指数分别见附录1中表104、表105和表106。30个省（区、市）1990～2020年、2000～2020年、2010～2020年平均环境质量综合得分以及2015～2020年各年环境质量综合得分分别见图46至图54。

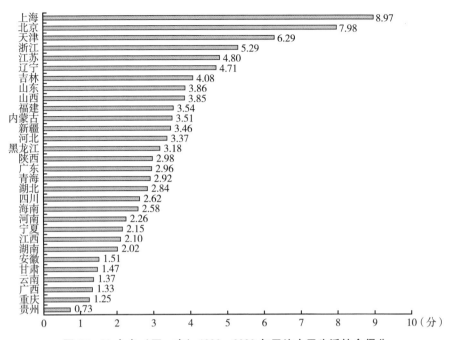

图37 30个省（区、市）1990～2020年平均人民生活综合得分

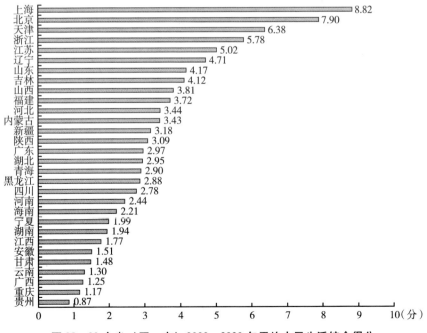

图38 30个省（区、市）2000～2020年平均人民生活综合得分

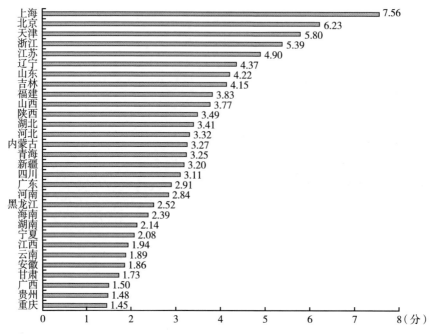

图39　30个省（区、市）2010～2020年平均人民生活综合得分

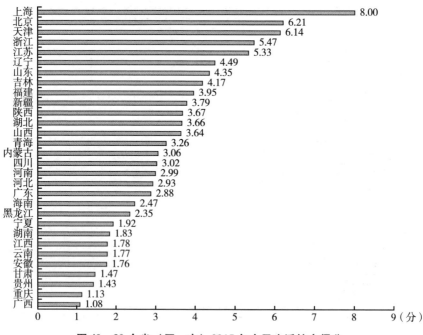

图40　30个省（区、市）2015年人民生活综合得分

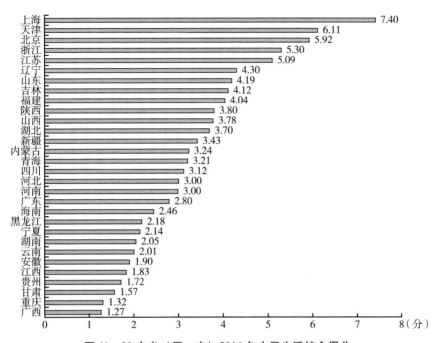

图41　30个省（区、市）2016年人民生活综合得分

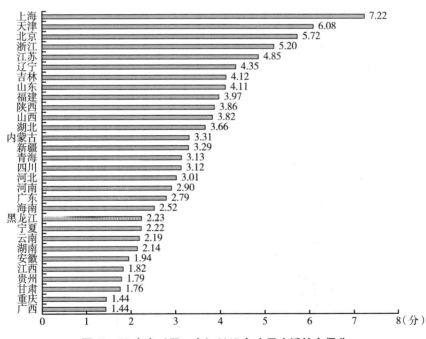

图42　30个省（区、市）2017年人民生活综合得分

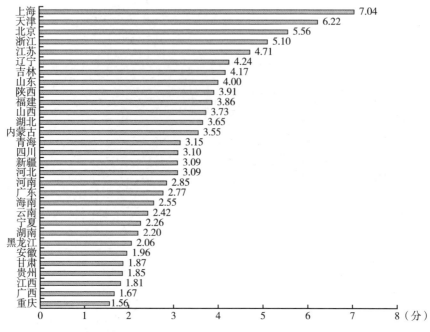

图43　30个省（区、市）2018年人民生活综合得分

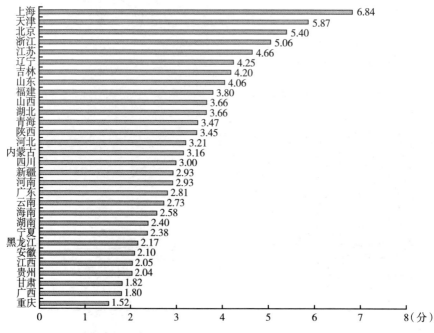

图44　30个省（区、市）2019年人民生活综合得分

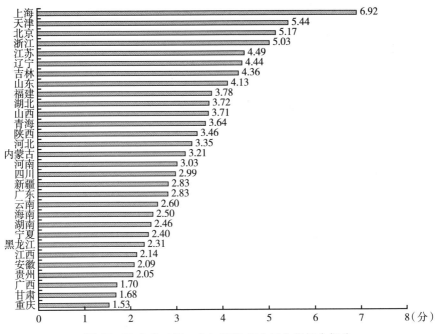

图45　30个省（区、市）2020年人民生活综合得分

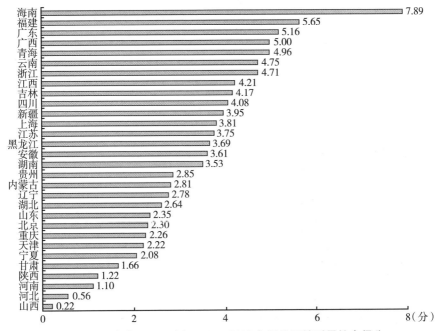

图46　30个省（区、市）1990～2020年平均环境质量综合得分

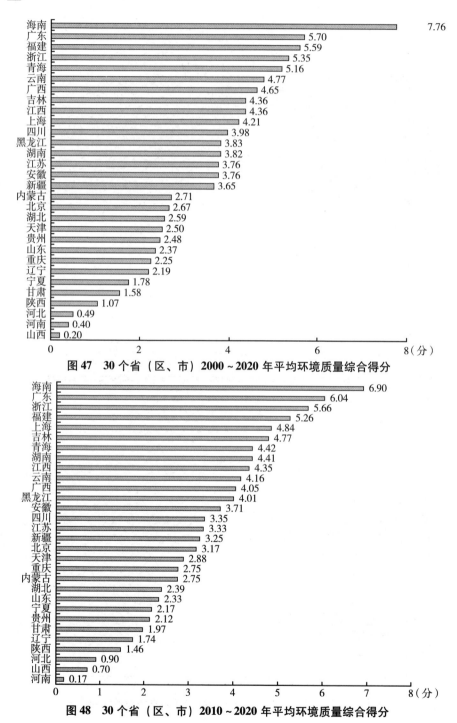

图47 30个省（区、市）2000～2020年平均环境质量综合得分

图48 30个省（区、市）2010～2020年平均环境质量综合得分

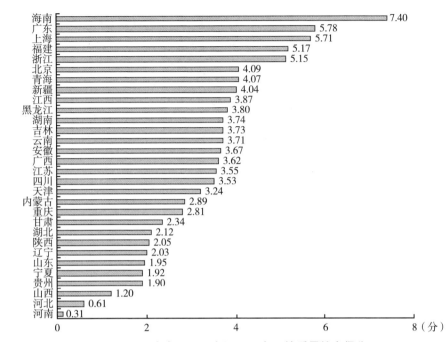

图49　30个省（区、市）2015年环境质量综合得分

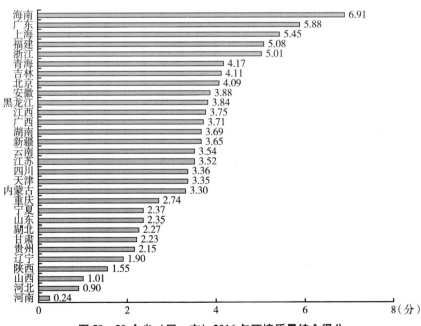

图50　30个省（区、市）2016年环境质量综合得分

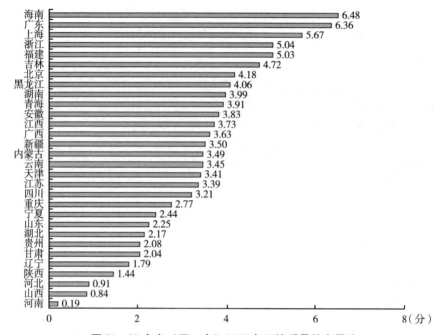

图51　30个省（区、市）2017年环境质量综合得分

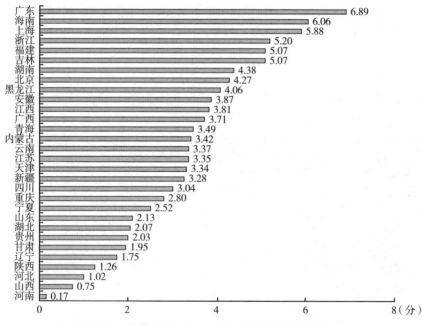

图52　30个省（区、市）2018年环境质量综合得分

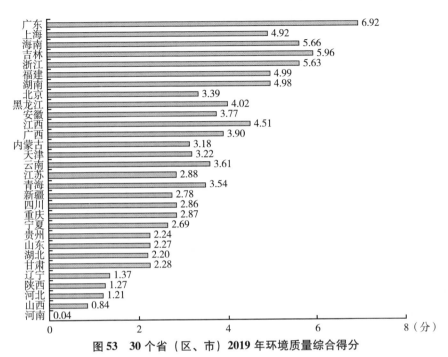

图53　30个省（区、市）2019年环境质量综合得分

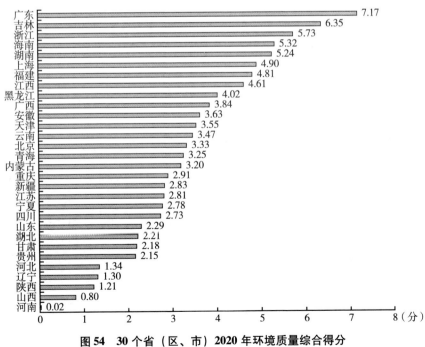

图54　30个省（区、市）2020年环境质量综合得分

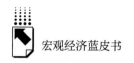

以1990年为基期的30个省（区、市）及东部、中部、西部、全国1990～2020年的环境质量指数见附录1中图74。可以发现，31年来环境质量指数改善最多和最少的分别是北京市和河南省，中部地区环境质量指数改善优于东部地区，东部地区改善优于西部地区。

三 全国30个省（区、市）"八五"至"十三五"时期发展前景

（一）全国30个省（区、市）"十三五"时期发展前景指数及排名情况

2020年是"十三五"规划的第五个年头，也是"十三五"规划的收官之年，有必要探讨近几个五年规划时期的经济发展质量和发展前景情况。这里通过主成分分析法得出全国30个省（区、市）"十三五"时期发展前景和各个一级指标的排名情况，具体见表8。

表8　全国30个省（区、市）"十三五"时期发展前景及一级指标排名情况

省（区、市）	北京	天津	河北	山西	内蒙古	辽宁	吉林	黑龙江	上海	江苏
综合	5	7	19	20	10	9	11	13	1	2
经济增长	7	5	18	22	9	24	14	17	1	4
增长潜力	5	14	22	27	8	12	10	17	1	3
政府效率	1	6	24	16	22	11	14	9	3	4
人民生活	3	2	15	10	14	6	7	24	1	5
环境质量	14	15	28	29	16	26	4	9	6	18
省（区、市）	浙江	安徽	福建	江西	山东	河南	湖北	湖南	广东	广西
综合	3	16	8	21	6	23	14	18	4	28
经济增长	3	13	6	23	10	20	11	21	2	25
增长潜力	2	18	9	19	13	28	20	15	4	25
政府效率	2	25	12	23	5	27	18	21	7	26
人民生活	4	25	9	26	8	18	11	23	19	29
环境质量	3	13	5	8	25	30	22	7	1	10
省（区、市）	海南	重庆	四川	贵州	云南	陕西	甘肃	青海	宁夏	新疆
综合	17	22	15	30	29	12	27	25	24	26
经济增长	30	19	12	29	26	8	15	28	27	16
增长潜力	11	24	16	30	26	21	29	7	23	6
政府效率	8	13	15	19	28	20	30	17	10	29
人民生活	20	30	17	27	21	12	28	13	22	16
环境质量	2	20	19	24	12	27	23	11	21	17

　　和"十二五"时期的发展前景排名相比，"十三五"时期共有9个省（区、市）排名上升：陕西（全国排名第12位）上升了5位；四川（全国排名第15位）上升了4位；内蒙古（全国排名第10位）、江西（全国排名第21位）2个省（区、市）上升了3位；安徽（全国排名第16位）、湖南（全国排名第18位）2个省（区、市）上升了2位；重庆（全国排名第22位）、青海（全国排名第25位）、广东（全国排名第4位）3个省（区、市）上升了1位。

　　10个省（区、市）"十三五"时期发展前景的排名是下降的：山西（全国排名第20位）下降了6位；湖北省（全国排名第14位）、河北（全国排名第19位）2个省（区、市）下降了3位；宁夏（全国排名第24位）、海南（全国排名第17位）、河南（全国排名第23位）3个省（区、市）下降了2位；新疆（全国排名第26位）、黑龙江（全国排名第13位）、吉林（全国排名第11位）、北京（全国排名第5位）4个省（区、市）下降了1位。

　　"十三五"规划期间发展前景排名不变的省（区、市）有11个，具体见表9。

表9　全国30个省（区、市）"十三五"时期发展前景排名变化

省（区、市）	北京	天津	河北	山西	内蒙古	辽宁	吉林	黑龙江	上海	江苏
"十三五"	5	7	19	20	10	9	11	13	1	2
"十二五"	4	7	16	14	13	9	10	12	1	2
变化	-1	0	-3	-6	3	0	-1	-1	0	0

省（区、市）	浙江	安徽	福建	江西	山东	河南	湖北	湖南	广东	广西
"十三五"	3	16	8	21	6	23	14	18	4	28
"十二五"	3	18	8	24	6	21	11	20	5	28
变化	0	2	0	3	0	-2	-3	2	1	0

省（区、市）	海南	重庆	四川	贵州	云南	陕西	甘肃	青海	宁夏	新疆
"十三五"	17	22	15	30	29	12	27	25	24	26
"十二五"	15	23	19	30	29	17	27	26	22	25
变化	-2	1	4	0	0	5	0	1	-2	-1

　　全国30个省（区、市）"八五"至"十三五"时期发展前景排名见表10。

表10　全国30个省（区、市）"八五"至"十三五"时期发展前景排名

省（区、市）	北京	天津	河北	山西	内蒙古	辽宁	吉林	黑龙江	上海	江苏
"八五"	2	4	11	16	15	5	9	6	1	3
"九五"	2	3	11	12	15	5	10	7	1	4
"十五"	2	3	12	13	15	6	10	8	1	4
"十一五"	2	5	14	10	15	8	13	9	1	4
"十二五"	4	7	16	14	13	9	10	12	1	2
"十三五"	5	7	19	20	10	9	11	13	1	2

省（区、市）	浙江	安徽	福建	江西	山东	河南	湖北	湖南	广东	广西
"八五"	7	17	13	19	8	21	14	24	10	28
"九五"	6	16	14	26	8	17	13	24	9	27
"十五"	5	16	11	25	9	17	14	23	7	28
"十一五"	3	22	11	25	7	21	12	20	6	28
"十二五"	3	18	8	24	6	21	11	20	5	28
"十三五"	3	16	8	21	6	23	14	18	4	28

省（区、市）	海南	重庆	四川	贵州	云南	陕西	甘肃	青海	宁夏	新疆
"八五"	18	27	25	30	26	23	20	29	22	12
"九五"	20	28	19	30	25	21	22	29	23	18
"十五"	22	29	18	30	27	21	24	26	19	20
"十一五"	19	26	16	30	29	17	24	27	18	23
"十二五"	15	23	19	30	29	17	27	26	22	25
"十三五"	17	22	15	30	29	12	27	25	24	26

全国30个省（区、市）"八五"至"十三五"时期的平均发展前景指数见表11。

表11　全国30个省（区、市）"八五"至"十三五"时期平均发展前景指数

省（区、市）	北京	天津	河北	山西	内蒙古	辽宁	吉林	黑龙江	上海	江苏
"八五"	99.7	102.3	103.9	103.6	101.8	104.6	102.0	99.8	98.8	99.3
"九五"	100.0	100.2	101.1	102.2	98.6	100.4	102.2	99.4	100.7	101.0
"十五"	101.3	103.0	103.1	104.2	104.9	101.6	98.3	100.6	101.7	102.9
"十一五"	106.4	103.3	105.4	106.3	107.1	104.0	106.0	105.1	107.2	107.9
"十二五"	101.9	100.5	98.0	96.6	101.3	99.7	101.4	99.2	102.8	105.0
"十三五"	101.9	103.6	104.9	104.2	103.0	101.3	103.8	103.4	103.2	103.8

续表

省（区、市）	浙江	安徽	福建	江西	山东	河南	湖北	湖南	广东	广西
"八五"	103.2	99.8	104.5	102.0	103.7	107.4	100.7	105.8	103.3	102.8
"九五"	101.4	100.3	100.6	95.3	101.3	100.4	101.3	99.9	101.4	104.8
"十五"	105.3	100.9	106.1	107.0	101.7	103.2	103.9	104.7	105.4	102.9
"十一五"	108.8	109.0	106.1	109.3	108.1	105.6	106.3	106.9	109.2	110.5
"十二五"	103.0	103.2	102.7	102.7	104.5	101.9	99.6	100.8	103.2	99.6
"十三五"	104.2	104.7	104.2	103.9	104.4	102.9	101.1	106.5	104.0	105.3

省（区、市）	海南	重庆	四川	贵州	云南	陕西	甘肃	青海	宁夏	新疆
"八五"	103.2	97.6	106.8	103.7	102.2	104.4	103.9	102.2	105.5	98.4
"九五"	101.6	102.0	98.9	98.7	102.5	99.3	97.1	101.6	100.2	97.9
"十五"	100.6	103.1	107.6	105.3	99.1	104.0	103.2	107.7	103.4	102.4
"十一五"	110.9	111.8	107.1	106.6	108.7	111.0	108.4	108.7	109.0	105.9
"十二五"	100.3	103.1	99.9	101.5	100.3	99.6	100.7	101.6	100.1	101.5
"十三五"	103.9	103.2	104.7	103.9	107.9	104.8	103.6	104.1	104.4	103.6

（二）全国30个省（区、市）"十三五"时期经济增长指数及排名情况

和"十二五"时期的经济增长排名相比，"十三五"时期有12个省（区、市）排名上升：甘肃（全国排名第15位）上升了8位；黑龙江（全国排名第17位）上升了7位；四川（全国排名第12位）上升了5位；河北（全国排名第18位）上升了4位；广西（全国排名第25位）、湖北（全国排名第11位）、云南（全国排名第26位）、新疆（全国排名第16位）4个省（区、市）上升了3位；陕西（全国排名第8位）上升了2位；吉林（全国排名第14位）、上海（全国排名第1位）、贵州（全国排名第29位）3个省（区、市）排名上升了1位。

"十二五"时期经济增长排名下降的省（区、市）有10个：辽宁（全国排名第24位）下降了11位；河南（全国排名第20位）下降了9位；海南（全国排名第30位）、江西（全国排名第23位）2个省（区、市）下降了5位；重庆（全国排名第19位）下降了3位；青海（全国排名第28位）、山东（全国排名第10位）、山西（全国排名第22位）3个省（区、市）下降

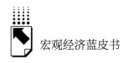

了2位；广东（全国排名第2位）、安徽（全国排名第13位）2个省（区、市）下降了1位。

"十三五"时期经济增长排名不变的省（区、市）有8个，具体见表12。

表12 全国30个省（区、市）"十三五"时期经济增长排名变化

省（区、市）	北京	天津	河北	山西	内蒙古	辽宁	吉林	黑龙江	上海	江苏
"十三五"	7	5	18	22	9	24	14	17	1	4
"十二五"	7	5	22	20	9	13	15	24	2	4
变化	0	0	4	-2	0	-11	1	7	1	0
省（区、市）	浙江	安徽	福建	江西	山东	河南	湖北	湖南	广东	广西
"十三五"	3	13	6	23	10	20	11	21	2	25
"十二五"	3	12	6	18	8	11	14	21	1	28
变化	0	-1	0	-5	-2	-9	3	0	-1	3
省（区、市）	海南	重庆	四川	贵州	云南	陕西	甘肃	青海	宁夏	新疆
"十三五"	30	19	12	29	26	8	15	28	27	16
"十二五"	25	16	17	30	29	10	23	26	27	19
变化	-5	-3	5	1	3	2	8	-2	0	3

全国30个省（区、市）"八五"至"十三五"时期经济增长排名见表13。

表13 全国30个省（区、市）"八五"至"十三五"时期经济增长排名

省（区、市）	北京	天津	河北	山西	内蒙古	辽宁	吉林	黑龙江	上海	江苏
"八五"	1	7	10	17	23	13	16	9	4	5
"九五"	6	5	16	15	19	7	11	10	4	2
"十五"	10	4	14	13	18	6	12	9	3	2
"十一五"	10	4	15	14	11	7	16	13	3	2
"十二五"	7	5	22	20	9	13	15	24	2	4
"十三五"	7	5	18	22	9	24	14	17	1	4
省（区、市）	浙江	安徽	福建	江西	山东	河南	湖北	湖南	广东	广西
"八五"	2	14	6	21	8	12	11	25	3	30
"九五"	3	17	12	22	8	14	18	24	1	30
"十五"	5	19	8	21	7	16	15	23	1	30
"十一五"	5	25	8	19	6	17	12	23	1	29
"十二五"	3	12	6	18	8	11	14	21	1	28
"十三五"	3	13	6	23	10	20	11	21	2	25

续表

省（区、市）	海南	重庆	四川	贵州	云南	陕西	甘肃	青海	宁夏	新疆
"八五"	29	19	28	20	24	15	18	26	27	22
"九五"	29	21	27	23	20	9	13	28	26	25
"十五"	22	27	28	29	25	11	17	26	24	20
"十一五"	26	21	22	30	28	9	18	27	24	20
"十二五"	25	16	17	30	29	10	23	26	27	19
"十三五"	30	19	12	29	26	8	15	28	27	16

全国30个省（区、市）"八五"至"十三五"时期的经济增长指数见表14。

表14　全国30个省（区、市）"八五"至"十三五"时期的经济增长指数

省（区、市）	北京	天津	河北	山西	内蒙古	辽宁	吉林	黑龙江	上海	江苏
"八五"	100.5	110.7	100.7	101.5	108.3	103.4	112.0	101.0	101.9	106.4
"九五"	97.7	98.6	100.1	97.9	100.6	103.7	98.2	100.8	99.2	101.1
"十五"	100.0	102.6	102.4	104.5	103.7	100.4	102.6	101.9	101.6	100.8
"十一五"	101.4	101.9	97.9	98.9	101.1	100.6	100.3	98.1	103.5	100.7
"十二五"	103.1	100.5	98.4	96.7	102.9	96.8	100.4	100.2	103.8	100.7
"十三五"	100.0	100.4	106.7	104.8	101.5	100.8	99.6	102.0	102.6	101.0

省（区、市）	浙江	安徽	福建	江西	山东	河南	湖北	湖南	广东	广西
"八五"	99.4	107.6	102.4	101.0	106.4	104.4	100.1	102.3	107.4	109.4
"九五"	100.2	98.7	99.3	102.0	100.7	98.2	100.2	99.4	100.8	101.1
"十五"	100.9	98.2	102.9	99.5	101.9	102.1	102.0	101.8	103.3	98.8
"十一五"	102.8	102.8	101.6	102.3	101.1	100.1	101.9	102.0	102.2	105.3
"十二五"	101.4	103.4	101.3	99.6	99.5	101.1	99.7	99.7	102.3	99.8
"十三五"	101.8	100.3	101.6	99.2	100.0	99.8	101.6	100.8	101.9	100.8

省（区、市）	海南	重庆	四川	贵州	云南	陕西	甘肃	青海	宁夏	新疆
"八五"	99.6	104.6	107.9	99.8	105.3	101.7	104.1	101.3	105.3	99.0
"九五"	103.1	97.2	97.7	99.6	99.2	102.9	100.2	99.6	99.7	101.3
"十五"	103.5	99.6	104.6	100.3	97.7	99.8	101.5	103.4	103.3	102.6
"十一五"	99.8	106.5	104.1	99.7	102.7	102.1	98.4	98.7	100.2	99.7
"十二五"	99.3	100.6	100.5	99.8	99.8	99.5	101.8	100.1	100.5	98.9
"十三五"	98.7	100.6	103.9	102.4	103.5	103.0	104.4	101.2	100.4	106.6

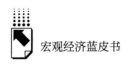

（三）全国30个省（区、市）"十三五"时期增长潜力指数及排名情况

和"十二五"时期的增长潜力排名相比，"十三五"时期排名上升的省（区、市）有11个：湖南（全国排名第15位）上升了9位；福建（全国排名第9位）、河北（全国排名第22位）、新疆（全国排名第6位）、青海（全国排名第7位）4个省（区、市）上升了6位；吉林（全国排名第10位）上升了4位；内蒙古（全国排名第8位）、宁夏（全国排名第23位）、浙江（全国排名第2位）3个省（区、市）上升3位；江西（全国排名第19位）上升了2位；河南（全国排名第28位）上升了1位。

"十三五"时期增长潜力排名下降的省（区、市）有13个：天津（全国排名第14位）、黑龙江（全国排名第17位）2个省（区、市）下降了8位；山东（全国排名第13位）下降了5位；甘肃（全国排名第29位）、重庆（全国排名第24位）、云南（全国排名第26位）、海南（全国排名第11位）4个省（区、市）下降了4位；陕西（全国排名第21位）、北京（全国排名第5位）2个省（区、市）下降了3位；广西（全国排名第25位）、辽宁（全国排名第12位）2个省（区、市）下降了2位；湖北（全国排名第20位）、安徽（全国排名第18位）2个省（区、市）下降了1位。

"十三五"时期有6个省（区、市）的排名仍然保持不变，具体见表15。

表15　全国30个省（区、市）"十三五"时期增长潜力的排名变化

省(区、市)	北京	天津	河北	山西	内蒙古	辽宁	吉林	黑龙江	上海	江苏
"十三五"	5	14	22	27	8	12	10	17	1	3
"十二五"	2	6	28	27	11	10	14	9	1	3
变化	−3	−8	6	0	3	−2	4	−8	0	0
省(区、市)	浙江	安徽	福建	江西	山东	河南	湖北	湖南	广东	广西
"十三五"	2	18	9	19	13	28	20	15	4	25
"十二五"	5	17	15	21	8	29	19	24	4	23
变化	3	−1	6	2	−5	1	−1	9	0	−2
省(区、市)	海南	重庆	四川	贵州	云南	陕西	甘肃	青海	宁夏	新疆
"十三五"	11	24	16	30	26	21	29	7	23	6
"十二五"	7	20	16	30	22	18	25	13	26	12
变化	−4	−4	0	0	−4	−3	−4	6	3	6

全国30个省（区、市）"八五"至"十三五"时期增长潜力排名见表16。

表16 全国30个省（区、市）"八五"至"十三五"时期增长潜力排名

省（区、市）	北京	天津	河北	山西	内蒙古	辽宁	吉林	黑龙江	上海	江苏
"八五"	2	7	24	30	21	5	9	4	1	3
"九五"	2	7	24	28	11	4	3	5	1	6
"十五"	2	5	23	24	9	6	11	3	1	7
"十一五"	2	6	25	24	9	11	15	8	1	5
"十二五"	2	6	28	27	11	10	14	9	1	3
"十三五"	5	14	22	27	8	12	10	17	1	3

省（区、市）	浙江	安徽	福建	江西	山东	河南	湖北	湖南	广东	广西
"八五"	10	23	14	26	8	27	15	20	12	17
"九五"	9	17	19	25	8	27	18	16	13	21
"十五"	10	20	16	27	15	28	14	22	8	17
"十一五"	3	21	16	27	12	29	17	22	4	19
"十二五"	5	17	15	21	8	29	19	24	4	23
"十三五"	2	18	9	19	13	28	20	15	4	25

省（区、市）	海南	重庆	四川	贵州	云南	陕西	甘肃	青海	宁夏	新疆
"八五"	18	16	13	28	22	25	19	11	29	6
"九五"	14	23	12	30	22	26	20	15	29	10
"十五"	18	25	12	30	21	26	19	13	29	4
"十一五"	7	26	14	30	20	23	18	18	28	10
"十二五"	7	20	16	30	22	18	25	13	26	12
"十三五"	11	24	16	30	26	21	29	7	23	6

全国30个省（区、市）"八五"至"十三五"时期的增长潜力指数见表17。

表17 全国30个省（区、市）"八五"至"十三五"时期增长潜力指数

省（区、市）	北京	天津	河北	山西	内蒙古	辽宁	吉林	黑龙江	上海	江苏
"八五"	100.8	103.9	106.6	105.9	105.0	104.9	103.0	100.1	97.5	99.9
"九五"	102.2	103.1	100.5	105.1	103.7	101.1	104.3	102.5	103.2	101.8
"十五"	103.6	103.9	106.0	104.0	104.3	103.9	100.4	103.8	103.0	104.5
"十一五"	105.0	103.4	100.8	102.1	105.1	101.7	103.0	104.6	109.4	104.4
"十二五"	100.1	98.6	99.2	98.6	99.2	101.0	100.9	98.1	102.5	104.2
"十三五"	103.8	102.7	106.3	107.1	103.9	105.8	107.8	101.2	104.3	104.8

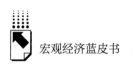
续表

省（区、市）	浙江	安徽	福建	江西	山东	河南	湖北	湖南	广东	广西
"八五"	102.1	110.8	101.1	104.9	104.4	104.8	103.0	104.4	100.4	101.6
"九五"	102.4	101.2	102.5	103.5	102.3	102.6	102.2	102.2	102.9	102.5
"十五"	104.4	102.9	106.8	103.8	102.9	104.4	105.7	103.7	106.7	104.2
"十一五"	106.3	104.6	101.7	102.9	105.7	101.1	100.6	101.1	104.7	101.5
"十二五"	102.7	99.5	101.1	101.4	99.1	101.1	99.2	101.1	102.7	98.6
"十三五"	105.7	104.5	103.6	105.5	103.2	104.4	106.5	110.1	105.0	104.0
省（区、市）	海南	重庆	四川	贵州	云南	陕西	甘肃	青海	宁夏	新疆
"八五"	97.4	101.1	100.8	101.7	102.5	102.1	100.9	99.8	108.4	99.4
"九五"	106.6	100.8	103.6	101.3	101.7	103.2	102.7	102.9	102.8	102.8
"十五"	102.8	102.9	104.2	106.1	104.9	104.6	104.2	104.9	104.7	104.3
"十一五"	109.4	104.8	102.2	101.3	101.9	103.0	100.6	102.9	103.4	104.2
"十二五"	96.3	100.4	99.9	100.8	100.2	100.5	98.8	100.5	100.4	98.8
"十三五"	103.7	101.1	104.0	102.2	100.5	104.4	102.2	107.1	104.6	105.2

（四）全国30个省（区、市）"十三五"时期政府效率指数及排名情况

和"十二五"时期的政府效率排名相比，"十三五"时期排名上升的省（区、市）有14个：四川（全国排名第15位）上升了8位；重庆（全国排名第13位）、陕西（全国排名第20位）2个省（区、市）上升了4位；山西（全国排名第16位）、广西（全国排名第26位）、贵州（全国排名第19位）3个省（区、市）上升了3位；山东（全国排名第5位）、云南（全国排名第28位）2个省（区、市）上升了2位；吉林（全国排名第14位）、黑龙江（全国排名第9位）、安徽（全国排名第25位）、浙江（全国排名第2位）、宁夏（全国排名第10位）、河南（全国排名第27位）6个省（区、市）上升了1位。

"十三五"时期政府效率排名下降的省（区、市）共有12个：内蒙古（全国排名第22位）下降了6位；青海（全国排名第17位）、湖北（全国排名第18位）、新疆（全国排名第29位）3个省（区、市）排名下降了4位；湖南（全国排名第21位）、江西（全国排名第23位）、河北（全国排名第24位）、甘肃（全国排名第30位）4个省（区、市）排名下降了3位；

辽宁（全国排名第11位）下降了2位；广东（全国排名第7位）、上海（全国排名第3位）、天津（全国排名第6位）3个省（区、市）下降了1位。

"十三五"时期政府效率排名不变的省（区、市）有4个，具体见表18。

表18　全国30个省（区、市）"十三五"时期政府效率排名变化

省(区、市)	北京	天津	河北	山西	内蒙古	辽宁	吉林	黑龙江	上海	江苏
"十三五"	1	6	24	16	22	11	14	9	3	4
"十二五"	1	5	21	19	16	9	15	10	2	4
变化	0	-1	-3	3	-6	-2	1	1	-1	0
省(区、市)	浙江	安徽	福建	江西	山东	河南	湖北	湖南	广东	广西
"十三五"	2	25	12	23	5	27	18	21	7	26
"十二五"	3	26	12	20	7	28	14	18	6	29
变化	1	1	0	-3	2	1	-4	-3	-1	3
省(区、市)	海南	重庆	四川	贵州	云南	陕西	甘肃	青海	宁夏	新疆
"十三五"	8	13	15	19	28	20	30	17	10	29
"十二五"	8	17	23	22	30	24	27	13	11	25
变化	0	4	8	3	2	4	-3	-4	1	-4

全国30个省（区、市）"八五"至"十三五"时期政府效率排名见表19。

表19　全国30个省（区、市）"八五"至"十三五"时期政府效率排名

省(区、市)	北京	天津	河北	山西	内蒙古	辽宁	吉林	黑龙江	上海	江苏
"八五"	3	1	16	12	14	7	19	5	2	9
"九五"	3	2	16	15	14	7	12	5	1	8
"十五"	2	3	16	21	12	6	15	8	1	4
"十一五"	1	5	18	20	13	6	17	11	2	4
"十二五"	1	5	21	19	16	9	15	10	2	4
"十三五"	1	6	24	16	22	11	14	9	3	4
省(区、市)	浙江	安徽	福建	江西	山东	河南	湖北	湖南	广东	广西
"八五"	8	23	25	17	11	28	15	30	18	29
"九五"	6	23	25	18	10	30	13	27	17	29
"十五"	5	25	17	22	10	28	14	18	11	30
"十一五"	3	27	16	21	8	26	14	15	10	29
"十二五"	3	26	12	20	7	28	14	18	6	29
"十三五"	2	25	12	23	5	27	18	21	7	26

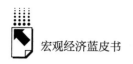
续表

省(区、市)	海南	重庆	四川	贵州	云南	陕西	甘肃	青海	宁夏	新疆
"八五"	4	21	27	24	26	22	13	6	10	20
"九五"	4	24	26	22	28	21	19	9	11	20
"十五"	7	27	24	26	29	20	23	9	19	13
"十一五"	7	23	24	25	30	22	28	9	12	19
"十二五"	8	17	23	22	30	24	27	13	11	25
"十三五"	8	13	15	19	28	20	30	17	10	29

全国30个省(区、市)"八五"至"十三五"时期的政府效率指数见表20。

表20　全国30个省(区、市)"八五"至"十三五"时期政府效率指数

省(区、市)	北京	天津	河北	山西	内蒙古	辽宁	吉林	黑龙江	上海	江苏
"八五"	100.2	100.1	99.5	98.6	100.7	99.6	100.6	100.6	101.1	100.4
"九五"	98.6	95.0	98.8	94.4	98.0	100.4	100.4	98.3	101.4	103.6
"十五"	104.3	101.6	100.6	101.1	103.9	105.0	97.2	99.2	101.7	105.1
"十一五"	113.7	102.6	105.9	107.6	104.8	103.5	109.3	106.6	105.1	106.8
"十二五"	106.0	106.3	107.1	108.7	106.3	104.0	108.5	107.1	103.0	106.0
"十三五"	101.3	107.6	102.5	103.8	101.6	102.0	105.9	106.6	102.9	104.4
省(区、市)	浙江	安徽	福建	江西	山东	河南	湖北	湖南	广东	广西
"八五"	102.7	100.6	101.4	99.5	98.2	97.8	100.4	99.8	97.9	100.8
"九五"	102.6	99.6	99.2	97.5	100.9	98.6	98.5	102.9	101.0	96.3
"十五"	107.0	99.1	107.9	98.3	103.4	105.5	101.7	107.9	105.7	103.1
"十一五"	103.6	107.2	106.3	110.7	108.4	107.6	108.2	106.3	110.5	110.7
"十二五"	109.2	107.3	110.3	105.2	108.9	104.4	107.1	105.8	107.9	106.1
"十三五"	103.7	106.6	107.3	106.4	110.9	108.7	102.5	105.7	105.3	109.7
省(区、市)	海南	重庆	四川	贵州	云南	陕西	甘肃	青海	宁夏	新疆
"八五"	100.6	100.8	102.5	101.0	99.6	101.9	98.2	99.6	100.3	100.8
"九五"	97.8	95.2	96.3	101.8	96.5	98.9	96.0	99.5	95.5	97.4
"十五"	97.1	100.3	105.1	95.8	99.4	101.3	96.3	103.4	101.2	105.3
"十一五"	107.7	112.5	106.1	109.9	106.5	106.5	108.1	100.8	110.6	103.1
"十二五"	106.4	110.9	110.4	110.6	108.9	106.7	105.9	104.3	108.8	102.2
"十三五"	104.5	109.7	109.1	107.1	112.3	110.0	102.9	102.5	106.4	103.5

（五）全国30个省（区、市）"十三五"时期人民生活指数及排名情况

和"十二五"时期的人民生活排名相比，"十三五"时期有12个省（区、市）排名上升：云南（全国排名第21位）上升了8位；湖北（全国排名第11位）上升了6位；贵州（全国排名第27位）、青海（全国排名第13位）2个省（区、市）上升了3位；天津（全国排名第2位）、河南（全国排名第18位）、宁夏（全国排名第22位）3个省（区、市）上升了2位；陕西（全国排名第12位）、辽宁（全国排名第6位）、吉林（全国排名第7位）、安徽（全国排名第25位）、海南（全国排名第20位）5个省（区、市）上升了1位。

"十三五"时期人民生活排名下降的省（区、市）有12个：黑龙江（全国排名24位）下降了5位；河北（全国排名第15位）、江西（全国排名第26位）、新疆（全国排名第16位）3个省（区、市）下降了3位；甘肃（全国排名第28位）、重庆（全国排名第30位）2个省（区、市）下降了3位；四川（全国排名第17位）、山东（全国排名第8位）2个省（区、市）下降了2位；广西（全国排名第29位）、广东（全国排名第19位）、浙江（全国排名第4位）、北京（全国排名第3位）4个省（区、市）下降了1位。

"十三五"时期人民生活排名不变的省（区、市）有6个，具体见表21。

表21 全国30个省（区、市）"十三五"时期人民生活排名变化

省（区、市）	北京	天津	河北	山西	内蒙古	辽宁	吉林	黑龙江	上海	江苏
"十三五"	3	2	15	10	14	6	7	24	1	5
"十二五"	2	4	11	10	14	7	8	19	1	5
变化	-1	2	-4	0	0	1	1	-5	0	0

省（区、市）	浙江	安徽	福建	江西	山东	河南	湖北	湖南	广东	广西
"十三五"	4	25	9	26	8	18	11	23	19	29
"十二五"	3	26	9	22	6	20	17	23	18	28
变化	-1	1	0	-4	-2	2	6	0	-1	-1

省（区、市）	海南	重庆	四川	贵州	云南	陕西	甘肃	青海	宁夏	新疆
"十三五"	20	30	17	27	21	12	28	13	22	16
"十二五"	21	27	15	30	29	13	25	16	24	12
变化	1	-3	-2	3	8	1	-3	3	2	-4

全国30个省（区、市）"八五"至"十三五"时期人民生活排名见表22。

表22　全国30个省（区、市）"八五"至"十三五"时期人民生活排名

省(区、市)	北京	天津	河北	山西	内蒙古	辽宁	吉林	黑龙江	上海	江苏
"八五"	2	3	17	8	12	4	10	6	1	7
"九五"	2	3	7	9	8	4	10	11	1	5
"十五"	1	3	12	7	10	5	9	11	2	6
"十一五"	1	4	11	10	12	5	8	9	2	6
"十二五"	2	4	11	10	14	7	8	19	1	5
"十三五"	3	2	15	10	14	6	7	24	1	5
省(区、市)	浙江	安徽	福建	江西	山东	河南	湖北	湖南	广东	广西
"八五"	11	26	15	14	16	24	20	23	18	27
"九五"	6	29	14	17	13	25	22	21	15	26
"十五"	4	27	13	23	8	24	21	22	14	26
"十一五"	3	26	13	23	7	20	19	22	15	27
"十二五"	3	26	9	22	6	20	17	23	18	28
"十三五"	4	25	9	26	8	18	11	23	19	29
省(区、市)	海南	重庆	四川	贵州	云南	陕西	甘肃	青海	宁夏	新疆
"八五"	9	29	22	30	25	19	28	13	21	5
"九五"	16	24	23	30	28	19	27	18	20	12
"十五"	17	28	19	30	29	18	25	20	16	15
"十一五"	24	28	16	30	29	18	25	17	21	14
"十二五"	21	27	15	30	29	13	25	16	24	12
"十三五"	20	30	17	27	21	12	28	13	22	16

全国30个省（区、市）"八五"至"十三五"时期人民生活指数见表23。

表23　全国30个省（区、市）"八五"至"十三五"时期人民生活指数

省(区、市)	北京	天津	河北	山西	内蒙古	辽宁	吉林	黑龙江	上海	江苏
"八五"	98.7	98.1	101.5	99.1	99.7	99.3	96.4	100.7	98.1	98.5
"九五"	103.0	104.0	108.0	101.3	104.5	103.9	102.2	100.3	100.2	103.6
"十五"	102.1	101.4	98.8	101.0	100.8	103.1	102.5	103.3	102.8	103.0
"十一五"	104.3	104.5	110.7	111.2	107.9	106.2	108.7	107.8	104.3	107.1
"十二五"	100.6	106.6	101.4	102.7	102.7	103.7	105.2	99.9	104.2	106.4
"十三五"	104.1	105.0	106.6	105.8	105.7	105.9	106.4	104.2	105.0	104.0

省(区、市)	浙江	安徽	福建	江西	山东	河南	湖北	湖南	广东	广西
"八五"	97.8	95.1	99.2	98.1	103.2	99.8	95.7	97.9	101.2	98.4
"九五"	107.2	106.0	107.2	101.3	104.7	106.0	102.7	108.3	105.1	107.8
"十五"	103.9	104.7	100.6	101.3	102.2	102.5	103.7	101.2	103.1	102.3
"十一五"	107.4	110.7	109.4	109.4	109.2	112.3	110.2	110.0	106.7	109.8
"十二五"	103.6	104.0	105.3	103.6	104.9	105.0	107.1	102.8	104.0	102.6
"十三五"	105.3	105.3	105.1	105.5	105.2	105.2	105.7	105.7	106.7	106.1

省(区、市)	海南	重庆	四川	贵州	云南	陕西	甘肃	青海	宁夏	新疆
"八五"	101.6	106.7	102.5	95.0	95.9	99.5	101.5	96.7	99.1	94.5
"九五"	100.3	108.1	105.2	108.2	108.1	102.5	107.1	103.6	104.4	102.1
"十五"	99.4	100.2	102.6	109.9	98.8	102.1	103.9	101.6	102.8	103.4
"十一五"	108.0	110.9	111.8	109.5	111.5	111.3	109.9	111.1	107.3	107.2
"十二五"	106.4	102.5	103.8	106.9	107.2	106.7	102.5	104.9	103.8	106.2
"十三五"	104.6	105.0	104.9	106.4	107.6	104.8	104.5	106.6	106.1	102.1

（六）全国30个省（区、市）"十三五"时期环境质量指数及排名情况

和"十二五"时期环境质量排名相比，"十三五"时期排名上升的省（区、市）有10个：吉林（全国排名第4位）上升了9位；内蒙古（全国排名第16位）上升了6位；宁夏（全国排名第21位）、天津（全国排名第15位）、甘肃（全国排名第23位）3个省（区、市）上升了4位；湖南（全国排名第7位）、广东（全国排名第1位）、北京（全国排名第14位）3个省（区、市）上升了3位；安徽（全国排名第13位）、黑龙江（全国排名第9位）2个省（区、市）上升了2位。

"十三五"时期环境质量排名下降的省（区、市）有15个：四川（全国排名第19位）下降了7位；青海（全国排名第11位）、云南（全国排名第12位）2个省（区、市）下降了5位；江苏（全国排名第18位）、山东（全国排名第25位）2个省（区、市）下降了4位；辽宁（全国排名第26位）下降了3位；福建（全国排名第5位）、湖北（全国排名第22位）、重庆（全国排名第20位）3个省（区、市）下降了2位；新疆（全国排名第17位）、海南（全国排名第2位）、上海（全国排名第6位）、陕西（全国

排名第 27 位)、广西(全国排名第 10 位)、浙江(全国排名第 3 位)6 个省(区、市)下降了 1 位。

"十三五"时期环境质量排名不变的省(区、市)有 5 个,具体见表 24。

表 24　全国 30 个省(区、市)"十三五"时期环境质量排名变化

省(区、市)	北京	天津	河北	山西	内蒙古	辽宁	吉林	黑龙江	上海	江苏
"十三五"	14	15	28	29	16	26	4	9	6	18
"十二五"	17	19	28	29	22	23	13	11	5	14
变化	3	4	0	0	6	-3	9	2	-1	-4
省(区、市)	浙江	安徽	福建	江西	山东	河南	湖北	湖南	广东	广西
"十三五"	3	13	5	8	25	30	22	7	1	10
"十二五"	2	15	3	8	21	30	20	10	4	9
变化	-1	2	-2	0	-4	0	-2	3	3	-1
省(区、市)	海南	重庆	四川	贵州	云南	陕西	甘肃	青海	宁夏	新疆
"十三五"	2	20	19	24	12	27	23	11	21	17
"十二五"	1	18	12	24	7	26	27	6	25	16
变化	-1	-2	-7	0	-5	-1	4	-5	4	-1

全国 30 个省(区、市)"八五"至"十三五"时期环境质量排名见表 25。

表 25　全国 30 个省(区、市)"八五"至"十三五"时期环境质量排名

省(区、市)	北京	天津	河北	山西	内蒙古	辽宁	吉林	黑龙江	上海	江苏
"八五"	26	27	29	30	19	9	11	13	18	15
"九五"	26	25	29	30	18	14	12	15	16	9
"十五"	23	22	29	30	18	17	13	14	19	9
"十一五"	21	23	28	30	22	17	13	12	14	9
"十二五"	17	19	28	29	22	23	13	11	5	14
"十三五"	14	15	28	29	16	26	4	9	6	18
省(区、市)	浙江	安徽	福建	江西	山东	河南	湖北	湖南	广东	广西
"八五"	14	16	3	10	24	23	20	17	7	2
"九五"	11	13	2	10	20	23	21	19	7	3
"十五"	11	12	3	10	21	26	15	20	8	4
"十一五"	5	11	4	10	18	29	20	15	7	6
"十二五"	2	15	3	8	21	30	20	10	4	9
"十三五"	3	13	5	8	25	30	22	7	1	10

续表

省(区、市)	海南	重庆	四川	贵州	云南	陕西	甘肃	青海	宁夏	新疆
"八五"	1	22	8	12	4	28	25	5	21	6
"九五"	1	24	6	17	4	28	27	5	22	8
"十五"	1	25	6	16	5	28	27	2	24	7
"十一五"	1	24	8	19	3	27	25	2	26	16
"十二五"	1	18	12	24	7	26	27	6	25	16
"十三五"	2	20	19	24	12	27	23	11	21	17

全国30个省（区、市）"八五"至"十三五"时期环境质量指数见表26。

表26 全国30个省（区、市）"八五"至"十三五"时期环境质量指数

省(区、市)	北京	天津	河北	山西	内蒙古	辽宁	吉林	黑龙江	上海	江苏
"八五"	102.3	100.5	105.2	101.2	103.2	103.7	101.2	99.6	101.7	101.8
"九五"	103.4	104.7	101.2	104.8	101.8	96.9	101.2	102.3	102.1	103.7
"十五"	103.7	104.1	106.6	107.6	101.4	102.7	100.9	101.4	100.4	101.7
"十一五"	104.7	102.0	102.8	101.9	101.5	101.0	103.2	103.8	106.0	101.4
"十二五"	100.4	102.0	96.1	100.7	99.2	96.0	100.6	99.7	102.1	98.7
"十三五"	103.5	104.8	105.2	99.0	105.1	99.9	109.5	103.8	103.5	101.1

省(区、市)	浙江	安徽	福建	江西	山东	河南	湖北	湖南	广东	广西
"八五"	102.2	101.2	101.2	101.6	103.2	102.8	102.1	100.4	102.1	102.9
"九五"	102.0	102.7	101.2	102.2	104.6	102.3	101.5	103.9	101.8	99.8
"十五"	101.6	102.0	99.8	102.3	102.2	98.8	103.7	99.5	101.0	100.1
"十一五"	105.4	101.9	102.0	101.5	102.5	101.8	100.0	105.3	103.1	101.0
"十二五"	102.6	100.6	100.5	101.7	96.0	94.6	98.4	101.8	102.5	99.0
"十三五"	103.4	102.7	102.0	103.3	104.4	98.7	102.0	106.0	107.2	102.9

省(区、市)	海南	重庆	四川	贵州	云南	陕西	甘肃	青海	宁夏	新疆
"八五"	99.9	100.5	101.2	101.8	100.8	101.2	104.1	101.5	103.1	100.4
"九五"	100.3	101.1	104.0	100.0	101.9	105.4	99.8	100.7	100.6	101.8
"十五"	99.9	102.0	100.9	102.3	101.6	99.4	104.9	105.4	101.3	99.9
"十一五"	100.8	104.7	99.2	99.3	101.0	105.2	100.5	100.6	102.6	100.8
"十二五"	101.3	101.8	99.2	99.1	99.6	100.7	103.0	98.5	98.5	101.3
"十三五"	99.6	102.3	100.2	102.2	100.4	97.9	101.3	99.7	106.5	99.7

（七）全国30个省（区、市）"八五"至"十二五"时期发展前景排名情况

这里对全国30个省（区、市）"八五"至"十二五"时期发展前景及一级指标的排名进行汇总，见表27至表31。

表27　全国30个省（区、市）"八五"时期发展前景及一级指标排名

省（区、市）	北京	天津	河北	山西	内蒙古	辽宁	吉林	黑龙江	上海	江苏
综合	26	27	29	30	19	9	11	13	18	15
经济增长	1	7	10	17	23	13	16	9	4	5
增长潜力	2	7	24	30	21	5	9	4	1	3
政府效率	3	1	16	12	14	7	19	5	2	9
人民生活	2	3	17	8	12	4	10	6	1	7
环境质量	26	27	29	30	19	9	11	13	18	15
省（区、市）	浙江	安徽	福建	江西	山东	河南	湖北	湖南	广东	广西
综合	14	16	3	10	24	23	20	17	7	2
经济增长	2	14	6	21	8	12	11	25	3	30
增长潜力	10	23	14	26	8	27	15	20	12	17
政府效率	8	23	25	17	11	28	15	30	18	29
人民生活	11	26	15	14	16	24	20	23	18	27
环境质量	14	16	3	10	24	23	20	17	7	2
省（区、市）	海南	重庆	四川	贵州	云南	陕西	甘肃	青海	宁夏	新疆
综合	1	22	8	12	4	28	25	5	21	6
经济增长	29	19	28	20	24	15	18	26	27	22
增长潜力	18	16	13	28	22	25	19	11	29	6
政府效率	4	21	27	24	26	22	13	6	10	20
人民生活	9	29	22	30	25	19	28	13	21	5
环境质量	1	22	8	12	4	28	25	5	21	6

表28　全国30个省（区、市）"九五"时期发展前景及一级指标排名

省（区、市）	北京	天津	河北	山西	内蒙古	辽宁	吉林	黑龙江	上海	江苏
综合	2	3	7	9	8	4	10	11	1	5
经济增长	6	5	16	15	19	7	11	10	4	2
增长潜力	2	7	24	28	11	4	3	5	1	6
政府效率	3	2	16	15	14	7	12	5	1	8
人民生活	2	3	7	9	8	4	10	11	1	5
环境质量	26	25	29	30	18	14	12	15	16	9

续表

省（区、市）	浙江	安徽	福建	江西	山东	河南	湖北	湖南	广东	广西
综合	6	29	14	17	13	25	22	21	15	26
经济增长	3	17	12	22	8	14	18	24	1	30
增长潜力	9	17	19	25	8	27	18	16	13	21
政府效率	6	23	25	18	10	30	13	27	17	29
人民生活	6	29	14	17	13	25	22	21	15	26
环境质量	11	13	2	10	20	23	21	19	7	3
省（区、市）	海南	重庆	四川	贵州	云南	陕西	甘肃	青海	宁夏	新疆
综合	16	24	23	30	28	19	27	18	20	12
经济增长	29	21	27	23	20	9	13	28	26	25
增长潜力	14	23	12	30	22	26	20	15	29	10
政府效率	4	24	26	22	28	21	19	9	11	20
人民生活	16	24	23	30	28	19	27	18	20	12
环境质量	1	24	6	17	4	28	27	5	22	8

表29 全国30个省（区、市）"十五"时期发展前景及一级指标排名

省（区、市）	北京	天津	河北	山西	内蒙古	辽宁	吉林	黑龙江	上海	江苏
综合	2	3	16	21	12	6	15	8	1	4
经济增长	10	4	14	13	18	6	12	9	3	2
增长潜力	2	5	23	24	9	6	11	3	1	7
政府效率	2	3	16	21	12	6	15	8	1	4
人民生活	1	3	12	7	10	5	9	11	2	6
环境质量	23	22	29	30	18	17	13	14	19	9
省（区、市）	浙江	安徽	福建	江西	山东	河南	湖北	湖南	广东	广西
综合	5	25	17	22	10	28	14	18	11	30
经济增长	5	19	8	21	7	16	15	23	1	30
增长潜力	10	20	16	27	15	28	14	22	8	17
政府效率	5	25	17	22	10	28	14	18	11	30
人民生活	4	27	13	23	8	24	21	22	6	26
环境质量	11	12	3	10	21	26	15	20	8	4
省（区、市）	海南	重庆	四川	贵州	云南	陕西	甘肃	青海	宁夏	新疆
综合	7	27	24	26	29	20	23	9	19	13
经济增长	22	27	28	29	25	11	17	26	24	20
增长潜力	18	25	12	30	21	26	19	13	29	4
政府效率	7	27	24	26	29	20	23	9	19	13
人民生活	17	28	19	30	29	18	25	20	16	15
环境质量	1	25	6	16	28	27	2	24	7	

表30　全国30个省（区、市）"十一五"时期发展前景及一级指标排名

省（区、市）	北京	天津	河北	山西	内蒙古	辽宁	吉林	黑龙江	上海	江苏
综合	2	6	25	24	9	11	15	8	1	5
经济增长	10	4	15	14	11	7	16	13	3	2
增长潜力	2	6	25	24	9	11	15	8	1	5
政府效率	1	5	18	20	13	6	17	11	2	4
人民生活	1	4	11	10	12	5	8	9	2	6
环境质量	21	23	28	30	22	17	13	12	14	9

省（区、市）	浙江	安徽	福建	江西	山东	河南	湖北	湖南	广东	广西
综合	3	21	16	27	12	29	17	22	4	19
经济增长	5	25	8	19	6	17	12	23	1	29
增长潜力	3	21	16	27	12	29	17	22	4	19
政府效率	3	27	16	21	8	26	14	15	10	29
人民生活	3	26	13	23	7	20	19	22	15	27
环境质量	5	11	4	10	18	29	20	15	7	6

省（区、市）	海南	重庆	四川	贵州	云南	陕西	甘肃	青海	宁夏	新疆
综合	7	26	14	30	20	23	18	13	28	10
经济增长	26	21	22	30	28	9	18	27	24	20
增长潜力	7	26	14	30	20	23	18	13	28	10
政府效率	7	23	24	25	30	22	28	9	12	19
人民生活	24	28	16	30	29	18	25	17	21	14
环境质量	1	24	8	19	3	27	25	2	26	16

表31　全国30个省（区、市）"十二五"时期发展前景及一级指标排名

省（区、市）	北京	天津	河北	山西	内蒙古	辽宁	吉林	黑龙江	上海	江苏
综合	7	5	22	20	9	13	15	24	2	4
经济增长	7	5	22	20	9	13	15	24	2	4
增长潜力	2	6	28	27	11	10	14	9	1	3
政府效率	1	5	21	19	16	9	15	10	2	4
人民生活	2	4	11	10	14	7	8	19	1	5
环境质量	17	19	28	29	22	23	13	11	5	14

省（区、市）	浙江	安徽	福建	江西	山东	河南	湖北	湖南	广东	广西
综合	3	12	6	18	8	11	14	21	1	28
经济增长	3	12	6	18	8	11	14	21	1	28
增长潜力	5	17	15	21	8	29	19	24	4	23
政府效率	3	26	12	20	7	28	14	18	6	29
人民生活	3	26	9	22	6	20	17	23	18	28
环境质量	2	15	3	8	21	30	20	10	4	9

续表

省(区、市)	海南	重庆	四川	贵州	云南	陕西	甘肃	青海	宁夏	新疆
综合	25	16	17	30	29	10	23	26	27	19
经济增长	25	16	17	30	29	10	23	26	27	19
增长潜力	7	20	16	30	22	18	25	13	26	12
政府效率	8	17	23	22	30	24	27	13	11	25
人民生活	21	27	15	30	29	13	25	16	24	12
环境质量	1	18	12	24	7	26	27	6	25	16

四 中国30个省（区、市）发展前景分级情况

（一）30个省（区、市）发展前景分级情况

2020年、2010年以来、2000年以来、1990年以来、2019年、2018年、2017年、2016年、2015年30个省（区、市）发展前景分级情况见表32至表40。

1.2020年30个省（区、市）发展前景分级

将30个省（区、市）发展前景2020年综合得分按3：3：2：1：1分为五级，第一至五级权重分别为30%、30%、20%、10%、10%（以下分级采用相同的方法）。和2019年相比，2020年发展前景方面级别上升的有3个省（区、市）：吉林（Ⅱ级）、宁夏（Ⅳ级）、山西（Ⅲ级）各上升了一级；级别下降的有2个省（区、市）：陕西（Ⅲ级）、湖北（Ⅳ级）各下降了一级，见表32。

表32 2020年30个省（区、市）发展前景分级情况

等级	Ⅰ级（共4个）	Ⅱ级（共7个）	Ⅲ级（共8个）	Ⅳ级（共5个）	Ⅴ级（共6个）
省(区、市)	上海、浙江、江苏、广东	北京、山东、天津、福建、辽宁、吉林、内蒙古	山西、黑龙江、安徽、海南、河北、湖南、四川、陕西	河南、湖北、宁夏、重庆、江西	贵州、甘肃、云南、广西、新疆、青海

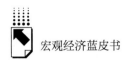

2.2010年以来30个省（区、市）发展前景分级

和2000年以来的发展前景分级相比，2010年以来级别上升的有2个省（区、市）：内蒙古（Ⅱ级）、重庆（Ⅳ级）均上升了一级；发展前景级别下降的也有2个省（区、市）：黑龙江（Ⅲ级）、新疆（Ⅴ级）均下降了一级，见表33。

表33   2010年以来30个省（区、市）发展前景等级划分

等级	Ⅰ级（共4个）	Ⅱ级（共7个）	Ⅲ级（共8个）	Ⅳ级（共5个）	Ⅴ级（共6个）
省（区、市）	北京、浙江、江苏、上海	内蒙古、吉林、辽宁、福建、天津、山东、广东	黑龙江、湖北、陕西、山西、河北、海南、四川、安徽	湖南、河南、江西、重庆、宁夏	新疆、青海、甘肃、广西、云南、贵州

3.2000年以来30个省（区、市）发展前景分级

和1990年以来的发展前景分级相比，2000年以来的分级结果没什么变化（见表34）。此外，2020年和2019年得到的2000年以来30个省（区、市）发展前景分级也没有区别。

表34   2000年以来30个省（区、市）发展前景分级

等级	Ⅰ级（共4个）	Ⅱ级（共7个）	Ⅲ级（共8个）	Ⅳ级（共5个）	Ⅴ级（共6个）
省（区、市）	上海、江苏、浙江、北京	吉林、黑龙江、福建、辽宁、山东、天津、广东	安徽、海南、四川、陕西、河北、内蒙古、山西、湖北	湖南、河南、宁夏、新疆、江西	重庆、甘肃、青海、广西、云南、贵州

4.1990年以来30个省（区、市）发展前景分级

2020年和2019年得到的1990年以来30个省（区、市）发展前景分级没有区别，2020年得到的1990年以来的30个省（区、市）发展前景分级见表35。

表35   1990年以来30个省（区、市）发展前景分级

等级	Ⅰ级（共4个）	Ⅱ级（共7个）	Ⅲ级（共8个）	Ⅳ级（共5个）	Ⅴ级（共6个）
省（区、市）	上海、北京、江苏、浙江	天津、广东、山东、辽宁、黑龙江、福建、吉林	河北、湖北、山西、内蒙古、安徽、海南、四川、陕西	江西、湖南、宁夏、新疆、河南	贵州、云南、广西、青海、重庆、甘肃

5. 2019年30个省（区、市）发展前景分级

和2018年相比，2019年有2个省（区、市）的发展前景级别上升：湖南（Ⅲ级）、河北（Ⅲ级）均上升了一级；有3个省（区、市）发展前景级别下降：江西（Ⅳ级）、山西（Ⅳ级）、宁夏（Ⅴ级）均下降了一级，见表36。

表36　2019年30个省（区、市）发展前景分级情况

等级	Ⅰ级（共4个）	Ⅱ级（共7个）	Ⅲ级（共8个）	Ⅳ级（共4个）	Ⅴ级（共7个）
省(区、市)	上海、浙江、江苏、广东	北京、山东、天津、福建、内蒙古、陕西、辽宁	吉林、湖北、四川、海南、湖南、黑龙江、河北、安徽	江西、山西、重庆、河南	贵州、云南、新疆、甘肃、青海、广西、宁夏

6. 2018年30个省（区、市）发展前景分级

和2017年相比，2018年有4个省（区、市）发展前景级别上升：广东（Ⅰ级）、陕西（Ⅱ级）、山西（Ⅲ级）、江西（Ⅲ级）均上升了一级；有4个省（区、市）发展前景级别下降：北京（Ⅱ级）、吉林（Ⅲ级）、河北（Ⅳ级）、湖南（Ⅳ级）均下降了一级，见表37。

表37　2018年30个省（区、市）发展前景等级划分

等级	Ⅰ级（共4个）	Ⅱ级（共7个）	Ⅲ级（共8个）	Ⅳ级（共5个）	Ⅴ级（共6个）
省(区、市)	上海、浙江、江苏、广东	陕西、辽宁、内蒙古、福建、天津、山东、北京	海南、江西、山西、安徽、四川、黑龙江、湖北、吉林	宁夏、河南、重庆、湖南、河北	贵州、云南、广西、甘肃、新疆、青海

7. 2017年30个省（区、市）发展前景分级

和2016年相比，2017年上升和下降一级的省（区、市）各1个：宁夏（Ⅳ级）上升了一级，青海（Ⅴ级）下降了一级，见表38。

表38 2017年30个省（区、市）发展前景等级划分

等级	Ⅰ级（共4个）	Ⅱ级（共7个）	Ⅲ级（共8个）	Ⅳ级（共5个）	Ⅴ级（共6个）
省（区、市）	上海、江苏、浙江、北京	吉林、内蒙古、辽宁、福建、天津、山东、广东	湖南、河北、海南、四川、安徽、湖北、陕西、黑龙江	河南、宁夏、重庆、江西、山西	贵州、云南、广西、甘肃、新疆、青海

8. 2016年30个省（区、市）发展前景分级

和2015年相比，2016年各有2个省（区、市）发展前景级别上升和下降一级：河北（Ⅲ级）、青海（Ⅳ级）各上升了一级；重庆（Ⅳ级）、宁夏（Ⅴ级）各下降了一级，见表39。

表39 2016年30个省（区、市）发展前景等级划分

等级	Ⅰ级（共4个）	Ⅱ级（共7个）	Ⅲ级（共8个）	Ⅳ级（共5个）	Ⅴ级（共6个）
省（区、市）	北京、浙江、江苏、上海	内蒙古、吉林、辽宁、福建、天津、山东、广东	四川、河北、湖南、海南、陕西、安徽、湖北	青海、河南、山西、重庆、江西	贵州、云南、广西、甘肃、新疆、宁夏

9. 2015年30个省（区、市）发展前景分级

和2014年相比，2015年各有3个省（区、市）发展前景级别上升和下降一级：内蒙古（Ⅱ级）、湖南（Ⅲ级）、重庆（Ⅲ级）各上升了一级；湖北（Ⅲ级）、河南（Ⅳ级）、山西（Ⅳ级）各下降了一级，见表40。

表40 2015年30个省（区、市）发展前景等级划分

等级	Ⅰ级（共4个）	Ⅱ级（共7个）	Ⅲ级（共8个）	Ⅳ级（共5个）	Ⅴ级（共6个）
省（区、市）	北京、浙江、江苏、上海	内蒙古、吉林、辽宁、福建、天津、山东、广东	重庆、海南、四川、湖南、陕西、安徽、黑龙江、湖北	宁夏、山西、江西、河北、河南	贵州、云南、广西、甘肃、青海、新疆

（二）30个省（区、市）经济增长分级

2020年、2010年以来、2000年以来、1990年以来、2019年、2018年、2017年、2016年、2015年30个省（区、市）经济增长分级情况见表41至表49。

1.2020年30个省（区、市）经济增长分级

和2019年相比，2020年有2个省（区、市）经济增长级别上升：河北（Ⅲ级）、新疆（Ⅱ级）上升了一级；有4个省（区、市）经济增长级别下降：山东（Ⅲ级）、重庆（Ⅳ级）、黑龙江（Ⅳ级）、山西（Ⅴ级）下降了一级，见表41。

表41　2020年30个省（区、市）经济增长等级划分

等级	Ⅰ级（共4个）	Ⅱ级（共7个）	Ⅲ级（共6个）	Ⅳ级（共4个）	Ⅴ级（共9个）
省（区、市）	江苏、浙江、广东、上海	新疆、甘肃、内蒙古、陕西、北京、福建、天津	安徽、河北、吉林、湖北、四川、山东	湖南、河南、重庆、黑龙江	海南、青海、贵州、宁夏、广西、江西、山西、云南、辽宁

2.2010年以来30个省（区、市）经济增长分级

和2000以来情况相比，2010年以来各有4个省（区、市）级别上升和下降：四川（Ⅲ级）、重庆（Ⅲ级）、新疆（Ⅲ级）、湖南（Ⅳ级）均上升了一级；辽宁（Ⅳ级）、黑龙江（Ⅳ级）、河北（Ⅳ级）、山西（Ⅴ级）均下降了一级，见表42。

表42　2010年以来30个省（区、市）经济增长等级划分

等级	Ⅰ级（共4个）	Ⅱ级（共7个）	Ⅲ级（共7个）	Ⅳ级（共4个）	Ⅴ级（共8个）
省（区、市）	江苏、浙江、上海、广东	湖北、内蒙古、陕西、山东、北京、福建、天津	甘肃、新疆、重庆、四川、河南、吉林、安徽	湖南、河北、黑龙江、辽宁	安徽、吉林、河南、四川、重庆、新疆、甘肃、山西

3.2000年以来30个省（区、市）经济增长分级

和1990年以来情况相比，2000年以来有3个省（区、市）经济增长级别上升：内蒙古（Ⅱ级）、甘肃（Ⅲ级）、四川（Ⅳ级）均上升了一级；有2个省（区、市）经济增长级别下降了1级：辽宁（Ⅲ级）、江西（Ⅴ级）。

与2019年的2000年以来30个省（区、市）经济增长分级相比，2020年各有4个省（区、市）经济增长级别上升和下降了一级：浙江（Ⅰ级）、湖北（Ⅱ级）、甘肃（Ⅲ级）、四川（Ⅳ级）上升了一级；天津（Ⅱ级）、辽宁（Ⅲ级）、山西（Ⅳ级）、江西（Ⅴ级）下降了一级，见表43。

表43　2000年以来30个省（区、市）经济增长等级划分

等级	Ⅰ级（共4个）	Ⅱ级（共7个）	Ⅲ级（共7个）	Ⅳ级（共4个）	Ⅴ级（共8个）
省（区、市）	浙江、江苏、上海、广东	湖北、内蒙古、陕西、北京、山东、福建、天津	甘肃、安徽、河北、黑龙江、河南、吉林、辽宁	四川、重庆、新疆、山西	贵州、广西、云南、青海、宁夏、海南、湖南、江西

4.1990年以来30个省（区、市）经济增长分级

与2019年的1990年以来30个省（区、市）经济增长分级相比，2020年各有1个省（区、市）经济增长级别上升和下降：安徽（Ⅲ级）上升了一级，山西（Ⅳ级）下降了一级，见表44。

表44　1990年以来30个省（区、市）经济增长等级划分

等级	Ⅰ级（共4个）	Ⅱ级（共7个）	Ⅲ级（共6个）	Ⅳ级（共5个）	Ⅴ级（共8个）
省（区、市）	浙江、江苏、上海、广东	湖北、辽宁、陕西、山东、福建、北京、天津	安徽、河北、吉林、河南、内蒙古、黑龙江	江西、重庆、新疆、甘肃、山西	广西、青海、贵州、海南、宁夏、云南、四川、湖南

5.2019年30个省（区、市）经济增长分级

和2018年相比，2019年有2个省（区、市）经济增长级别上升：甘肃

（Ⅱ级）上升了两级，重庆（Ⅲ级）上升了一级；有3个省（区、市）经济增长级别下降了一级：四川（Ⅲ级）、河南（Ⅳ级）、河北（Ⅳ级）下降了一级，见表45。

表45　2019年30个省（区、市）经济增长等级划分

等级	Ⅰ级(共4个)	Ⅱ级(共7个)	Ⅲ级(共7个)	Ⅳ级(共4个)	Ⅴ级(共8个)
省(区、市)	江苏、浙江、广东、上海	山东、甘肃、陕西、内蒙古、天津、北京、福建	重庆、黑龙江、吉林、新疆、湖北、安徽、四川	湖南、山西、河北、河南	海南、青海、宁夏、贵州、广西、江西、辽宁、云南

6. 2018年30个省（区、市）经济增长分级

和2017年相比，2018年有6个省（区、市）经济增长级别上升：江苏（Ⅰ级）、四川（Ⅱ级）、河北（Ⅲ级）、河南（Ⅲ级）、甘肃（Ⅳ级）、山西（Ⅳ级）上升了一级；有1个省（区、市）经济增长级别下降：天津（Ⅱ级）下降了一级，见表46。

表46　2018年30个省（区、市）经济增长等级划分

等级	Ⅰ级(共4个)	Ⅱ级(共7个)	Ⅲ级(共7个)	Ⅳ级(共4个)	Ⅴ级(共8个)
省(区、市)	江苏、浙江、广东、上海	四川、山东、内蒙古、陕西、北京、福建、天津	河南、河北、新疆、吉林、黑龙江、安徽、湖北	山西、湖南、重庆、甘肃	海南、青海、贵州、宁夏、广西、云南、辽宁、江西

7. 2017年30个省（区、市）经济增长分级

和2016年相比，2017年有2个省（区、市）经济增长级别上升：新疆（Ⅲ级）上升了两级，黑龙江（Ⅲ级）上升了一级；有3个省（区、市）经济增长级别下降：河南（Ⅳ级）、重庆（Ⅳ级）、甘肃（Ⅴ级）均下降了一级，见表47。

8. 2016年30个省（区、市）经济增长分级

和2015年相比，2016年有3个省（区、市）经济增长级别上升了一

级：天津（Ⅰ级）、陕西（Ⅱ级）、河北（Ⅳ级）；有 5 个省（区、市）经济增长级别下降：江苏（Ⅱ级）、安徽（Ⅲ级）、甘肃（Ⅳ级）、江西（Ⅴ级）、辽宁（Ⅴ级）均下降了一级，见表48。

表47 2017 年30个省（区、市）经济增长等级划分

等级	Ⅰ级(共4个)	Ⅱ级(共6个)	Ⅲ级(共6个)	Ⅳ级(共4个)	Ⅴ级(共10个)
省(区、市)	天津、浙江、广东、上海	内蒙古、山东、陕西、福建、北京、江苏	黑龙江、新疆、吉林、四川、安徽、湖北	湖南、重庆、河南、河北	贵州、云南、海南、青海、宁夏、辽宁、广西、江西、山西、甘肃

表48 2016 年30个省（区、市）经济增长等级划分

等级	Ⅰ级(共4个)	Ⅱ级(共6个)	Ⅲ级(共6个)	Ⅳ级(共4个)	Ⅴ级(共10个)
省(区、市)	浙江、天津、上海、广东	内蒙古、山东、陕西、北京、福建、江苏	重庆、四川、河南、吉林、安徽、湖北	黑龙江、湖南、甘肃、河北	贵州、云南、海南、辽宁、青海、宁夏、广西、山西、江西、新疆

9. 2015年30个省（区、市）经济增长分级

和2014 年相比，2015 年有 5 个省（区、市）经济增长级别上升：甘肃（Ⅲ级）上升了两级，内蒙古（Ⅱ级）、安徽（Ⅱ级）、四川（Ⅲ级）、黑龙江（Ⅳ级）上升了一级；有 3 个省（区、市）经济增长级别下降：辽宁（Ⅳ级）下降了二级，河南（Ⅲ级）、新疆（Ⅴ级）下降了一级，见表49。

表49 2015 年30个省（区、市）经济增长等级划分

级别	Ⅰ级(共4个)	Ⅱ级(共6个)	Ⅲ级(共7个)	Ⅳ级(共4个)	Ⅴ级(共9个)
省(区、市)	浙江、江苏、上海、广东	安徽、山东、内蒙古、福建、北京、天津	甘肃、四川、吉林、重庆、河南、湖北、陕西	湖南、辽宁、黑龙江、江西	贵州、青海、山西、云南、海南、新疆、广西、河北、宁夏

（三）30个省（区、市）增长潜力分级

2020年、2010年以来、2000年以来、1990年以来、2019年、2018年、2017年、2016年、2015年30个省（区、市）增长潜力分级情况见表50至表58。

1. 2020年30个省（区、市）增长潜力分级

和2019年相比，2020年各有1个省（区、市）增长潜力级别上升和下降：内蒙古（Ⅱ级）上升了一级，海南（Ⅲ级）下降了一级，见表50。

表50　2020年30个省（区、市）增长潜力等级划分

等级	Ⅰ级(共4个)	Ⅱ级(共7个)	Ⅲ级(共6个)	Ⅳ级(共5个)	Ⅴ级(共8个)
省(区、市)	广东、江苏、浙江、上海	湖南、内蒙古、新疆、辽宁、吉林、青海、北京	黑龙江、四川、天津、福建、山东、海南	河北、陕西、江西、安徽、湖北	贵州、甘肃、云南、重庆、河南、广西、宁夏、山西

2. 2010年以来30个省（区、市）增长潜力分级

和2000年以来相比，2010年以来有3个省（区、市）增长潜力上升了一级：山东（Ⅱ级）、湖南（Ⅲ级）、重庆（Ⅳ级）。有7个省（区、市）增长潜力级别下降了一级：北京（Ⅱ级）、辽宁（Ⅲ级）、黑龙江（Ⅲ级）、安徽（Ⅳ级）、湖北（Ⅳ级）、云南（Ⅴ级）、广西（Ⅴ级），见表51。

表51　2010年以来30个省（区、市）增长潜力等级划分

等级	Ⅰ级(共4个)	Ⅱ级(共7个)	Ⅲ级(共6个)	Ⅳ级(共5个)	Ⅴ级(共8个)
省(区、市)	广东、浙江、江苏、上海	山东、青海、内蒙古、天津、新疆、海南、北京	湖南、四川、黑龙江、福建、吉林、辽宁	重庆、陕西、江西、湖北、安徽	贵州、河南、山西、甘肃、宁夏、河北、广西、云南

3. 2000年以来30个省（区、市）增长潜力分级

和1990年以来相比，2000年以来有5个省（区、市）增长潜力级别上

升和下降了一级：青海（Ⅱ级）、内蒙古（Ⅱ级）、安徽（Ⅲ级）、陕西（Ⅳ级）、江西（Ⅳ级）上升了一级；山东（Ⅲ级）、吉林（Ⅲ级）、湖南（Ⅳ级）、甘肃（Ⅴ级）、重庆（Ⅴ级）下降了一级，见表52。

和上一年得到的2000年以来增长潜力级别情况相比，2020年各有1个省（区、市）增长潜力上升和下降了一级：青海（Ⅱ级）上升了一级，山东（Ⅲ级）下降了一级。

表52　2000年以来30个省（区、市）增长潜力等级划分

等级	Ⅰ级(共5个)	Ⅱ级(共7个)	Ⅲ级(共6个)	Ⅳ级(共5个)	Ⅴ级(共7个)
省(区、市)	上海、北京、江苏、浙江、广东	天津、新疆、海南、辽宁、黑龙江、内蒙古、青海	安徽、湖北、四川、福建、吉林、山东	云南、江西、陕西、广西、湖南	贵州、河南、宁夏、山西、河北、重庆、甘肃

4. 1990年以来30个省（区、市）增长潜力分级

和上一年得到的1990年以来的增长潜力级别情况相比，2020年的30个省（区、市）等级没什么变化，见表53。

表53　1990年以来30个省（区、市）增长潜力等级划分

等级	Ⅰ级(共5个)	Ⅱ级(共7个)	Ⅲ级(共6个)	Ⅳ级(共5个)	Ⅴ级(共7个)
省(区、市)	广东、浙江、江苏、北京、上海	海南、山东、吉林、辽宁、黑龙江、新疆、天津	湖南、湖北、福建、四川、青海、内蒙古	重庆、云南、甘肃、广西、安徽	贵州、河南、宁夏、山西、河北、江西、陕西

5. 2019年30个省（区、市）增长潜力分级

和2018年相比，2019年有3个省（区、市）增长潜力级别上升：辽宁（Ⅱ级）、湖南（Ⅱ级）、吉林（Ⅱ级）上升了一级；有5个省（区、市）增长潜力级别下降：内蒙古（Ⅲ级）、福建（Ⅲ级）、山东（Ⅲ级）、安徽（Ⅳ级）、云南（Ⅴ级）均下降了一级，见表54。

表54　2019年30个省（区、市）增长潜力等级划分

等级	I级(共4个)	II级(共7个)	III级(共6个)	IV级(共5个)	V级(共8个)
省(区、市)	上海、浙江、江苏、广东	海南、湖南、辽宁、吉林、青海、新疆、北京	黑龙江、天津、四川、山东、福建、内蒙古	河北、陕西、江西、安徽、湖北	贵州、甘肃、云南、重庆、河南、山西、广西、宁夏

6. 2018年30个省（区、市）增长潜力分级

和2017年相比，2018年各有3个省（区、市）增长潜力级别上升和下降了一级：青海（II级）、安徽（III级）、云南（IV级）、陕西（IV级）上升了一级；吉林（III级）、宁夏（V级）下降了一级，见表55。

表55　2018年30个省（区、市）增长潜力等级划分

等级	I级(共4个)	II级(共7个)	III级(共7个)	IV级(共5个)	V级(共7个)
省(区、市)	广东、江苏、浙江、上海	青海、新疆、山东、海南、内蒙古、福建、北京	安徽、湖南、黑龙江、辽宁、天津、四川、吉林	云南、河北、陕西、湖北、江西	贵州、甘肃、山西、宁夏、广西、河南、重庆

7. 2017年30个省（区、市）增长潜力分级

和2016年相比，2017年各有2个省（区、市）增长潜力级别上升和下降了一级：山东（II级）、宁夏（IV级）上升了一级；天津（III级）、陕西（V级）下降了一级，见表56。

8. 2016年30个省（区、市）增长潜力分级

和2015年相比，2016年各有4个省（区、市）增长潜力级别上升和下降：福建（II级）、吉林（II级）、湖南（III级）、河北（IV级）上升了一级；山东（III级）、黑龙江（III级）、安徽（IV级）、重庆（V级）下降了一级，见表57。

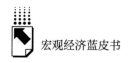

表56　2017年30个省（区、市）增长潜力等级划分

等级	Ⅰ级(共4个)	Ⅱ级(共7个)	Ⅲ级(共6个)	Ⅳ级(共5个)	Ⅴ级(共8个)
省(区、市)	广东、浙江、江苏、上海	山东、吉林、新疆、海南、福建、内蒙古、北京	湖南、黑龙江、四川、天津、辽宁、青海	宁夏、河北、湖北、江西、安徽	贵州、甘肃、山西、广西、河南、重庆、云南、陕西

表57　2016年30个省（区、市）增长潜力等级划分

等级	Ⅰ级(共4个)	Ⅱ级(共7个)	Ⅲ级(共6个)	Ⅳ级(共5个)	Ⅴ级(共8个)
省(区、市)	广东、浙江、江苏、上海	吉林、天津、新疆、福建、海南、内蒙古、北京	湖南、四川、黑龙江、辽宁、山东、青海	河北、陕西、湖北、江西、安徽	贵州、山西、河南、甘肃、广西、宁夏、云南、重庆

9.2015年30个省（区、市）增长潜力分级

和2014年相比，2015年有5个省（区、市）增长潜力级别上升了一级：浙江（Ⅰ级）、内蒙古（Ⅱ级）、黑龙江（Ⅱ级）、安徽（Ⅲ级）、湖南（Ⅳ级）；有2个省（区、市）增长潜力级别下降了一级：北京（Ⅱ级）、辽宁（Ⅲ级），见表58。

表58　2015年30个省（区、市）增长潜力等级划分

等级	Ⅰ级(共4个)	Ⅱ级(共7个)	Ⅲ级(共6个)	Ⅳ级(共5个)	Ⅴ级(共8个)
省(区、市)	广东、浙江、江苏、上海	黑龙江、新疆、天津、海南、山东、内蒙古、北京	安徽、四川、福建、青海、吉林、辽宁	湖南、重庆、陕西、湖北、江西	贵州、山西、河南、河北、甘肃、广西、宁夏、云南

（四）30个省（区、市）政府效率分级

2020年、2010年以来、2000年以来、1990年以来、2019年、2018年、2017年、2016年、2015年30个省（区、市）政府效率分级情况见表59至表67。

1.2020年30个省（区、市）政府效率分级

和 2019 年相比，2020 年各有 1 个省（区、市）政府效率级别上升和下降一级：贵州（Ⅲ级）上升了一级，山西（Ⅳ级）下降了一级，见表59。

表59 2020 年 30 个省（区、市）政府效率等级划分

等级	Ⅰ级(共4个)	Ⅱ级(共6个)	Ⅲ级(共7个)	Ⅳ级(共5个)	Ⅴ级(共8个)
省(区、市)	上海、浙江、山东、北京	宁夏、黑龙江、海南、广东、天津、江苏	贵州、吉林、陕西、四川、辽宁、重庆、福建	青海、山西、江西、湖北、湖南	甘肃、新疆、河南、云南、河北、安徽、内蒙古、广西

2.2010年以来30个省（区、市）政府效率分级

和 2000 年以来相比，2010 年以来有 2 个省（区、市）政府效率级别上升了一级：重庆（Ⅲ级）、四川（Ⅳ级）；有 6 个省（区、市）政府效率级别下降了一级：辽宁（Ⅲ级）、青海（Ⅳ级）、湖北（Ⅳ级）、内蒙古（Ⅳ级）、江西（Ⅴ级）、河北（Ⅴ级），见表60。

表60 2010 年以来 30 个省（区、市）政府效率等级划分

等级	Ⅰ级(共3个)	Ⅱ级(共5个)	Ⅲ级(共6个)	Ⅳ级(共6个)	Ⅴ级(共10个)
省(区、市)	浙江、上海、北京	海南、广东、山东、天津、江苏	吉林、重庆、福建、宁夏、辽宁、黑龙江	四川、湖南、内蒙古、山西、湖北、青海	云南、河南、甘肃、广西、新疆、安徽、河北、陕西、贵州、江西

3.2000年以来30个省（区、市）政府效率分级

和 1990 年以来相比，2000 年以来有 4 个省（区、市）政府效率级别下降了一级：天津（Ⅱ级）、黑龙江（Ⅲ级）、山西（Ⅳ级）、陕西（Ⅴ级），见表61。

和上一年得到的 2000 年以来的政府效率级别相比，2020 年的 30 个省（区、市）未发生改变。

表61　2000年以来30个省（区、市）政府效率等级划分

等级	Ⅰ级(共3个)	Ⅱ级(共6个)	Ⅲ级(共7个)	Ⅳ级(共5个)	Ⅴ级(共9个)
省(区、市)	浙江、上海、北京	辽宁、广东、海南、山东、天津、江苏	内蒙古、吉林、湖北、福建、青海、宁夏、黑龙江	江西、河北、山西、湖南、重庆	云南、广西、河南、甘肃、安徽、新疆、贵州、四川、陕西

4. 1990年以来30个省（区、市）政府效率分级

和上一年的1990年以来的政府效率级别相比，2020年的30个省（区、市）分级未发生改变（见表62）。

表62　1990年以来30个省（区、市）政府效率等级划分

等级	Ⅰ级(共4个)	Ⅱ级(共6个)	Ⅲ级(共7个)	Ⅳ级(共5个)	Ⅴ级(共8个)
省(区、市)	浙江、天津、上海、北京	广东、黑龙江、辽宁、山东、海南、江苏	山西、内蒙古、福建、吉林、湖北、宁夏、青海	湖南、陕西、江西、重庆、河北	云南、广西、河南、安徽、甘肃、新疆、四川、贵州

5. 2019年30个省（区、市）政府效率分级

和2018年相比，2019年各有4个省（区、市）政府效率级别上升和下降：山东（Ⅰ级）、宁夏（Ⅱ级）、陕西（Ⅲ级）、湖南（Ⅳ级）上升了一级；天津（Ⅱ级）、辽宁（Ⅲ级）、青海（Ⅳ级）、内蒙古（Ⅴ级）下降了一级（见表63）。

表63　2019年30个省（区、市）政府效率等级划分

等级	Ⅰ级(共4个)	Ⅱ级(共6个)	Ⅲ级(共7个)	Ⅳ级(共5个)	Ⅴ级(共8个)
省(区、市)	山东、上海、浙江、北京	宁夏、海南、黑龙江、广东、江苏、天津	山西、陕西、四川、吉林、重庆、辽宁、福建	湖南、江西、湖北、青海、贵州	甘肃、新疆、云南、河南、广西、安徽、河北、内蒙古

6. 2018年30个省（区、市）政府效率分级

和2017年相比，2018年有2个省（区、市）政府效率级别上升了一级：天津（Ⅰ级）、江西（Ⅳ级）；有3个省（区、市）政府效率级别下降了一级：江苏（Ⅱ级）、湖南（Ⅴ级）、河北（Ⅴ级）（见表64）。

表64 2018年30个省（区、市）政府效率等级划分

等级	Ⅰ级（共4个）	Ⅱ级（共6个）	Ⅲ级（共7个）	Ⅳ级（共5个）	Ⅴ级（共8个）
省（区、市）	天津、浙江、上海、北京	辽宁、海南、黑龙江、广东、山东、江苏	青海、四川、山西、重庆、吉林、宁夏、福建	陕西、江西、内蒙古、湖北、贵州	河南、云南、广西、甘肃、新疆、安徽、河北、湖南

7. 2017年30个省（区、市）政府效率分级

和2016年相比，2017年有2个省（区、市）政府效率级别上升：四川（Ⅲ级）、陕西（Ⅳ级）上升了一级；有1个省（区、市）下降了一级：湖北（Ⅳ级）（见表65）。

表65 2017年30个省（区、市）政府效率等级划分

等级	Ⅰ级（共4个）	Ⅱ级（共6个）	Ⅲ级（共7个）	Ⅳ级（共6个）	Ⅴ级（共7个）
省（区、市）	江苏、浙江、上海、北京	辽宁、黑龙江、海南、广东、山东、天津	四川、青海、山西、重庆、吉林、福建、宁夏	河北、陕西、湖南、贵州、内蒙古、湖北	河南、云南、甘肃、新疆、广西、安徽、江西

8. 2016年30个省（区、市）政府效率分级

和2015年相比，2016年各有1个省（区、市）的政府效率级别上升和下降：山西（Ⅲ级）上升了一级，内蒙古（Ⅳ级）下降了一级（见表66）。

9. 2015年30个省（区、市）政府效率分级

和2014年相比，2015年有5个省（区、市）政府效率级别下降了一级：江苏（Ⅰ级）、黑龙江（Ⅱ级）、内蒙古（Ⅲ级）、贵州（Ⅳ级）、四川（Ⅳ级）；有1个省（区、市）即江西（Ⅴ级）下降了一级（见表67）。

表66　2016年30个省（区、市）政府效率等级划分

级别	Ⅰ级(共4个)	Ⅱ级(共6个)	Ⅲ级(共7个)	Ⅳ级(共5个)	Ⅴ级(共8个)
省(区、市)	江苏、上海、浙江、北京	辽宁、黑龙江、海南、广东、山东、天津	青海、山西、湖北、吉林、重庆、福建、宁夏	河北、四川、贵州、湖南、内蒙古	云南、河南、甘肃、新疆、广西、安徽、江西、陕西

表67　2015年30个省（区、市）政府效率等级划分

级别	Ⅰ级(共4个)	Ⅱ级(共6个)	Ⅲ级(共7个)	Ⅳ级(共5个)	Ⅴ级(共8个)
省(区、市)	江苏、浙江、上海、北京	辽宁、黑龙江、海南、广东、山东、天津	内蒙古、吉林、青海、重庆、湖北、福建、宁夏	四川、贵州、河北、湖南、山西	云南、河南、广西、甘肃、新疆、安徽、陕西、江西

（五）30个省（区、市）人民生活分级

2020年、2010年以来、2000年以来、1990年以来、2019年、2018年、2017年、2016年、2015年30个省（区、市）人民生活分级情况见表68至表76。

1. 2020年30个省（区、市）人民生活分级

和2019年相比，2020年30个省（区、市）人民生活分级保持不变（见表68）。

表68　2020年30个省（区、市）人民生活等级划分

级别	Ⅰ级(共5个)	Ⅱ级(共8个)	Ⅲ级(共7个)	Ⅳ级(共4个)	Ⅴ级(共6个)
省(区、市)	江苏、浙江、北京、天津、上海	陕西、青海、山西、湖北、福建、山东、吉林、辽宁	云南、广东、新疆、四川、河南、内蒙古、河北	黑龙江、宁夏、湖南、海南	重庆、甘肃、广西、贵州、安徽、江西

2. 2010年以来30个省（区、市）人民生活分级

和2000年以来相比，2010年以来有7个省（区、市）人民生活级别上

升了一级：江苏（Ⅰ级）、陕西（Ⅱ级）、湖北（Ⅱ级）、四川（Ⅲ级）、河南（Ⅲ级）、江西（Ⅳ级）、云南（Ⅳ级）（见表69）。

和上一年的2010年以来人民生活分级相比，2020年各有1个省（区、市）人民生活级别上升和下降：云南（Ⅳ级）上升了一级，安徽（Ⅴ级）下降了一级。

表69　2010年以来30个省（区、市）人民生活等级划分

等级	Ⅰ级(共5个)	Ⅱ级(共8个)	Ⅲ级(共7个)	Ⅳ级(共5个)	Ⅴ级(共5个)
省（区、市）	江苏、浙江、天津、北京、上海	河北、湖北、陕西、山西、福建、吉林、山东、辽宁	黑龙江、河南、广东、四川、新疆、青海、内蒙古	云南、江西、宁夏、湖南、海南	重庆、贵州、广西、甘肃、安徽

3. 2000年以来30个省（区、市）人民生活分级

和1990年以来相比，2000年以来有3个省（区、市）人民生活级别上升了一级：河北（Ⅱ级）、湖北（Ⅲ级）、湖南（Ⅳ级）；有1个省（区、市）人民生活级别下降了一级：内蒙古（Ⅲ级）（见表70）。

和上一年的2000年以来人民生活分级相比，2020年30个省（区、市）分级保持不变。

表70　2000年以来30个省（区、市）人民生活等级划分

等级	Ⅰ级(共4个)	Ⅱ级(共7个)	Ⅲ级(共7个)	Ⅳ级(共5个)	Ⅴ级(共7个)
省（区、市）	浙江、天津、北京、上海	河北、福建、山西、吉林、山东、辽宁、江苏	黑龙江、青海、湖北、广东、陕西、新疆、内蒙古	湖南、宁夏、海南、河南、四川	贵州、重庆、广西、云南、甘肃、安徽、江西

4. 1990年以来30个省（区、市）人民生活分级

和上一年的1990年以来的人民生活分级相比，2020年30个省（区、市）分级保持不变（见表71）。

5. 2019年30个省（区、市）人民生活分级

和2018年相比，2019年有2个省（区、市）人民生活级别上升了一

级：青海（Ⅱ级）、云南（Ⅲ级）；有3个省（区、市）人民生活级别下降了一级：内蒙古（Ⅲ级）、海南（Ⅳ级）、安徽（Ⅴ级）（见表72）。

表71　1990年以来30个省（区、市）人民生活等级划分

等级	Ⅰ级(共4个)	Ⅱ级(共7个)	Ⅲ级(共6个)	Ⅳ级(共5个)	Ⅴ级(共8个)
省(区、市)	浙江、天津、北京、上海	内蒙古、福建、山西、山东、吉林、辽宁、江苏	青海、广东、陕西、黑龙江、河北、新疆	宁夏、河南、海南、四川、湖北	贵州、重庆、广西、云南、甘肃、安徽、湖南、江西

表72　2019年30个省（区、市）人民生活等级划分

等级	Ⅰ级(共5个)	Ⅱ级(共8个)	Ⅲ级(共7个)	Ⅳ级(共4个)	Ⅴ级(共6个)
省(区、市)	江苏、浙江、北京、天津、上海	陕西、青海、湖北、山西、福建、山东、吉林、辽宁	云南、广东、河南、新疆、四川、内蒙古、河北	黑龙江、宁夏、湖南、海南	重庆、广西、甘肃、贵州、江西、安徽

6. 2018年30个省（区、市）人民生活分级

和2017年相比，2018年30个省（区、市）人民生活分级保持不变（见表73）。

表73　2018年30个省（区、市）人民生活等级划分

等级	Ⅰ级(共5个)	Ⅱ级(共8个)	Ⅲ级(共7个)	Ⅳ级(共5个)	Ⅴ级(共5个)
省(区、市)	上海、天津、北京、浙江、江苏	辽宁、吉林、山东、陕西、福建、山西、湖北、内蒙古	青海、四川、新疆、河北、河南、广东、海南	云南、宁夏、湖南、黑龙江、安徽	甘肃、贵州、江西、广西、重庆

7. 2017年30个省（区、市）人民生活分级

和2016年相比，2017年有3个省（区、市）人民生活级别上升了一级：内蒙古（Ⅱ级）、海南（Ⅲ级）、安徽（Ⅳ级）；有1个省（区、市）下降了一级：新疆（Ⅲ级）（见表74）。

表74　2017年30个省（区、市）人民生活等级划分

等级	Ⅰ级（共5个）	Ⅱ级（共8个）	Ⅲ级（共7个）	Ⅳ级（共5个）	Ⅴ级（共5个）
省（区、市）	上海、天津、北京、浙江、江苏	辽宁、吉林、山东、福建、陕西、山西、湖北、内蒙古	新疆、青海、四川、河北、河南、广东、海南	黑龙江、宁夏、云南、湖南、安徽	江西、贵州、甘肃、重庆、广西

8. 2016年30个省（区、市）人民生活分级

和2015年相比，2016年各有1个省（区、市）人民生活级别上升和下降了一级：云南（Ⅳ级）上升了一级，江西（Ⅴ级）下降了一级（见表75）。

表75　2016年30个省（区、市）人民生活等级划分

等级	Ⅰ级（共5个）	Ⅱ级（共8个）	Ⅲ级（共6个）	Ⅳ级（共5个）	Ⅴ级（共6个）
省（区、市）	上海、天津、北京、浙江、江苏	辽宁、山东、吉林、福建、陕西、山西、湖北、新疆	内蒙古、青海、四川、河北、河南、广东	海南、黑龙江、宁夏、湖南、云南	安徽、江西、贵州、甘肃、重庆、广西

9. 2015年30个省（区、市）人民生活分级

和2014年相比，2015年有7个省（区、市）人民生活级别上升了一级：浙江（Ⅰ级）、湖北（Ⅱ级）、山西（Ⅱ级）、内蒙古（Ⅲ级）、四川（Ⅲ级）、宁夏（Ⅳ级）、湖南（Ⅳ级）（见表76）。

表76　2015年30个省（区、市）人民生活等级划分

等级	Ⅰ级（共5个）	Ⅱ级（共8个）	Ⅲ级（共6个）	Ⅳ级（共5个）	Ⅴ级（共6个）
省（区、市）	上海、北京、天津、浙江、江苏	辽宁、山东、吉林、福建、新疆、陕西、湖北、山西	青海、内蒙古、四川、河南、河北、广东	海南、黑龙江、宁夏、湖南、江西	云南、安徽、甘肃、贵州、重庆、广西

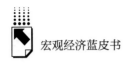

（六）30个省（区、市）环境质量分级

2020年、2010年以来、2000年以来、1990年以来、2019年、2018年、2017年、2016年、2015年30个省（区、市）环境质量分级情况见表77至表85。

1.2020年30个省（区、市）环境质量分级

和2019年相比，2020年各有4个省（区、市）环境质量级别上升和下降：湖南（Ⅰ级）、天津（Ⅱ级）、重庆（Ⅲ级）、山东（Ⅳ级）上升了一级；上海（Ⅱ级）、北京（Ⅲ级）、江苏（Ⅳ级）、贵州（Ⅴ级）下降了一级（见表77）。

表77　2020年30个省（区、市）环境质量等级划分

等级	Ⅰ级（共5个）	Ⅱ级（共7个）	Ⅲ级（共6个）	Ⅳ级（共4个）	Ⅴ级（共8个）
省(区、市)	广东、吉林、浙江、海南、湖南	上海、福建、江西、黑龙江、广西、安徽、天津	云南、北京、青海、内蒙古、重庆、新疆	江苏、宁夏、四川、山东	湖北、甘肃、贵州、河北、辽宁、陕西、山西、河南

2.2010年以来30个省（区、市）环境质量分级

和2000年以来相比，2010年以来各有4个省（区、市）环境质量级别上升和下降：上海（Ⅰ级）、湖南（Ⅱ级）、天津（Ⅲ级）、重庆（Ⅳ级）上升了一级；青海（Ⅱ级）、四川（Ⅲ级）、内蒙古（Ⅳ级）、贵州（Ⅴ级）下降了一级（见表78）。

表78　2010年以来30个省（区、市）环境质量等级划分

等级	Ⅰ级（共5个）	Ⅱ级（共7个）	Ⅲ级（共6个）	Ⅳ级（共4个）	Ⅴ级（共8个）
省(区、市)	海南、广东、浙江、福建、上海	吉林、青海、湖南、江西、云南、广西、黑龙江	安徽、四川、江苏、新疆、北京、天津	重庆、内蒙古、湖北、山东	宁夏、贵州、甘肃、辽宁、陕西、河北、山西、河南

3. 2000年以来30个省（区、市）环境质量分级

和1990年以来相比，2000年以来各有4个省（区、市）环境质量级别上升和下降了一级：浙江（Ⅰ级）、黑龙江（Ⅱ级）、北京（Ⅲ级）、天津（Ⅳ级）上升了一级；广西（Ⅱ级）、新疆（Ⅲ级）、贵州（Ⅳ级）、辽宁（Ⅴ级）下降了一级（见表79）。

表79 2000年以来30个省（区、市）环境质量等级划分

等级	Ⅰ级(共5个)	Ⅱ级(共7个)	Ⅲ级(共6个)	Ⅳ级(共4个)	Ⅴ级(共8个)
省(区、市)	海南、广东、福建、浙江、青海	云南、广西、吉林、江西、上海、四川、黑龙江	湖南、江苏、安徽、新疆、内蒙古、北京	湖北、天津、贵州、山东	重庆、辽宁、宁夏、甘肃、陕西、河北、河南、山西

4. 1990年以来30个省（区、市）环境质量分级

和上一年的1990年以来的环境质量分级相比，2020年有3个省（区、市）级别上升：贵州（Ⅲ级）上升了两级，江西（Ⅱ级）、吉林（Ⅱ级）上升了一级；有4个省（区、市）环境质量级别下降了一级：江苏（Ⅲ级）、黑龙江（Ⅲ级）、北京（Ⅳ级）、天津（Ⅴ级）（见表80）。

表80 1990年以来30个省（区、市）环境质量等级划分

等级	Ⅰ级(共5个)	Ⅱ级(共7个)	Ⅲ级(共6个)	Ⅳ级(共4个)	Ⅴ级(共8个)
省(区、市)	海南、福建、广东、广西、青海	云南、浙江、江西、吉林、四川、新疆、上海	江苏、黑龙江、安徽、湖南、贵州、内蒙古	辽宁、湖北、山东、北京	重庆、天津、宁夏、甘肃、陕西、河南、河北、山西

5. 2019年30个省（区、市）环境质量分级

和2018年相比，2019年各有2个省（区、市）环境质量级别上升和下降：吉林（Ⅰ级）、贵州（Ⅳ级）上升了一级；福建（Ⅱ级）、山东（Ⅴ级）下降了一级（见表81）。

表81 2019年30个省（区、市）环境质量等级划分

等级	Ⅰ级（共5个）	Ⅱ级（共7个）	Ⅲ级（共6个）	Ⅳ级（共4个）	Ⅴ级（共8个）
省（区、市）	广东、上海、海南、吉林、浙江	福建、湖南、北京、黑龙江、安徽、江西、广西	内蒙古、天津、云南、江苏、青海、新疆	四川、重庆、宁夏、贵州	山东、湖北、甘肃、辽宁、陕西、河北、山西、河南

6. 2018年30个省（区、市）环境质量分级

和2017年相比，2018年各有1个省（区、市）环境质量分级上升和下降了一级：广西（Ⅱ级）上升了一级；青海（Ⅲ级）下降了一级（见表82）。

表82 2018年30个省（区、市）环境质量等级划分

等级	Ⅰ级（共5个）	Ⅱ级（共7个）	Ⅲ级（共6个）	Ⅳ级（共4个）	Ⅴ级（共8个）
省（区、市）	广东、海南、上海、浙江、福建	吉林、湖南、北京、黑龙江、安徽、江西、广西	青海、内蒙古、云南、江苏、天津、新疆	四川、重庆、宁夏、山东	湖北、贵州、甘肃、辽宁、陕西、河北、山西、河南

7. 2017年30个省（区、市）环境质量分级

和2016年相比，2017年有3个省（区、市）环境质量分级下降了一级：广西（Ⅲ级）、四川（Ⅳ级）、湖北（Ⅴ级）（见表83）。

表83 2017年30个省（区、市）环境质量等级划分

等级	Ⅰ级（共5个）	Ⅱ级（共7个）	Ⅲ级（共6个）	Ⅳ级（共4个）	Ⅴ级（共8个）
省（区、市）	海南、广东、上海、浙江、福建	吉林、北京、黑龙江、湖南、青海、安徽、江西	广西、新疆、内蒙古、云南、天津、江苏	四川、重庆、宁夏、山东	湖北、贵州、甘肃、辽宁、陕西、河北、山西、河南

8. 2016年30个省（区、市）环境质量分级

和2015年相比，2016年各有4个省（区、市）环境质量分级上升和下

降：安徽（Ⅱ级）、广西（Ⅱ级）、宁夏（Ⅳ级）、山东（Ⅳ级）上升了一级；新疆（Ⅲ级）、云南（Ⅲ级）、甘肃（Ⅴ级）、陕西（Ⅴ级）下降了一级（见表84）。

表84　2016年30个省（区、市）环境质量等级划分

等级	Ⅰ级(共5个)	Ⅱ级(共8个)	Ⅲ级(共6个)	Ⅳ级(共4个)	Ⅴ级(共7个)
省(区、市)	海南、广东、上海、福建、浙江	青海、吉林、北京、安徽、黑龙江、江西、广西、湖南	新疆、云南、江苏、四川、天津、内蒙古	重庆、宁夏、山东、湖北	甘肃、贵州、辽宁、陕西、山西、河北、河南

9. 2015年30个省（区、市）环境质量分级

和2014年相比，2015年有5个省（区、市）环境质量级别上升了一级：江西（Ⅱ级）、吉林（Ⅱ级）、内蒙古（Ⅲ级）、湖北（Ⅳ级）、陕西（Ⅳ级）；有2个省（区、市）2015年环境质量分级下降了一级：四川（Ⅲ级）、山东（Ⅴ级）（见表85）。

表85　2015年30个省（区、市）环境质量等级划分

等级	Ⅰ级(共5个)	Ⅱ级(共8个)	Ⅲ级(共6个)	Ⅳ级(共4个)	Ⅴ级(共7个)
省(区、市)	海南、广东、上海、福建、浙江	北京、青海、新疆、江西、黑龙江、湖南、吉林、云南	安徽、广西、江苏、四川、天津、内蒙古	重庆、甘肃、湖北、陕西	辽宁、山东、宁夏、贵州、山西、河北、河南

五　中国30个省（区、市）发展前景的影响因素分析

（一）一级指标

1. 一级指标权重

各一级指标所占权重分别为：人民生活占25.44%，政府效率占

21.45%，经济增长占19.08%，增长潜力占18.36%，环境质量占15.67%（见表86）。

表86　一级指标权重

一级指标	权重(%)
人民生活	25.44
政府效率	21.45
经济增长	19.08
增长潜力	18.36
环境质量	15.67

2. 主要省（区、市）发展前景雷达图

2020年、2010年以来、2000年以来、1990年以来、2010～2019年各年主要省（区、市）发展前景雷达图分别见图55至图68，从中可以看出各省（区、市）发展前景的5个一级指标经济增长、增长潜力、政府效率、人民生活和环境质量的权重情况。

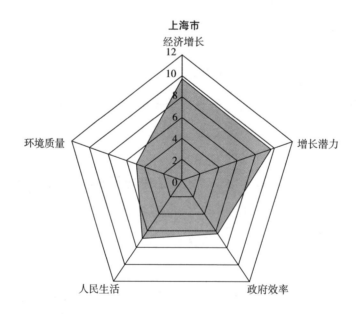

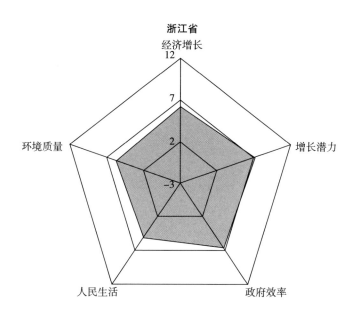

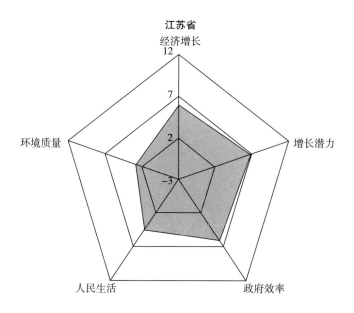

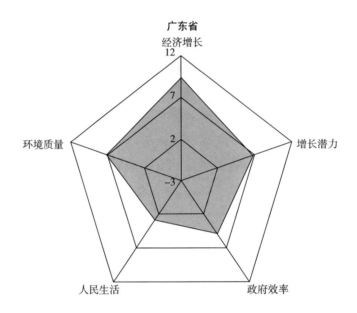

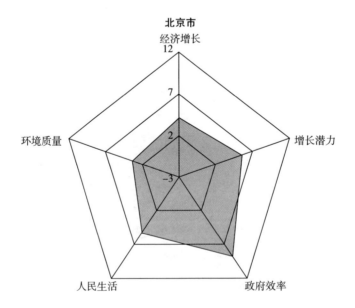

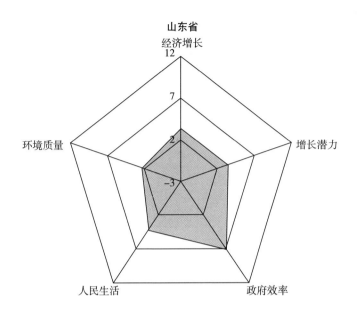

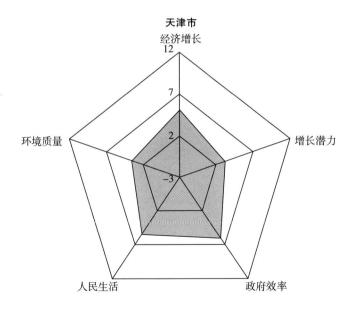

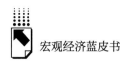
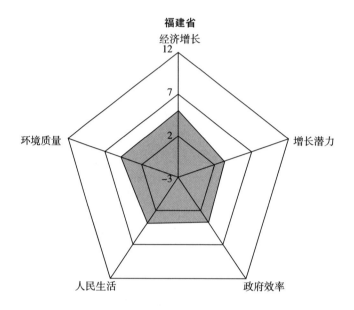

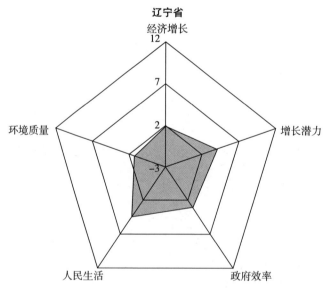

图 55 2020 年主要省（区、市）发展前景雷达图

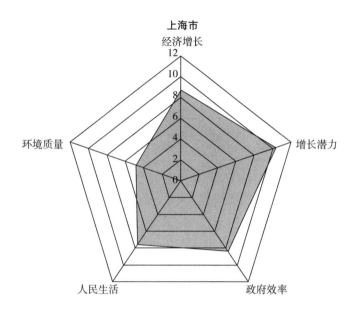

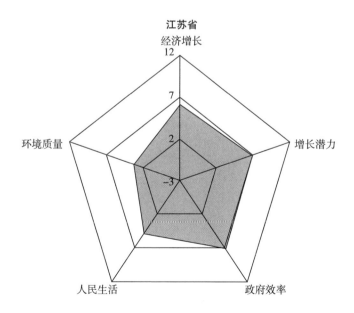

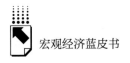

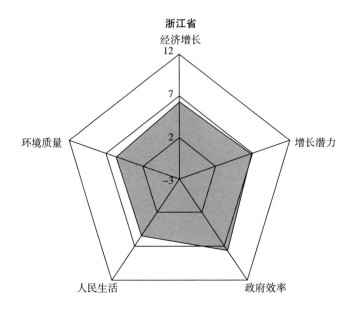

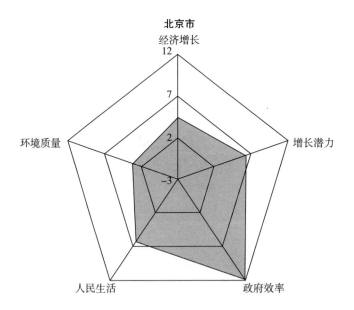

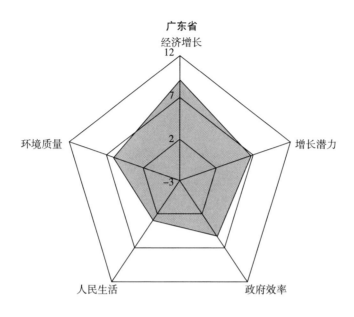

广东省

山东省

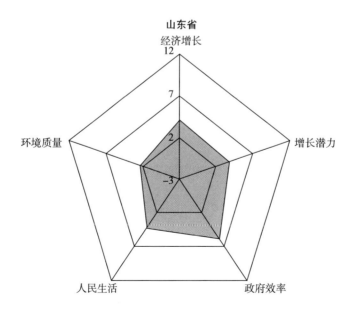

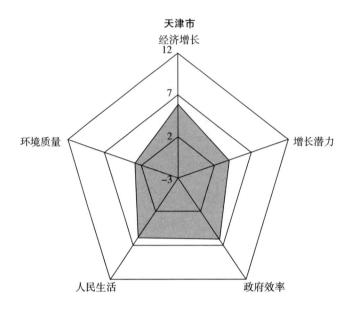

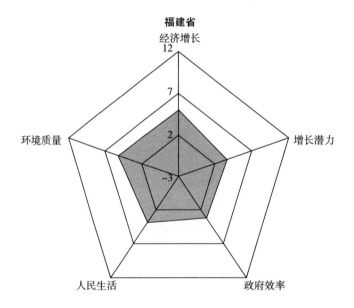

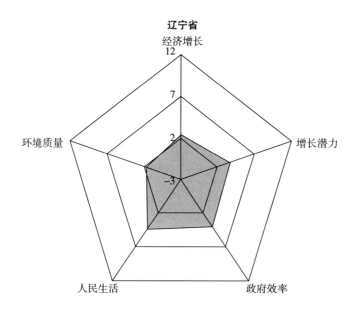

图56 2010 年以来主要省（区、市）发展前景雷达图

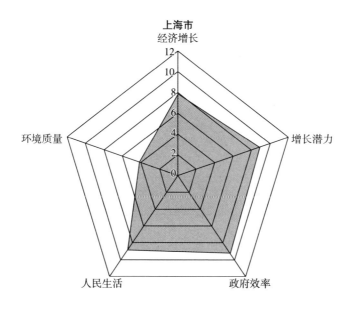

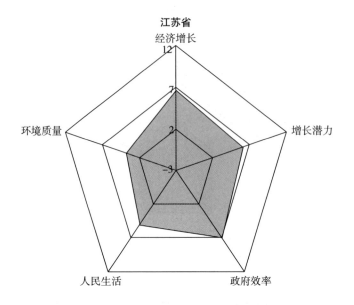

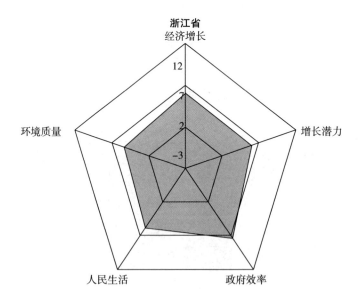

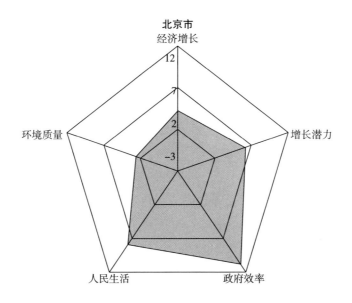

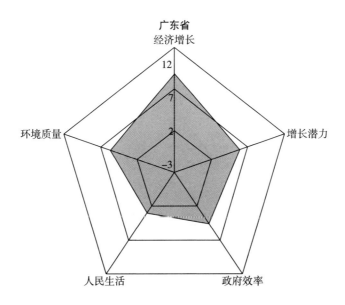

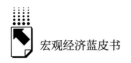

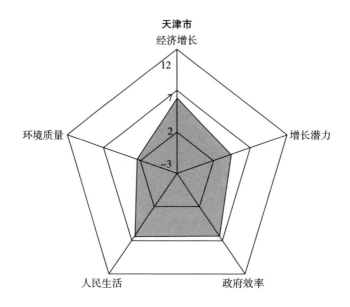

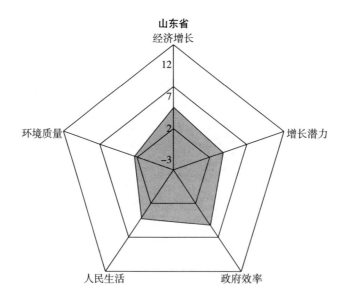

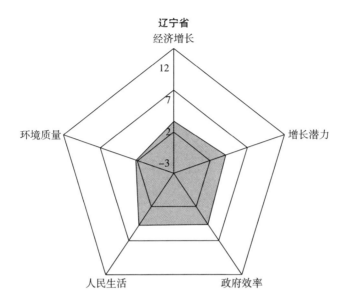

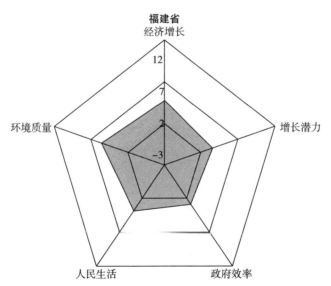

图 57 2000 年以来主要省（区、市）发展前景雷达图

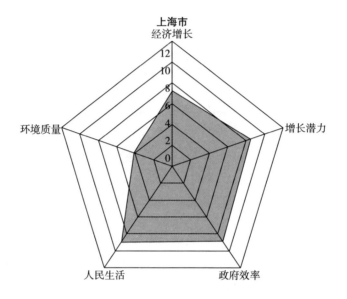

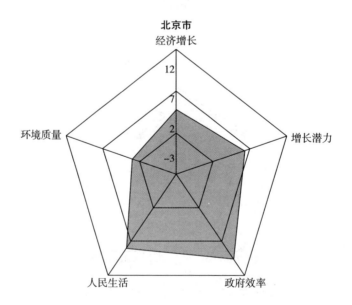

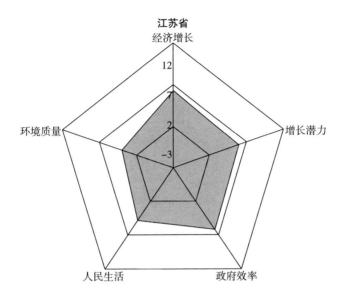

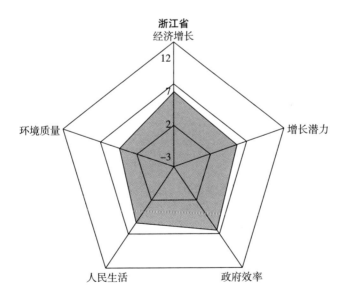

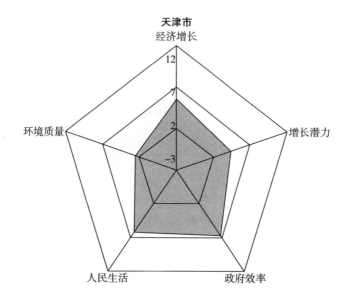

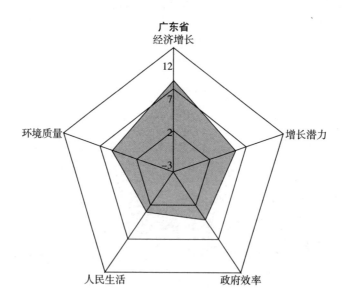

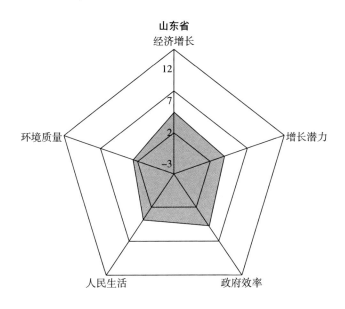

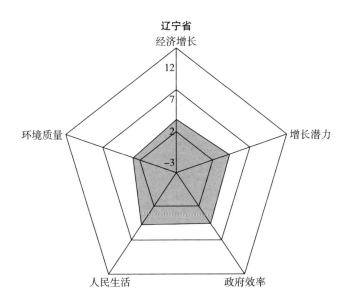

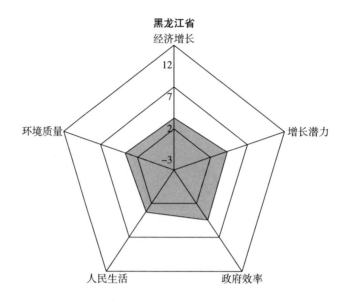

图 58　1990 年以来主要省（区、市）发展前景雷达图

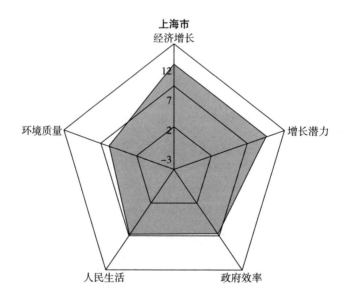

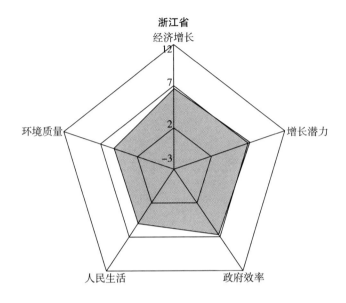

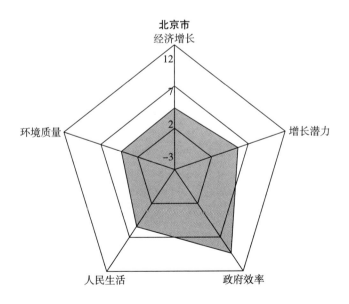

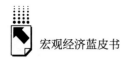
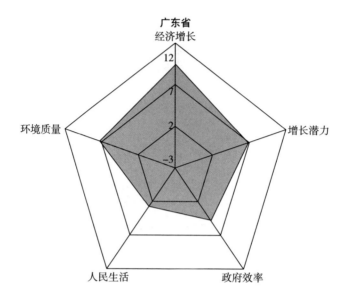

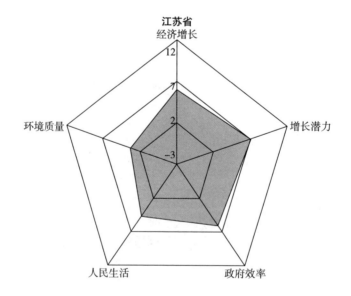

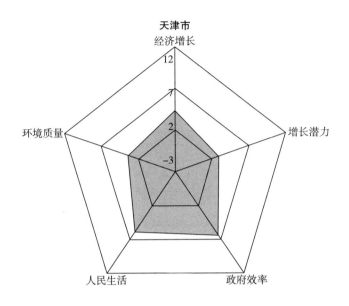

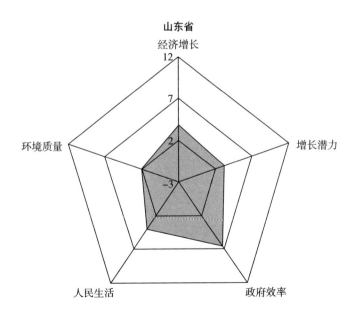

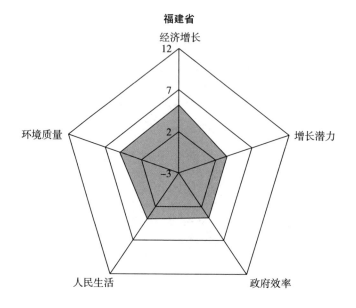

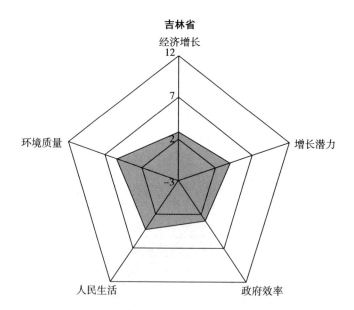

图59　2019 年主要省（区、市）发展前景雷达图

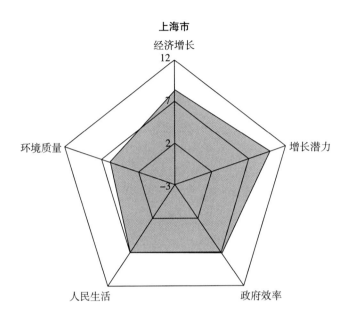

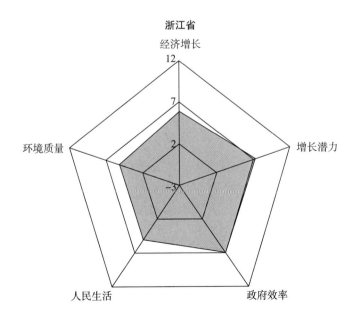

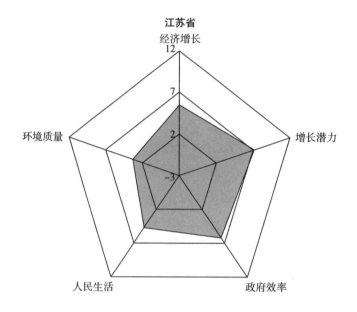

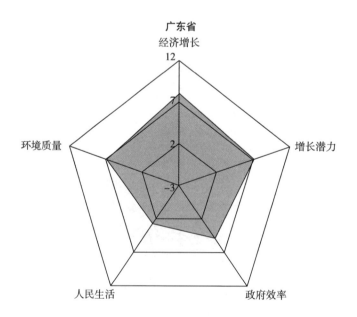

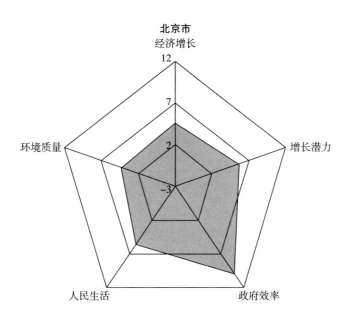

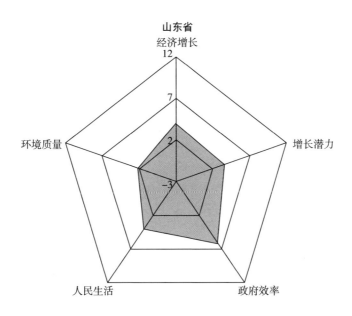

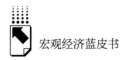
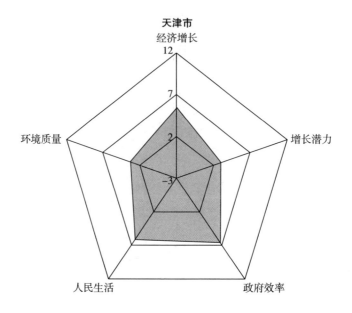

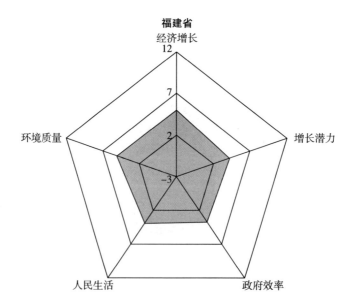

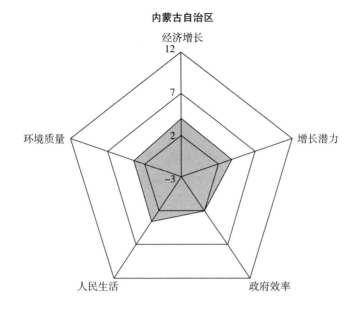

图60　2018年主要省（区、市）发展前景雷达图

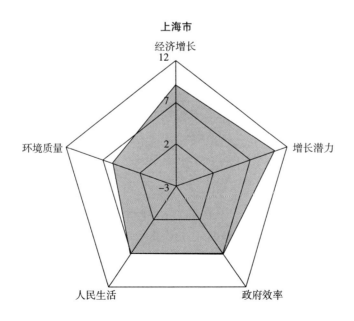

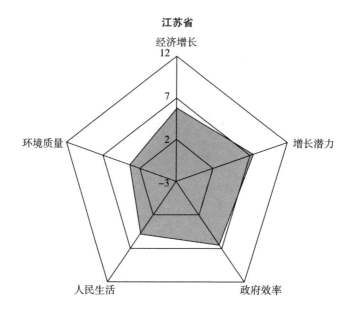

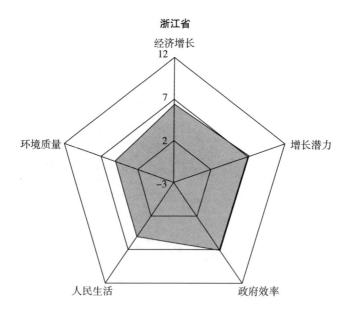

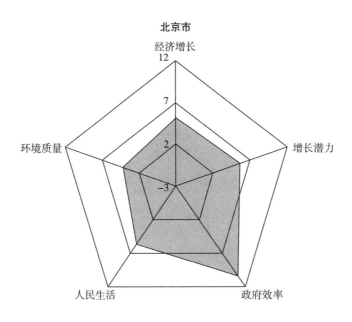

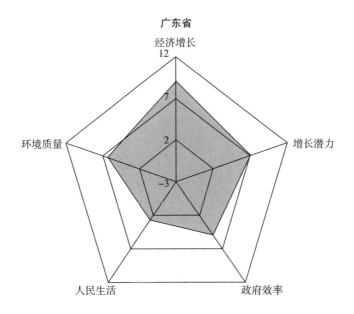

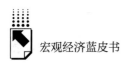

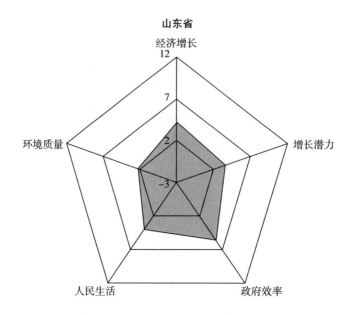

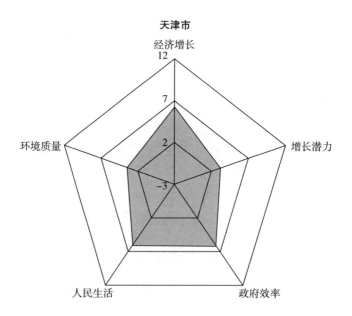

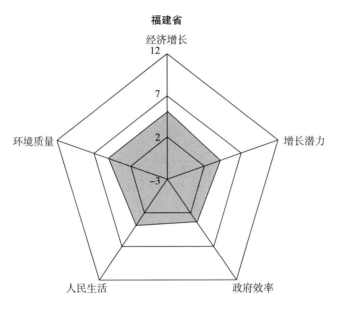

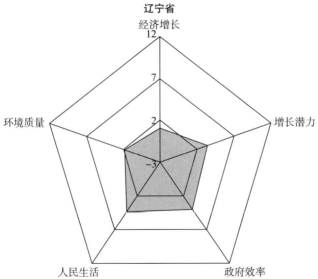

图 61 2017 年主要省（区、市）发展前景雷达图

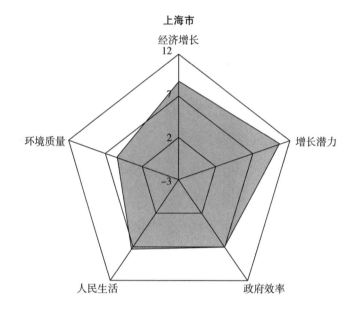

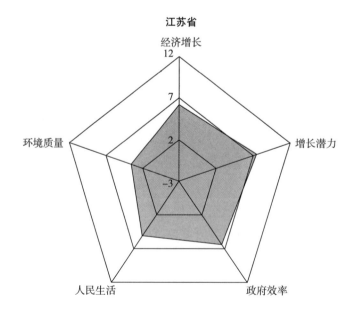

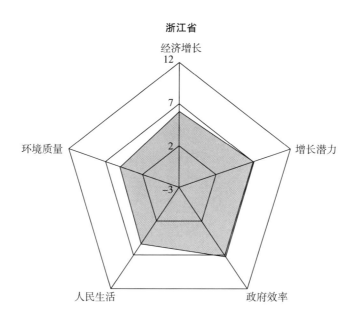

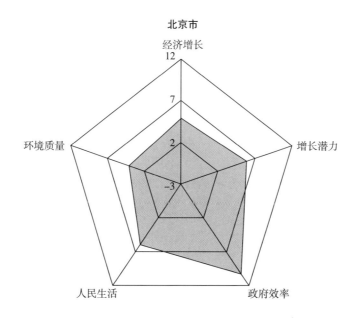

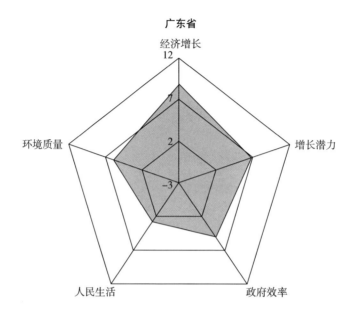

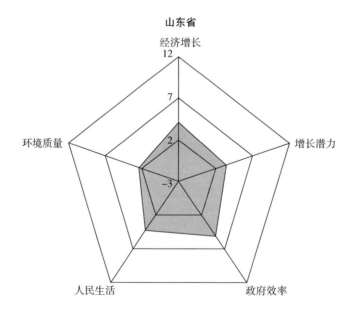

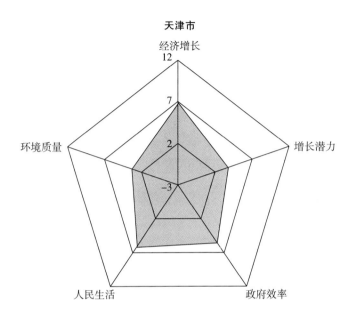

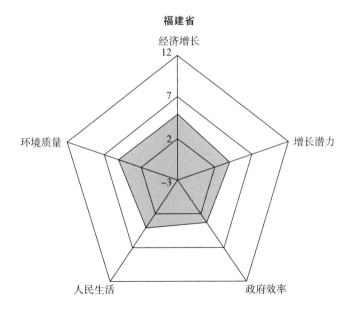

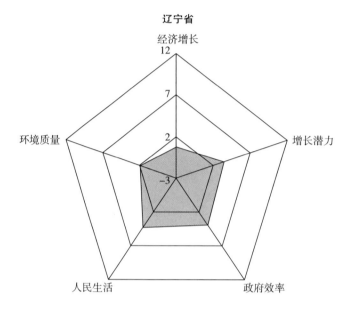

图 62　2016 年主要省（区、市）发展前景雷达图

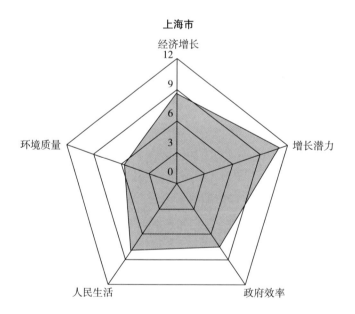

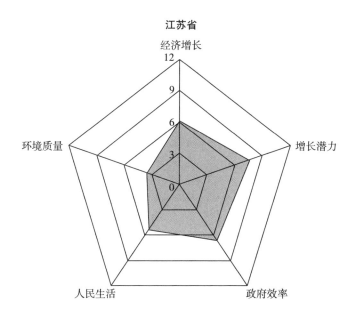

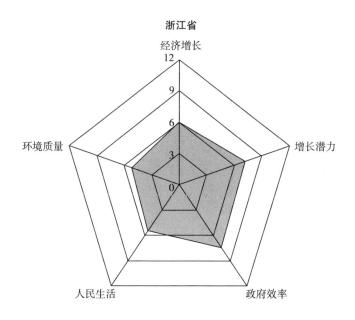

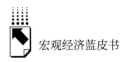

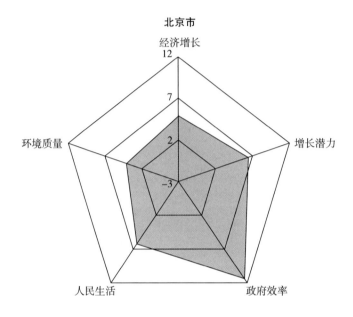

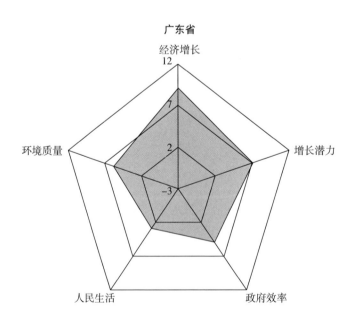

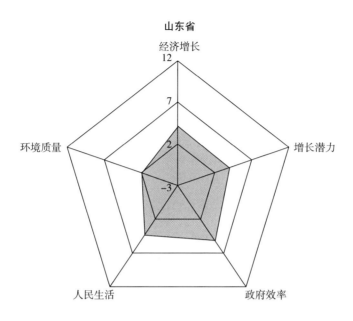

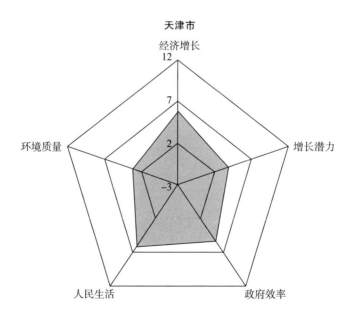

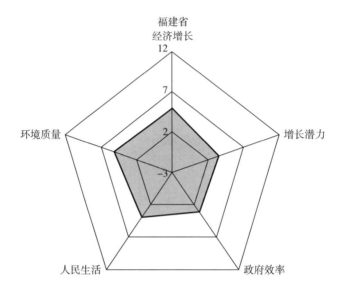

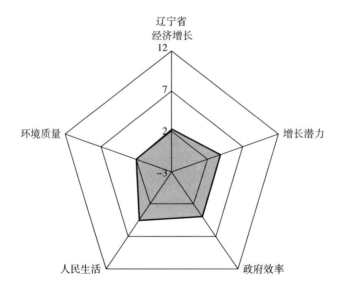

图63　2015年主要省（区、市）发展前景雷达图

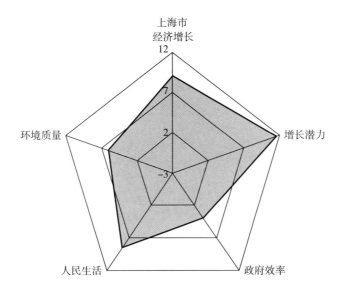

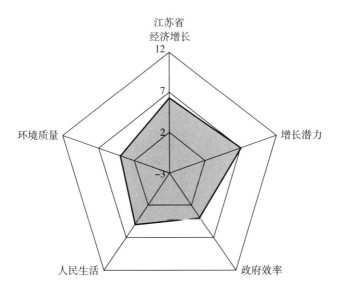

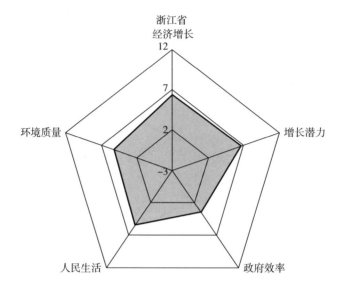

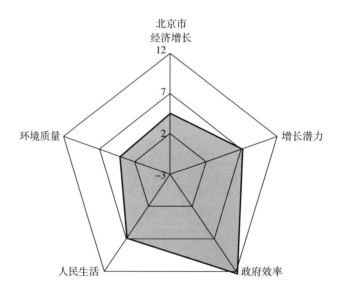

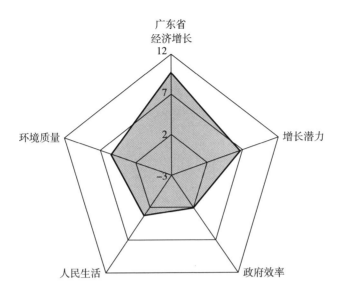

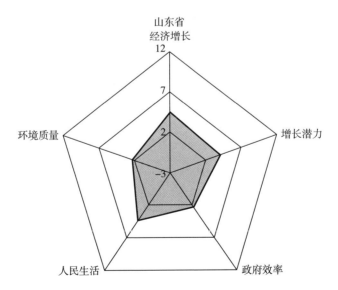

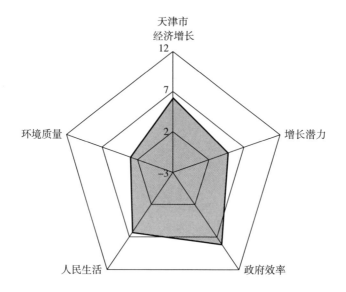

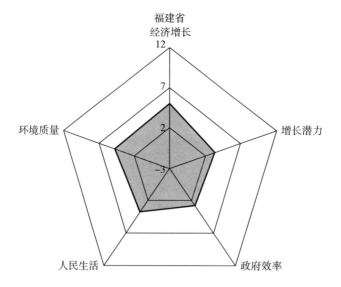

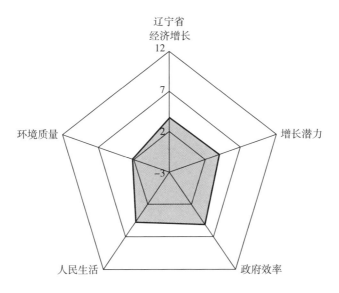

图 64　2014 年主要省（区、市）发展前景雷达图

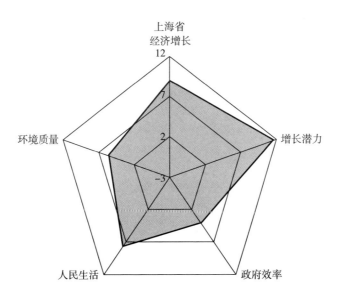

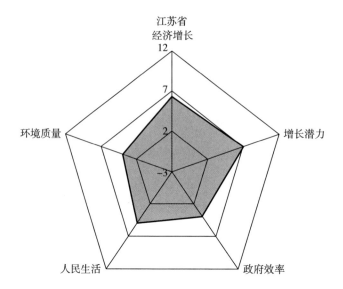

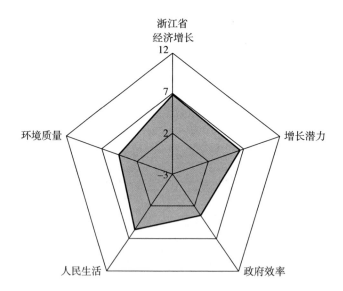

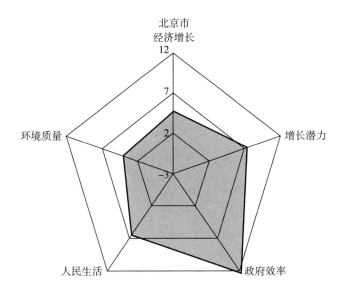

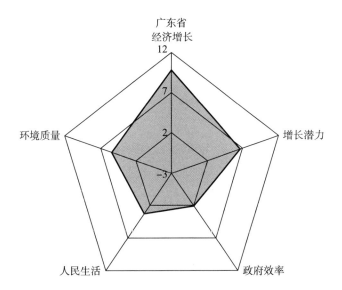

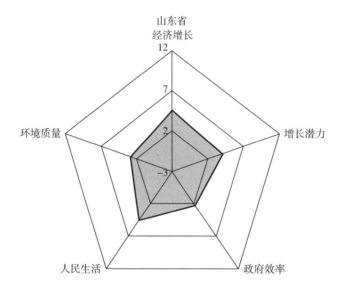

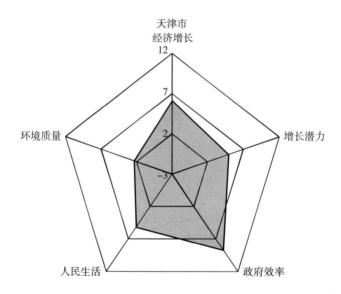

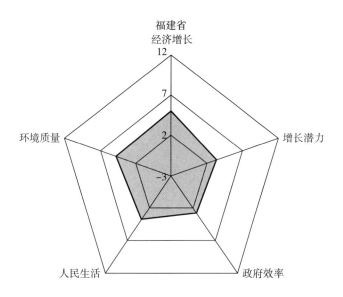

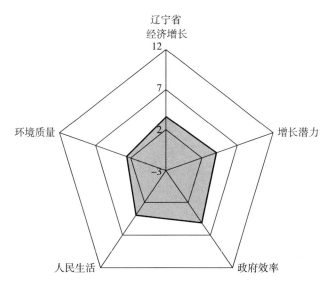

图 65 2013 年主要省（区、市）发展前景雷达图

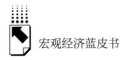

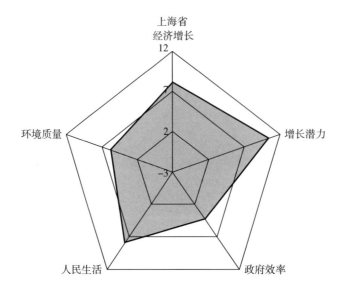

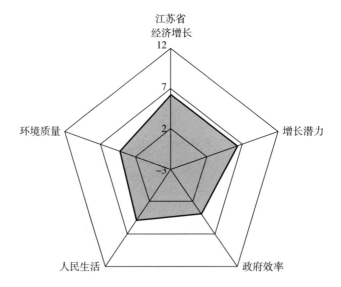

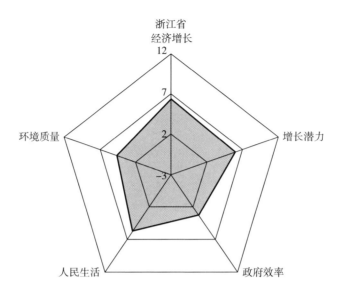

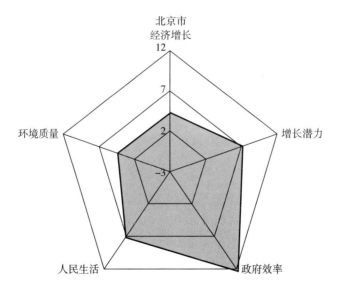

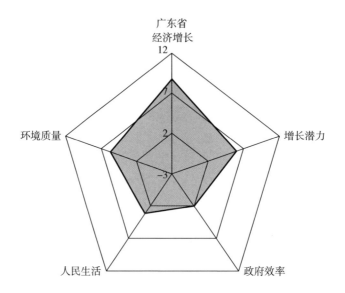

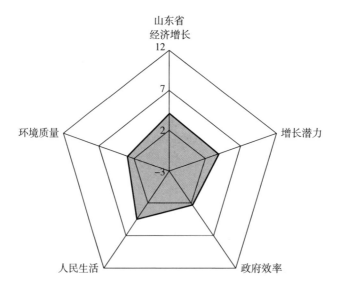

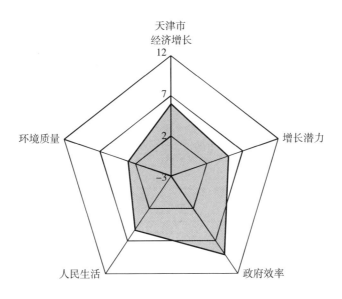

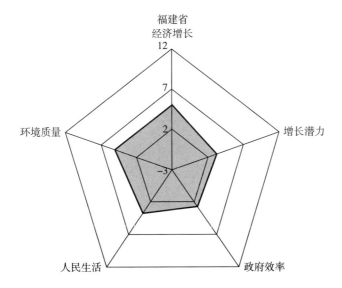

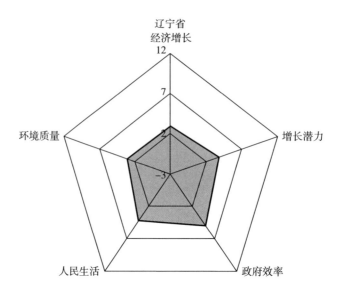

图 66　2012 年主要省（区、市）发展前景雷达图

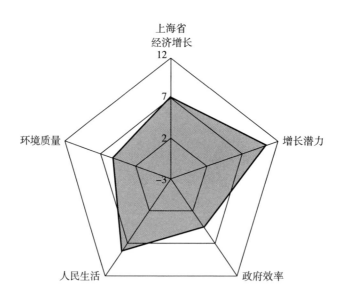

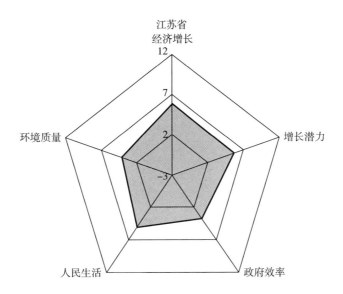

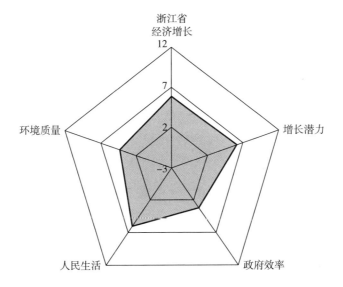

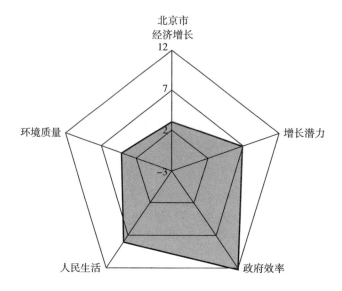

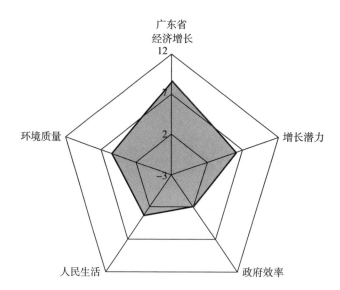

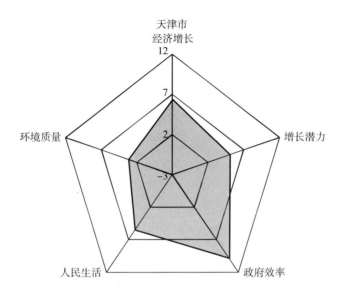

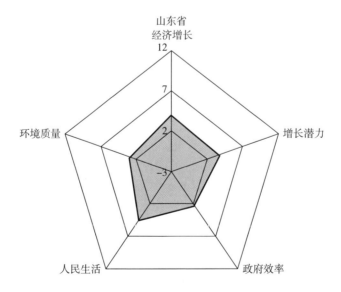

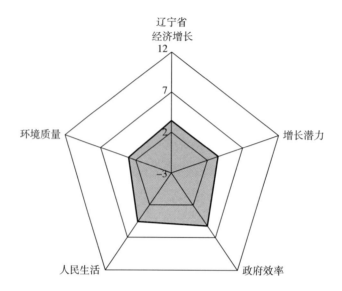

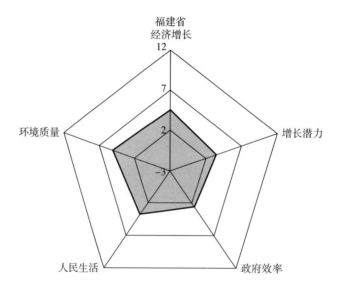

图67 2011年主要省（区、市）发展前景雷达图

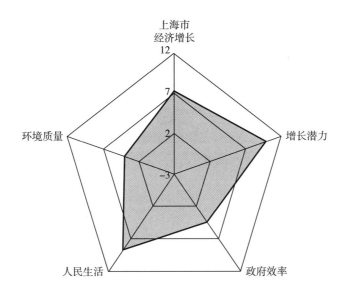

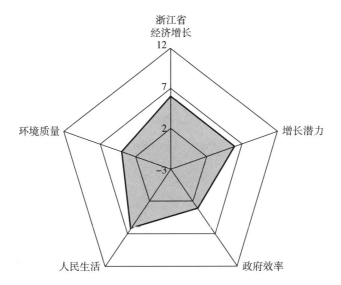

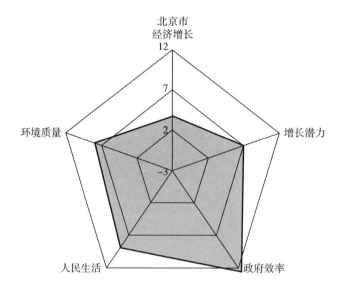

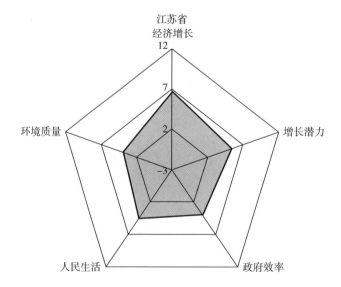

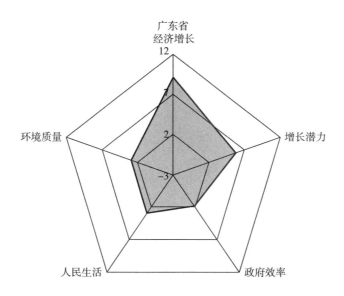

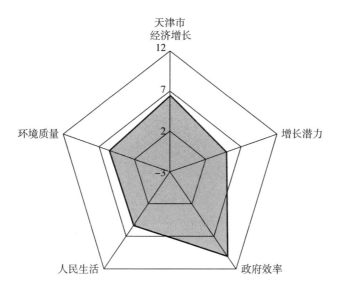

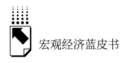

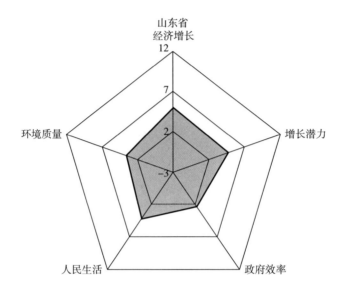

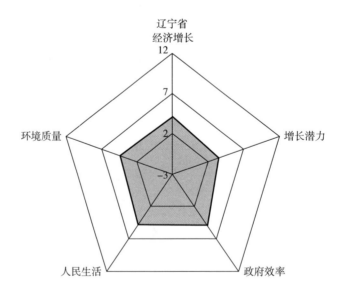

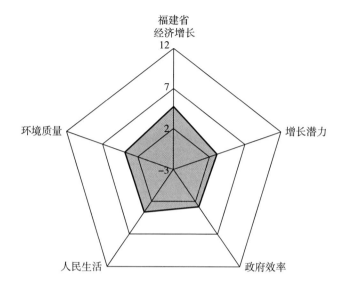

图68　2010年主要省（区、市）发展前景雷达图

从2020年主要省（区、市）发展前景雷达图来看，2020年上海市除政府效率和环境质量权重排名第三外，经济增长、增长潜力和人民生活均排名第一。2020年上海市一级指标经济增长、增长潜力、政府效率、人民生活和环境质量的权重分别为9.69%、9.66%、6.36%、6.92%和4.90%；浙江省分别为6.26%、7.14%、6.58%、5.03%和5.73%；江苏省分别为5.95%、6.79%、6.03%、4.49%和2.81%；广东省分别为9.42%、6.69%、4.83%、2.83%和7.17%。在各省（区、市）中北京市的政府效率权重最高，2020年北京市一级指标经济增长、增长潜力、政府效率、人民生活和环境质量的权重分别为4.19%、5.58%、8.70%、5.17%和3.33%。

（二）二级指标

二级指标中，人民生活所占的权重最高，为25.44%，其次是增长可持续性，权重为14.08%，公共服务效率权重为12.44%，社会保障权重为9.02%，环境治理权重为8.69%（见表87）。

表87　二级指标权重

二级指标	权重(%)
人民生活	25.44
增长可持续性	14.08
公共服务效率	12.44
社会保障	9.02
环境治理	8.69
产出效率	6.63
经济稳定	6.54
经济结构	5.90
生态环境	4.32
产出消耗	4.28
空气监测	2.66

（三）具体指标权重

2020年具体指标权重最高的为城镇失业保险覆盖率，所占权重为2.467%，城市化率、城镇基本养老保险覆盖率、城乡消费水平指标、消费水平和人均GDP的权重分别为2.457%、2.433%、2.214%、2.213%和2.213%。通过对比近七年具体指标的权重的变化，可以发现权重最高的具体指标：2014年为城镇基本养老保险覆盖率、2015年为专利授权量、2016年为人均GDP和农村居民家庭人均年纯收入，而2017年和2018年连续两年权重最高的具体指标为城镇失业保险率覆盖率，2019年城市化率权重最高，2020年城镇失业保险率覆盖率权重最高。城市化率在2014～2020年连续六年处于权重的前列，城镇基本养老保险覆盖率2015～2020年连续五年处于权重的前列，人均GDP 2015～2017年连续三年处于权重的前列（2018年权重排在第16位），2019年和2020年排在第六位。前几位权重的具体指标的变化反映了我国在迈向高质量发展过程中，涉及的城镇失业保险覆盖率、城市化率、城镇基本养老保险覆盖率等与城市化相关的指标的重要程度，已经客观地反映了高质量型经济的关注点，即从关注城市化的发展本身转向关注与城市化和高质量发展相关联的各种公共服务、社会保障、人民生活，包括城市化率、城镇失业保险、城镇基本养老保险、人均邮电业务量、消费水平和人均GDP等（见表88）。

表88 具体指标权重

单位：%

指标名称	指标权重	指标名称	指标权重
城镇失业保险覆盖率	2.467	城镇社区服务设施数量	1.886
城市化率	2.457	人口增长率	1.804
城镇基本养老保险覆盖率	2.433	能源消耗弹性指标	1.792
城乡消费水平指标	2.214	全要素生产率增长	1.730
消费水平	2.213	万元GDP电力消耗指标	1.662
人均GDP	2.213	农村居民恩格尔系数	1.649
万人城市园林绿地面积	2.202	城镇居民恩格尔系数	1.575
城市设施水平	2.192	失业率指标	1.543
人均邮电业务量	2.177	经济增长波动指标	1.532
地方财政科学事业费支出	2.152	资本投入弹性指标	1.530
人均储蓄存款额	2.142	资本产出率	1.495
电信基础设施指数	2.141	环境污染治理投资总额	1.461
全社会劳动生产率	2.136	第二产业占GDP比重	1.430
交通基础设施指数	2.126	空气质量指数	1.424
农村居民家庭人均年纯收入	2.105	万人卫生机构数	1.341
城乡人均纯收入指标	2.103	投资效果系数	1.268
农村社会养老保险覆盖率	2.072	自然保护区面积	1.261
市场化程度	2.055	对外开放稳定性	1.249
人力资本	2.052	空气质量优良天数	1.232
万元GDP能耗指标	2.046	有效劳动力比例	1.229
城镇基本医疗保险覆盖率	2.044	工业废水排放量指标	1.228
基础设施指数	2.034	治理工业污染项目投资占GDP比重	1.217
第三产业占GDP比重	2.016	人均GDP增长率	1.159
专利授权量	2.006	工业"三废"综合利用产品产值	1.079

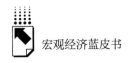

续表

指标名称	指标权重	指标名称	指标权重
城镇家庭人均可支配收入	1.983	通货膨胀指标	1.061
万人拥有医生数	1.979	劳动投入弹性指标	0.960
地方财政教育事业费支出	1.976	人均水资源量	0.861
万人床位数	1.903	万人耕地面积	0.686
地方财政卫生事业费支出	1.894	人均可支配收入占 GDP 比重	0.124

（四）发达省（市）发展情况

本部分重点分析 2020 年 5 个发达省（市）发展排名及其变化情况，这5 个发达省（市）分别是属于京津冀地区的北京市，属于长三角地区的上海市、江苏省和浙江省，属于珠三角地区的广东省。下文选取 11 个可持续发展评价二级指标来具体分析 2020 年 5 个发达省（市）在全国各省（区、市）的排名位置及与 2019 年相比的变化情况。这 11 个二级指标分别从属于经济增长、增长潜力等五个可持续发展评价一级指标。

1. 产出效率

产出效率包括全要素生产率增长、资本产出率、全社会劳动生产率、投资效果系数等 4 个三级指标。综合来看，这 4 个三级指标中，上海市有3 个指标在 5 个发达省（市）中排名第一，且在全国排名也非常靠前，说明上海市综合产出效率在 5 个发达省（市）中排名最高，在全国也很有影响力。

（1）全要素生产率增长。2020 年，5 个发达省（市）全要素生产率增长排序及在全国 30 个省（区、市）中排名如下：上海市（全国排名第3 位）、江苏省（全国排名第 7 位）、北京市（全国排名第 9 位）、浙江省（全国排名第 12 位）、广东省（全国排名第 21 位）。与 2019 年排名比较，上海市下降 1 位，江苏省下降 1 位，北京市下降 5 位，浙江省下降 7 位，广东省下降 6 位。从以上数据可以看出，2020 年，5 个发达省（市）全要素生产率增长排名总体呈下降趋势，其中，浙江省和广东省下降幅度较大。

（2）资本产出率。2020年，5个发达省（市）资本产出率全国排名占据了全国30个省（区、市）排名的前5位，资本产出率全国排名第1位至第5位依次为广东省、上海市、江苏省、浙江省、北京市。与2019年排名情况比较，2020年5个发达省（市）资本产出率全国排名总体稳定，且在全国处于绝对优势位置，说明资本产出效率高低是衡量是否为发达地区的一个重要指标，其中广东省、上海市和北京市全国排名无变化，江苏省和浙江省全国排名分别上升和下降1位。

（3）全社会劳动生产率。2020年，5个发达省（市）全社会劳动生产率排序及在全国30个省（区、市）中排名如下：上海市（全国排名第1位）、江苏省（全国排名第3位）、广东省（全国排名第6位）、浙江省（全国排名第10位）、北京市（全国排名第11位）。与2019年排名情况比较，2020年5个发达省（市）全社会劳动生产率全国排名情况与2019年保持一致，无变化，且基本都保持在全国排名前1/3。

（4）投资效果系数。2020年，5个发达省（市）投资效果系数排序及在全国30个省（区、市）中排名如下：上海市（全国排名第2位）、广东省（全国排名第3位）、江苏省（全国排名第4位）、浙江省（全国排名第6位）、北京市（全国排名第8位）。与2019年排名情况比较，2020年投资效果系数全国排名这一项总体变化较小，只有江苏省与北京市排名有变化，均为下降，分别下降了1位和2位。

2. 经济结构

经济结构包括第二产业占GDP比重、第三产业占GDP比重、城市化率等3个三级指标。从总体来看，北京市和上海市的第三产业占GDP比重和城市化率分别在全国排名第1位和第2位，说明北京市和上海市城市化率高，服务业发展水平在全国居前列。

（1）第二产业占GDP比重。2020年，5个省（市）第二产业占GDP比重全国排名及变化情况如下：浙江省（全国排名第6位）、江苏省（全国排名第7位）、广东省（全国排名第17位）、上海市（全国排名第27位）、北

京市（全国排名第30位）。与2019年排名情况比较，北京市、上海市均无变化，说明北京市和上海市第二产业发展总态势无明显变化；江苏省排名上升1位，广东省下降2位，变化不大；变化较大的是江苏省，全国排名上升了10位。

（2）第三产业占GDP比重。2020年，第三产业占GDP比重这一项，北京市和上海市与2019年排名情况一样，分别为全国第1位和第2位；广东省排名全国第9位，较2019年排名下降1位；浙江省排名全国第11位，江苏省排名全国第16位，这两个省份第三产业占GDP比重全国排名较2019年分别下降了4位与3位。总体来说，5个发达省（市）的第三产业发展情况变化不大，北京市与上海市的第三产业非常发达，在全国处于领先水平。

（3）城市化率。2020年，5个发达省（市）城市化率在全国30个省（区、市）中排名靠前，且变化幅度不大。其中，北京市2020年全国排名第1位（2019年全国排名第2位）；上海市2020年全国排名第2位（2019年全国排名第1位）。2020年，江苏省、广东省和浙江省全国排名分别是第4位、第5位、第6位，与2019年相比，排名分别上升1位、下降1位、无变化。

3.经济稳定

经济稳定包括经济增长波动指标、对外开放稳定性、人均GDP增长率、通货膨胀指标、失业率指标等5个三级指标。综合来看，5个发达省（市）经济稳定性较强。

（1）经济增长波动指标。2020年，5个发达省（市）经济增长波动指标在全国30个省（区、市）中排名大部分较靠后，且降幅较大，说明较2019年而言，2020年5个发达省（市）经济增长情况不稳定，波动较大。其中，浙江省在全国排名第14位，与2019年无变化；江苏省在全国排名第16位，比2019年下降3位；北京市在全国排名第19位，比2019年下降14位；广东省在全国排名第23位，比2019年下降8位；上海市在全国排名第24位，比2019年下降13位。

（2）对外开放稳定性。广东省是粤港澳大湾区的主要组成部分，随着湾区建设的进一步推进，广东省的对外开放稳定性逐步增加。2020年，5个发达省（市）对外开放稳定性排序及在全国30个省（区、市）中排名及变化情况如下：广东省全国排名第5位，比2019年排名上升1位；江苏省全国排名第11位，比2019年排名上升12位；北京市全国排名第22位，比2019年排名上升3位；浙江省全国排名第23位，比2019年上升1位；5个省（市）中只有上海市对外开放稳定性排名有所下降，比2019年排名下降2位，2020年全国排名第29位。

（3）人均GDP增长率。2020年，5个发达省（市）人均GDP增长率在全国30个省（区、市）排名中均呈下降趋势，总体排名均不太靠前，说明发达省（市）目前人均GDP已经达到较高水平，增长空间较一般地区小。具体排名情况如下：江苏省全国排名第12位，较2019年下降2位，较为稳定；北京市全国排名第13位，上海市全国排名第19位，浙江省全国排名第27位，较2019年而言，这三个省（市）在全国排名均下降8位，下降名次相同且下降幅度较大；广东省全国排名第26位，较2019年下降5位。

（4）通货膨胀指标。2020年，5个发达省（市）通货膨胀指标较2019年全国排名有升有降。2020年通货膨胀指标具体排名情况为：上海物价水平较高，其通货膨胀程度在全国均处于前列，上海市排名全国第1位，较2019年排名上升1位；北京市排名全国第2位，较2019年排名上升21位，上升幅度很大，说明在过去的一年里，北京物价上涨最快，通货膨胀程度高；浙江省排名全国第15位，较2019年排名上升7位；江苏省排名全国第23位，广东省排名全国第28位，分别较2019年排名下降2位和9位。

（5）失业率指标。2020年，5个发达省（市）失业率指标在全国范围内基本处于较高水平，说明失业率较低。尤其是北京市，2019年和2020年北京市失业率指标两年排名都为全国第一，其他4个省（市）2020年失业率指标排名情况如下：广东省全国排名第5位，与2019年比无变化；浙

江省全国排名第 6 位，较 2019 年排名上升 1 位；江苏省全国排名第 11 位，较 2019 年排名下降 1 位；上海市全国排名第 25 位，较 2019 年排名上升 3 位。

4. 产出消耗

产出消耗包括劳动投入弹性指标、资本投入弹性指标、能源消耗弹性指标等 3 个三级指标。

（1）劳动投入弹性指标。2020 年，5 个发达省（市）劳动投入弹性指标在全国排名情况如下：北京市全国排名第 5 位，上升幅度也是 5 个省（市）当中最大的，较 2019 年排名上升 12 位；江苏省全国排名第 8 位，较 2019 年排名有所下降，下降 4 位；上海市全国排名第 10 位，与 2019 年排名相同；浙江省全国排名第 22 位，较 2019 年排名下降 2 位；广东省全国排名第 16 位，较 2019 年排名下降 1 位。

（2）资本投入弹性指标。2020 年，5 个发达省（市）资本投入弹性指标在全国排名较靠前，其中上海市、北京市、江苏省均在全国排名前十，分别在全国排名第 3 位、第 6 位、第 9 位，较 2019 年而言，这 3 个省（市）全国排名均有不同程度的下降，分别下降 1 位、2 位、3 位。另外，浙江省在全国排名第 11 位，较 2019 年下降 4 位；广东省在全国排名第 22 位，是 5 个省（市）中下降幅度最大的，较 2019 年下降 8 位。

（3）能源消耗弹性指标。2020 年，北京市能源消耗弹性指标全国排名第 4 位，上海市全国排名第 5 位，均较 2019 年全国排名下降了 1 个名次；江苏省全国排名第 8 位，较 2019 年全国排名上升 5 位；浙江省全国排名第 9 位，较 2019 年全国排名下降 1 位；广东省全国排名第 18 位，与 2019 年相比无变化。

5. 增长可持续性

增长可持续性包括人口增长率、专利授权量、有效劳动力比例、地方财政教育事业费支出、人力资本、地方财政科学事业费支出、人均邮电业务量、万人耕地面积等多个指标。

（1）人口增长率。2020 年，5 个省（市）人口增长率全国排名与变化情况如下：浙江省全国排名第1位，较2019年上升2位；广东省人口增长率在全国排名第2位，与2019年相比无变化；上海市全国排名第19位，较2019年上升5位；江苏省全国排名第20位，较2019年上升2位；北京市全国排名第24位，较2019年上升6位。

（2）专利授权量。2019年和2020年，5个发达省（市）专利授权量在全国排名相同，且排名在全国居于领先水平。专利授权量在某种程度上可以反映当地科技的实际应用情况，5个发达省（市）的全国具体排名情况如下：江苏省（全国排名第1位）、浙江省（全国排名第2位）、广东省（全国排名第3位）、北京市（全国排名第5位）、上海市（全国排名第6位）。

（3）有效劳动力比例。2020年，5个省（市）有效劳动力比例在全国排名及变化情况如下：北京市全国排名第5位，较2019年无变化；江苏省全国排名第11位，广东省全国排名第14位，两个省份均较2019年排名上升1位；上海市全国排名第19位，较2019年排名下降1位；浙江省全国排名第22位，较2019年下降1名。

（4）地方财政教育事业费支出。地方财政教育事业费支出反映了当地对教育的重视程度，也是教育水平高低的一个体现。2020年，5个省（市）地方财政教育事业费支出全国排名中，上海市排名全国第2位，江苏省排名全国第4位，浙江省排名全国第12位，这三个省（市）2020年全国排名与2019年全国排名保持一致；北京市全国排名第11位，广东省全国排名第15位，分别较2019年全国排名下降和上升1位。

（5）人力资本。2020年，5个省（市）人力资本在全国排名和变化情况如下：上海市全国排名第2位，与上海市地方财政教育事业费支出全国排名一致，且与2019年全国排名保持一致，说明上海教育经费支出较高，人力资本水平较高也较稳定，也说明教育经费支出与人力资本水平呈极大的正相关性。其他4个省（市）排名情况：北京市全国排名第4位，与2019年相比排名无变化；广东省全国排名第11位，较2019年排名上升6个位次；江苏省全国排名第15位，较2019年全国排名下降3个位次；浙江省全国排

名第 20 位，较 2019 年全国排名下降 1 位。

（6）地方财政科学事业费支出。5 个发达省（市），尤其是上海市非常重视科教投入和科教水平提升。2020 年，地方财政科学事业费支出方面，5 个省（市）均排在全国前十位，且与 2019 年相比变化不大，排名稳定。具体情况如下：上海市和江苏省连续两年全国排名第 1 位和第 2 位；浙江省与北京市 2020 年全国排名分别为第 3 位与第 4 位，2019 年全国排名分别为第 4 位与第 3 位；广东省全国排名第 8 位，较 2019 年无变化。

（7）人均邮电业务量。2020 年，5 个省（市）人均邮电业务量在全国排名情况如下：广东省全国排名第 1 位，浙江省全国排名第 2 位，这两个省份全国排名与 2019 年一致；北京市全国排名第 5 位，上海市全国排名第 6 位，江苏省全国排名第 13 位，这三个省（市）均较 2019 年全国排名下降 2 位。

（8）万人耕地面积。2020 年，5 个发达省（市）万人耕地面积全国排名与 2019 年保持一致，且排名在全国均靠后，主要原因是 5 个发达省（市）第二产业和第三产业较第一产业更为发达且人口密度更高。具体排名情况如下：江苏省全国排名第 22 位、浙江省全国排名第 26 位、广东省全国排名第 28 位、北京市全国排名第 29 位、上海市全国排名第 30 位。

6. 公共服务效率

公共服务效率包括基础设施指数、交通基础设施指数、电信基础设施指数、市场化程度、城镇社区服务设施数量、城市设施水平等 6 个三级指标。

（1）基础设施指数。2020 年，5 个发达省（市）基础设施指数在全国排名情况如下：北京市、上海市排名较为靠后，主要原因是北京市、上海市是成熟型的国际大都市，基础设施拓展空间受到限制；浙江省全国排名第 4 位，较 2019 年下降 1 位；广东省全国排名第 7 位，较 2019 年上升 2 位；江苏省全国排名第 8 位，上海市全国排名第 22 位，两个省（市）与 2019 年排名一致；北京市全国排名第 27 位，较 2019 年下降 2 位。

（2）交通基础设施指数。2020 年，5 个省（市）交通基础设施指数全国排名与 2019 年保持一致，无变化，具体排名情况如下：北京市交通基础设施最完善，排名全国第1位；上海市排名全国第5位；江苏省、广东省和浙江省分别排名全国第17位、第18位、第23位。

（3）电信基础设施指数。2020年，5个省（市）电信基础设施指数全国排名较为稳定，整体略有下降，具体情况如下：北京市电信基础设施建设扎实，全国排名第2位，较2019年排名下降1位；广东省排名全国第12位，较2019年下降4位；上海市全国排名第13位、浙江省全国排名第14位、江苏省全国排名第24位，这三个省（市）2020年全国排名与2019年保持一致。

（4）市场化程度。2020年，5个省（市）市场化程度全国排名差异较大，其中浙江省和江苏省市场化程度最高，全国排名分别是第1位和第2位，且与2019年排名保持一致；广东省全国排名第5位，较2019年下降2位；上海市全国排名第13位，较2019年上升2位；北京市市场化程度在5个省区市中最低，在全国也处在后列，2019年和2020年全国排名均为第29位。

（5）城镇社区服务设施数量。2019年末，广东省城镇化率已经达到71.4%，广东省城镇化水平较高，也非常注重社区服务水平。2020年，5个省（市）城镇社区服务设施数量指标全国排名情况：广东全国排名第2位，与2019年保持一致；北京市全国排名第5位，较2019年下降2位；浙江省全国排名第8位，较2019年下降2位；江苏省全国排名第10位，较2019年下降3位；上海市由于空间限制，城镇社区服务设施数量排名全国第22位，较2019年下降1位。

（6）城市设施水平。2020年，5个省（市）城市设施水平全国排名及变化情况如下：浙江省全国排名第6位，江苏省全国排名第7位，两省2020年排名皆与2019年排名一致，城市设施均较先进；广东省全国排名第13位，较2019年上升1位；北京市全国排名第21位，与2019年相比无变化；上海市全国排名第28位，较2019年上升1位。

7. 社会保障

社会保障包括城镇基本养老保险覆盖率、城镇基本医疗保险覆盖率、城镇失业保险覆盖率、农村社会养老保险覆盖率等4个三级指标。总体看来，

5 个发达省（市）社会保障工作开展较好，尤其是北京市、上海市，各种保险覆盖率均较高。

（1）城镇基本养老保险覆盖率。2020 年，5 个省（市）城镇基本养老保险覆盖率全国排名不太均衡，具体情况如下：北京市全国排名第 1 位，与 2019 年一致；浙江省全国排名第 2 位，较 2019 年上升 2 位；上海市全国排名第 3 位，较 2019 年下降 1 位；江苏省与广东省排名均较靠后，下降幅度较大，江苏省全国排名第 18 位，较 2019 年下降 5 位；广东省全国排名第 20 位，较 2019 年下降 10 位。

（2）城镇基本医疗保险覆盖率。2020 年，5 个省（市）城镇基本医疗保险覆盖率全国排名及变化情况如下：北京市全国排名第 3 位，与 2019 年相比无变化；浙江省全国排名第 7 位，较 2019 年上升 3 位；上海市全国排名第 9 位，较 2019 年下降 1 位；江苏省全国排名第 12 位，较 2019 年上升 1 位；广东省全国排名第 14 位，较 2019 年下降 2 位。

（3）城镇失业保险覆盖率。2019 年和 2020 年，5 个省（市）城镇失业保险率指标均排名全国前列，且两年无变化，具体情况如下：北京市全国排名第 1 位，上海市全国排名第 2 位，广东省全国排名第 3 位，浙江省全国排名第 4 位，江苏省全国排名第 6 位。

（4）农村社会养老保险覆盖率。2020 年，5 个省（市）农村社会养老保险覆盖率指标全国排名和变化情况如下：江苏省排名全国第 1 位，浙江省排名全国第 2 位，广东省排名全国第 23 位，这三个省份均与 2019 年保持一致。北京市全国排名第 11 位，较 2019 年下降 2 个位次；上海市全国排名第 21 位，较 2019 年下降 3 个位次。

8. 人民生活

人民生活包括人均 GDP、人均可支配收入占 GDP 比重、城镇家庭人均可支配收入、农村居民家庭人均年纯收入、城乡人均纯收入指标、地方财政卫生事业费支出、居民恩格尔系数指标、人均储蓄存款额、医疗提供能力、消费水平等多个指标。

（1）人均 GDP。2020 年，5 个发达省（市）人均 GDP 在全国排位靠前，且与 2019 年比较，变化不大。其中，上海市、江苏省和浙江省分别为全国排名第 1 位、第 3 位和第 4 位，与 2019 年相比较无变化；北京市全国排名第 6 位，较 2019 年上升 1 位；广东省全国排名第 9 位，较 2019 年下降 1 位。

（2）人均可支配收入占 GDP 比重。2020 年，5 个发达省（市）人均可支配收入占 GDP 比重全国排名除浙江省外，其他 4 个省（市）均排在 20 位以后，且总体呈下降趋势。具体情况如下：浙江省全国排名第 13 位，较 2019 上升 2 位；上海市全国排名第 21 位，较 2019 年下降 4 位；广东全国排名第 22 位，与 2019 年一致；北京市全国排名第 26 位，较 2019 年下降 8 位；江苏省全国排名第 29 位，与 2019 年排名一致。

（3）城镇家庭人均可支配收入。2020 年，5 个省（市）城镇家庭人均可支配收入全国排名及变化情况如下：上海市全国排名第 1 位，与 2019 年一致；浙江省全国排名第 6 位，较 2019 年下降 4 位；江苏省全国排名第 8 位，较 2019 年下降 3 位；广东省全国排名第 12 位，较 2019 年下降 3 位；北京市全国排名第 13 位，较 2019 年下降 5 位。总体来说，5 个发达省（市）2020 年城镇家庭人均可支配收入全国排名大部分较 2019 年排名下降。

（4）农村居民家庭人均年纯收入。2020 年，5 个省（市）农村居民家庭人均年纯收入全国排名情况如下：上海市和浙江省 2019 年全国排名分别为第 1 位和第 2 位，2020 年均下降 1 个位次，分别为全国排名第 2 位和第 3 位；江苏省全国排名第 9 位，较 2019 年下降 5 位；广东省排名全国第 12 位，较 2019 年下降 2 位；北京市全国排名第 14 位，较 2019 年下降 3 位。

（5）城乡人均纯收入比指标。2020 年，5 个发达省（市）城乡人均纯收入比指标在全国排名不均衡，浙江省、上海市、江苏省排名比较靠前且稳定，与 2019 年排名无变化，分别是：浙江省全国排名第 2 位；上海市全国排名第 5 位；江苏省全国排名第 6 位。广东省和北京市排名均较靠后，广东省全国排名第 17 位，较 2019 年上升 1 个位次；北京市全国排名第 24 位，较 2019 年下降 2 个位次。

（6）地方财政卫生事业费支出。2020 年，5 个省（市）地方财政卫生事业费支出全国排名及变化情况如下：上海市全国排名第 2 位，与 2019 年相比无变化；北京市全国排名第 12 位，较 2019 年下降 4 个位次；浙江省全国排名第 14 位，较 2019 年下降 2 个位次；江苏省全国排名第 18 位，较 2019 年略有上浮，上升 1 个位次；广东省全国排名第 22 位，较 2019 年下降 2 个位次。

（7）居民恩格尔系数。居民恩格尔系数指标分为城镇居民恩格尔系数指标和农村居民恩格尔系数指标两个。5 个发达省（市）两个居民恩格尔系数指标全国排名总体来说比较靠后。城镇居民恩格尔系数指标和农村居民恩格尔系数指标具体排名情况如下：北京市全国排名分别为第 3 位和第 9 位；江苏省全国排名分别为第 14 位和第 22 位；上海市全国排名分别为第 21 位和第 29 位；广东省全国排名分别为第 22 位和第 28 位；浙江省两个指标排名均为第 26 位。

（8）人均储蓄存款额。2020 年，5 个发达省（市）人均储蓄存款额全国排名比较靠前，说明发达地区人民收入水平较高，有足够的储蓄实力，其全国排名和变化情况如下：北京市、上海市和浙江省全国排名分别为第 1 位、第 2 位和第 5 位，且与 2019 年相比均无变化；江苏省全国排名第 10 位，较 2019 年下降 4 位；广东省全国排名第 20 位，较 2019 年下降 7 位。

（9）医疗提供能力。医疗提供能力包括万人拥有医生数、万人床位数、万人卫生机构数三个具体指标。在发达地区，北京市医疗资源供给充足，医疗提供能力排在前列，但就全国范围看，5 个省（市）由于城市人口密度大，万人医疗资源拥有数相对来说在全国排名较为靠后。2020 年，5 个发达省（市）有关医疗提供能力的 3 个具体指标（万人拥有医生数、万人床位数、万人卫生机构数）全国排名情况如下：北京市全国排名分别是第 2 位、第 12 位、第 21 位；浙江省全国排名分别是第 3 位、第 23 位、第 28 位；江苏省全国排名分别是第 4 位、第 25 位、第 25 位；广东省全国排名分别是第 18 位、第 30 位、第 22 位；上海市全国排名分别是第 30 位、第 17 位、第 30 位。总体来说，相较 2019 年而言，除浙江省万人床位数和万人卫生机构数较 2019 年都下降 6 位，其他省（市）2020 年排名变化幅度不大。

（10）消费水平。消费水平包括城乡消费水平指标和当地消费水平指标。2020年，5个发达省（市）这两个指标的全国排名和变化情况如下：浙江省全国排名分别是第1位和第2位；江苏省全国排名分别是第3位和第7位；上海市全国排名分别是第6位和第1位；北京市全国排名分别是第21位和第6位；广东省全国排名分别是第26位和第3位。相较2019年而言，2020年排名变化不大。

9. 生态环境

生态环境包括自然保护区面积、万人城市园林绿地面积、人均水资源量三个指标。

（1）自然保护区面积。5个发达省（市）城镇化率、城市人口密度均高于全国平均水平，因此，其自然保护区面积在全国排名都比较靠后，且与2019年相比较，变化幅度均不大。2020年，5个省（市）自然保护区面积全国排名如下：广东省全国排名第12位，较2019下降1位；江苏省全国排名第25位，较2019年下降2位；浙江省、北京市、上海市分别在全国排名第27位、第28位、第29位，这三个省（市）2020年排名均与2019年排名一致。

（2）万人城市园林绿地面积。发达省（市）注重城市绿化，优化生态环境。2020年，5个省（市）万人城市园林绿地面积全国排名均位于全国前十位，具体情况如下：上海市全国排名第1位，与2019年相比无变化；浙江省全国排名第2位，较2019年上升3位；北京市全国排名第5位，较2019年下降1位；江苏省全国排名第6位，与2019年相比无变化；广东省全国排名第9位，较2019年下降2位。

（3）人均水资源量。2020年，5个省（市）人均水资源量全国排名基本与2019年保持一致，具体排名及变化情况如下：浙江省全国排名第4位，较2019年上升2位；广东省、江苏省、北京市、上海市全国排名分别为第10位、第22位、第26位、第30位，这四个省（市）2020年排名与2019年全国排名保持一致。

10. 环境治理

环境治理包括万元GDP能耗指标、万元GDP电力消耗指标、工业废水

排放量指标、工业"三废"综合利用产品产值、环境污染治理投资总额、治理工业污染项目投资占 GDP 比重等 6 个指标。

（1）万元 GDP 能耗指标。2020 年，5 个省（市）万元 GDP 能耗在全国排名靠前，均在前 10 位，其具体排名和变化情况如下：广东省全国排名第 1 位，与 2019 年相比无变化；上海市、北京市、浙江省全国排名分别为第 7 位、第 8 位、第 9 位，均较 2019 年下降 2 位；江苏省全国排名第 10 位，较 2019 年下降 1 位。

（2）万元 GDP 电力消耗指标。2020 年，5 个省（市）万元 GDP 电力消耗指标全国排名和变化情况如下：上海市全国排名第 3 位，较 2019 年无变化；北京市全国排名第 5 位，较 2019 年下降 1 位；广东省全国排名第 6 位，较 2019 年上升 1 位；江苏省全国排名第 12 位，较 2019 年上升 2 位；浙江省全国排名第 18 位，与 2019 年相比无变化。

（3）工业废水排放量指标。2020 年，5 个省（市）工业废水排放量指标全国排名及变化情况如下：北京市全国排名与 2019 年一样，位于全国第 1 位；上海市全国排名第 6 位，较 2019 年上升 1 位；广东省全国排名第 20 位，较 2019 年上升 2 位；江苏省和浙江省全国排名分别为第 28 位和第 29 位，与 2019 年相比无变化。

（4）工业"三废"综合利用产品产值。2020 年，5 个省（市）工业"三废"综合利用产品产值除浙江省外，其他省（市）在全国排名均靠后，且大部分省（市）与 2019 年相比无变化，具体排名和变化情况如下：浙江省排名全国第 3 位，上海市全国排名第 28 位，北京市全国排名第 30 位，这三个省（市）与 2019 年排名一样。江苏省全国排名第 21 位，较 2019 年下降 1 位；广东省全国排名第 25 位，较 2019 年上升 1 位。

（5）环境污染治理投资总额。2020 年，5 个发达省（市）中，江苏省在环境污染治理方面投入力度最大。5 个省（市）环境污染治理投资总额全国排名和变化情况如下：江苏省全国排名第 7 位，较 2019 年上升 2 位；北京市全国排名第 9 位，较 2019 年下降 1 位；上海市全国排名第 13 位，较 2019 年上升 1 位；浙江省全国排名第 18 位，较 2019 年下降 2 位；广东省全国排名第29位，较2019年上升1位。

（6）治理工业污染项目投资占GDP比重。2020年，治理工业污染项目投资占GDP比重这一项，5个省（市）全国排名和变化情况如下：浙江省全国排名第13位，较2019年下降1位；江苏省和北京市全国排名分别为第15位和第22位，均较2019年上升2位；上海市和广东省全国排名分别为第16位和第25位，均与2019年相比无变化。

11. 空气监测

空气监测包括空气质量指数和空气质量优良天数两个三级指标。

（1）空气质量指数。空气质量指数反映了当地空气质量情况。2020年，5个省（市）空气质量指数在全国排名大部分上升，只有广东省略微下降，具体排名和变化情况如下：浙江省全国排名第5位，较2019年上升3位；广东省全国排名第8位，较2019年下降1位；上海市全国排名第14位，较2019年上升1位；江苏省全国排名第19位，与2019年相比无变化；北京市全国排名第24位，较2019上升4位，空气质量有所改善。

（2）空气质量优良天数。2020年，5个省（市）空气质量优良天数全国排名与2019年保持一致，无变化，其中3个省（市）空气质量优良天数排在全国第20名之后，说明发达省（市）生态环境、空气质量总体有待改善。具体排名情况如下：广东省全国排名第6位；浙江省全国排名第7位；江苏省全国排名第20位；上海市全国排名第25位；北京市全国排名倒数第2位。

六　结论

通过对1990~2020年中国30个省（区、市）发展前景进行评价，本报告认为中国经济面临着经济结构服务化引致的结构性减速和2020年新冠肺炎疫情的影响，但中国30个省（区、市）的发展前景指数和经济发展质量仍然得到了一定的提高。

从1990年到2020年，全国、东部、中部和西部地区发展前景指数分

别改善了 136.48%、140.65%、106.34% 和 158.05%。1990~2020 年 30 个省（区、市）发展前景指数改善最多和改善最少的分别为湖南省和黑龙江省。经济增长指数改善最多和最少的分别为四川省和贵州省。增长潜力指数改善最多和最少的分别是宁夏回族自治区和甘肃省。政府效率指数和 2016~2019 年一样，改善最多和最少的分别为福建省和甘肃省。人民生活指数和 2016~2019 年一样，改善最多和最少的分别为贵州省和北京市。环境质量指数和 2018~2019 年一样，改善最多和改善最少的分别为北京市和河南省。

除了发展前景、人民生活方面，西部改善情况优于东部和中部地区，经济增长、增长潜力、政府效率和环境质量四个方面均是东部地区改善情况优于中部、西部地区。

和 2019 年的发展前景比较，2020 年有 12 个省（区、市）排名上升：河北（全国排名第 15 名）上升了 3 位；湖南（全国排名第 14 位）、宁夏（全国排名第 22 位）、吉林（全国排名第 10 位）、辽宁（全国排名第 9 位）、新疆（全国排名第 26 位）、安徽（全国排名第 17 位）、山西（全国排名第 19 位）7 个省（区、市）上升了 2 位；四川（全国排名第 13 位）、重庆（全国排名第 21 位）、青海（全国排名第 25 位）、云南（全国排名第 28 位）4 个省（区、市）排名上升了 1 位。2020 年有 8 个省（区、市）发展前景排名下降：湖北（全国排名第 23 位）下降了 10 位；内蒙古（全国排名第 11 位）、陕西（全国排名第 12 位）、广西（全国排名第 27 位）、甘肃（全国排名第 29 位）4 个省（区、市）排名下降了 2 位；黑龙江（全国排名第 18 位）、海南（全国排名第 16 位）、河南（全国排名第 24 位）3 个省（区、市）排名下降了 1 位。2020 年发展前景排名不变的省（区、市）有 10 个。

本文将 1990 年以来、2000 年以来、2010 年以来、2009~2020 年 30 个省（区、市）发展前景分为五级。上海市、北京市、江苏省、浙江省在 2009~2017 年、2010 年以来、2000 年以来和 1990 年以来均处于 I 级水平，2018 年、2019 年和 2020 年广东发展前景上升为 I 级水平，而北京市下降为

Ⅱ级水平。和2019年比较，2020年发展前景级别发生变化的有：吉林（Ⅱ级）、宁夏（Ⅳ级）、山西（Ⅲ级）上升了一级；陕西（Ⅲ级）、湖北（Ⅳ级）下降了一级。

一级指标中，人民生活权重占25.44%，政府效率权重占21.45%，经济增长权重占19.08%，增长潜力权重占18.36%，环境质量权重占15.67%。二级指标中，人民生活所占的权重最高，为25.44%，其次是增长可持续性，权重为14.08%，公共服务效率权重为12.44%，社会保障权重为9.02%，环境治理权重为8.69%。本文还绘制了1990年以来、2000年以来、2010年以来、2010～2020年主要省（区、市）发展前景雷达图，从中可以看出主要省（区、市）5个一级指标在30个省（区、市）中的地位和其自身一级指标发展的均衡情况。

2020年是"十三五"的收官之年。本报告对"八五"至"十三五"时期30个省（区、市）的发展前景及各一级指标的排名、指数进行了评估。

通过对比近七年具体指标的权重的变化，城镇失业保险覆盖率2020年权重最高，城市化率权重在2014～2020年连续七年处于前列，城镇基本养老保险覆盖率权重2015～2020年连续六年处于前列，人均GDP权重在2015～2017年连续三年处于前列（2018年权重居第16位），2019年和2020年处于第六位。居权重排名前几位的具体指标的变化反映了我国迈向高质量发展过程中，涉及的城镇失业保险覆盖率、城市化率、城镇基本养老保险覆盖率等公共服务、社会保障、人民生活等城市化相关指标的重要程度。

参考文献

United Nations Development Programme，*Human Development Report*，Oxford University Press，1999.

World Bank，"The World Bank Public Information Center Annual Report FY95"，World Bank，Washington，DC，1995.

中国科学院可持续发展战略研究组:《2009 中国可持续发展战略报告——探索中国特色的低碳道路》,科学出版社,2009。

叶文虎、仝川:《联合国可持续发展指标体系述评》,《中国人口·资源与环境》1997 年第 3 期。

孙波:《可持续发展评价指标体系述评》,《中国可持续发展》,2003 年第 6 期。

联合国环境规划署:《21 世纪议程》,中国环境科学出版社,1994。

边雅静、沈利生:《人力资本对我国东西部经济增长影响的实证分析》,《数量经济技术经济研究》2004 年第 12 期。

附录1　评价结果相关图表

表89　30 个省(区、市)1990～2020 年发展前景排名情况

省(区、市)	北京	天津	河北	山西	内蒙古	辽宁	吉林	黑龙江	上海	江苏
1990 年	2	4	15	16	13	6	8	5	1	3
1995 年	2	3	11	14	15	5	9	6	1	4
2000 年	2	3	11	12	15	5	8	9	1	4
2005 年	2	3	12	11	15	7	14	9	1	4
2010 年	3	6	13	10	15	8	14	11	1	4
2015 年	4	7	21	23	11	9	10	13	1	2
2016 年	4	7	18	22	11	9	10	12	1	2
2017 年	4	7	18	20	10	9	11	12	1	2
2018 年	5	7	20	17	9	10	12	14	1	3
2019 年	5	7	18	21	9	11	12	17	1	3
2020 年	5	7	15	19	11	9	10	18	1	3
平均	2	5	12	14	15	8	11	9	1	3
2000 年后	4	6	15	13	14	8	11	10	1	2
2010 年后	4	7	16	15	11	9	10	12	1	2
省(区、市)	浙江	安徽	福建	江西	山东	河南	湖北	湖南	广东	广西
1990 年	7	14	17	19	9	24	12	27	11	29
1995 年	7	18	13	24	8	17	12	25	10	29
2000 年	6	18	14	28	7	16	13	23	10	26
2005 年	5	23	10	25	8	17	13	18	6	27

续表

省（区、市）	浙江	安徽	福建	江西	山东	河南	湖北	湖南	广东	广西
2010 年	2	21	9	24	7	22	12	19	5	26
2015 年	3	14	8	22	6	20	12	16	5	28
2016 年	3	14	8	20	6	23	13	17	5	28
2017 年	3	15	8	21	6	24	14	19	5	28
2018 年	2	16	8	18	6	23	13	21	4	28
2019 年	2	19	8	20	6	23	13	16	4	25
2020 年	2	17	8	20	6	24	23	14	4	27
平均	4	16	10	24	7	20	13	23	6	28
2000 年后	3	19	9	24	7	21	12	20	5	28
2010 年后	3	19	8	22	6	21	13	20	5	28

省（区、市）	海南	重庆	四川	贵州	云南	陕西	甘肃	青海	宁夏	新疆
1990 年	18	21	26	30	25	22	20	28	23	10
1995 年	20	27	21	28	26	22	19	30	23	16
2000 年	17	27	22	30	24	21	25	29	20	19
2005 年	22	28	16	30	29	19	24	26	21	20
2010 年	18	23	17	30	29	16	25	28	20	27
2015 年	18	19	17	30	29	15	27	26	24	25
2016 年	16	21	19	30	29	15	27	24	25	26
2017 年	17	22	16	30	29	13	27	25	23	26
2018 年	19	22	15	30	29	11	27	25	24	26
2019 年	15	22	14	30	29	10	27	26	24	28
2020 年	16	21	13	30	28	12	29	25	22	26
平均	17	26	18	30	29	19	25	27	22	21
2000 年后	18	25	17	30	29	16	26	27	22	23
2010 年后	17	23	18	30	29	14	27	26	24	25

表 90　30 个省（区、市）1990～2020 年发展前景指数（上一年＝100）

省（区、市）	北京	天津	河北	山西	内蒙古	辽宁	吉林	黑龙江	上海	江苏
1990 年	100	100	100	100	100	100	100	100	100	100
1995 年	98.0	102.4	97.9	103.7	101.8	104.8	107.1	105.3	97.5	97.4
2000 年	95.9	101.9	96.6	99.4	97.7	104.1	110.9	97.7	106.7	98.0
2005 年	102.3	106.0	108.3	107.0	108.4	104.3	96.9	101.9	95.5	104.6
2010 年	108.4	108.2	111.9	115.0	107.5	106.0	105.6	107.0	109.6	108.6
2015 年	102.2	100.6	102.2	97.1	105.3	95.7	101.7	104.0	103.4	102.1
2016 年	103.9	108.2	108.4	106.4	106.7	97.7	105.7	106.9	105.2	105.4
2017 年	103.6	105.1	104.7	106.7	104.0	103.3	106.3	106.6	105.0	103.1

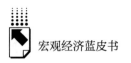

续表

省（区、市）	北京	天津	河北	山西	内蒙古	辽宁	吉林	黑龙江	上海	江苏
2018 年	103.5	100.9	103.3	106.2	103.9	102.5	100.7	104.7	105.4	105.4
2019 年	101.7	104.6	108.4	103.9	103.9	104.6	105.9	102.9	101.5	105.4
2020 年	96.8	99.4	99.9	97.7	96.5	98.5	100.3	95.8	98.8	99.8
平均	101.8	102.1	102.7	102.7	102.7	101.9	102.2	101.2	102.3	103.2
2000 年后	102.5	102.6	102.6	102.6	103.8	101.8	102.8	101.9	103.9	104.6
2010 年后	102.5	102.6	102.4	101.7	102.6	101.0	102.9	101.8	103.6	104.8
省（区、市）	浙江	安徽	福建	江西	山东	河南	湖北	湖南	广东	广西
1990 年	100	100	100	100	100	100	100	100	100	100
1995 年	98.5	99.6	98.9	98.9	96.6	103.5	99.1	104.4	102.5	93.4
2000 年	98.6	94.5	100.2	94.8	95.6	99.1	99.8	108.2	101.8	95.1
2005 年	106.3	91.9	107.3	113.8	102.8	110.7	112.8	109.5	106.2	113.3
2010 年	113.3	112.9	112.0	103.0	108.3	106.0	110.8	115.1	112.3	106.1
2015 年	104.7	98.4	101.1	100.6	103.7	98.0	100.7	106.0	103.0	99.8
2016 年	103.7	105.9	104.3	106.1	102.7	100.9	102.7	105.1	102.0	102.5
2017 年	105.2	107.7	107.0	104.1	107.2	103.2	102.3	107.3	106.9	105.2
2018 年	107.7	107.6	107.4	107.4	106.4	107.3	105.9	110.4	106.4	111.5
2019 年	104.8	104.9	103.4	105.1	104.7	108.7	107.1	111.0	105.4	112.5
2020 年	99.4	97.1	98.8	96.7	100.9	94.4	87.4	98.9	99.3	95.0
平均	104.2	102.9	103.9	103.2	103.8	103.5	102.1	104.4	104.3	104.2
2000 年后	105.0	104.0	104.6	105.2	104.2	103.2	102.6	105.6	105.3	104.1
2010 年后	104.5	104.7	104.2	103.3	104.8	102.7	101.3	104.7	104.4	102.8
省（区、市）	海南	重庆	四川	贵州	云南	陕西	甘肃	青海	宁夏	新疆
1990 年	100	100	100	100	100	100	100	100	100	100
1995 年	95.2	97.5	105.9	98.8	99.8	102.8	102.8	91.8	98.3	97.1
2000 年	110.3	99.1	96.8	98.7	98.8	98.6	96.9	98.7	100.5	102.7
2005 年	104.3	115.3	110.0	114.1	111.1	105.6	111.6	110.1	94.4	100.8
2010 年	115.5	110.1	109.1	106.5	106.9	111.0	106.7	108.7	110.3	111.0
2015 年	97.8	103.6	102.2	102.4	104.8	100.9	102.5	98.2	100.6	98.7
2016 年	106.3	103.2	103.3	101.9	99.2	107.0	104.0	108.9	103.9	105.2
2017 年	102.6	103.0	105.7	107.5	110.6	106.5	103.5	102.5	106.8	104.7
2018 年	103.1	104.4	108.3	110.0	110.7	108.1	107.5	106.6	103.8	107.2
2019 年	110.5	108.3	105.1	104.3	113.3	106.0	107.5	102.1	105.4	99.9
2020 年	97.2	96.4	100.9	96.0	105.8	96.3	95.2	100.3	101.8	101.0
平均	103.3	103.4	104.0	103.2	103.4	103.7	102.7	104.2	103.6	101.6
2000 年后	104.2	105.0	104.4	104.0	103.8	104.5	103.6	105.2	104.0	103.3
2010 年后	103.4	103.8	102.9	103.1	104.4	103.0	102.5	103.4	103.0	103.3

表91　30个省（区、市）1990～2020年发展前景指数（以1990年为基期）

年份	北京	天津	河北	山西	内蒙古	辽宁	吉林	黑龙江	上海	江苏
1990	100	100	100	100	100	100	100	100	100	100
1995	98.4	111.5	120.1	118.9	109.0	124.6	109.6	98.8	93.4	96.0
2000	97.9	112.1	125.8	132.0	101.6	126.9	119.8	95.9	96.4	100.4
2005	104.2	130.0	145.5	159.7	128.6	137.1	109.9	98.1	104.5	114.8
2010	142.2	152.2	188.9	213.6	181.0	165.9	145.7	125.4	147.3	167.7
2015	156.1	156.0	169.8	179.3	192.2	163.1	156.2	120.2	169.2	213.5
2016	162.2	168.7	184.2	190.8	205.1	159.4	165.1	128.6	178.1	225.0
2017	168.0	177.3	192.7	203.5	213.3	164.7	175.5	137.1	187.0	232.0
2018	173.8	178.8	199.1	216.1	221.7	168.7	176.6	143.6	197.2	244.7
2019	176.9	187.0	215.9	224.5	230.3	176.5	187.1	147.7	200.0	257.9
2020	171.2	185.9	215.7	219.4	222.3	173.9	187.7	141.5	197.5	257.5
年份	浙江	安徽	福建	江西	山东	河南	湖北	湖南	广东	广西
1990	100	100	100	100	100	100	100	100	100	100
1995	116.5	99.1	122.4	109.3	119.0	142.7	103.1	130.6	116.6	111.8
2000	124.8	99.4	125.8	85.9	126.4	145.7	109.6	129.5	124.8	140.5
2005	161.3	103.2	168.5	119.2	136.0	170.0	131.6	161.5	161.6	159.8
2010	244.7	158.9	225.4	182.5	200.2	223.2	178.2	255.2	249.5	262.7
2015	283.8	184.5	258.0	207.5	249.4	244.2	174.1	265.3	292.4	257.5
2016	294.3	195.3	269.0	220.2	256.6	246.6	178.9	278.9	298.5	263.9
2017	309.7	210.4	287.9	229.2	274.7	254.4	183.0	299.2	318.7	277.5
2018	333.7	226.4	309.2	246.3	292.3	273.0	193.8	330.3	339.2	309.4
2019	349.9	237.6	319.6	258.8	306.1	296.7	207.6	366.5	357.5	348.0
2020	347.8	230.8	315.7	250.3	308.9	280.2	181.4	362.4	355.0	330.6
年份	海南	重庆	四川	贵州	云南	陕西	甘肃	青海	宁夏	新疆
1990	100	100	100	100	100	100	100	100	100	100
1995	115.9	88.6	139.0	119.2	109.7	123.8	120.9	109.3	128.9	92.1
2000	124.5	97.7	131.1	111.8	124.2	119.7	104.2	118.2	130.3	82.8
2005	127.2	112.8	187.6	143.9	117.7	145.1	120.5	170.6	151.3	92.3
2010	212.8	197.1	262.4	197.3	178.0	243.9	180.5	259.2	229.0	122.8
2015	215.1	228.5	260.4	211.5	177.8	238.5	185.6	278.6	228.3	131.9
2016	228.6	235.9	268.9	215.4	176.4	255.1	193.0	303.5	237.2	138.7
2017	234.6	244.4	284.2	231.6	195.1	271.6	199.8	311.0	253.3	145.3
2018	241.8	255.3	307.8	254.8	216.0	293.6	214.8	331.5	262.9	155.8
2019	267.3	276.5	323.7	265.7	244.6	311.4	231.0	338.4	277.2	155.6
2020	259.9	266.6	326.5	255.0	258.9	299.8	220.0	339.4	282.3	157.3

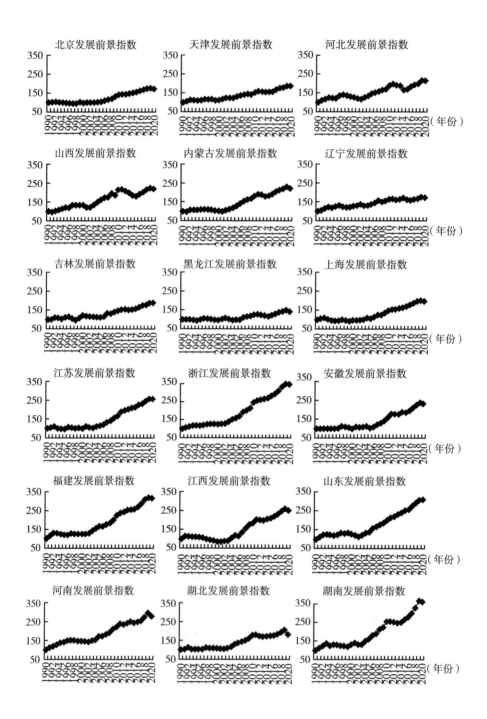

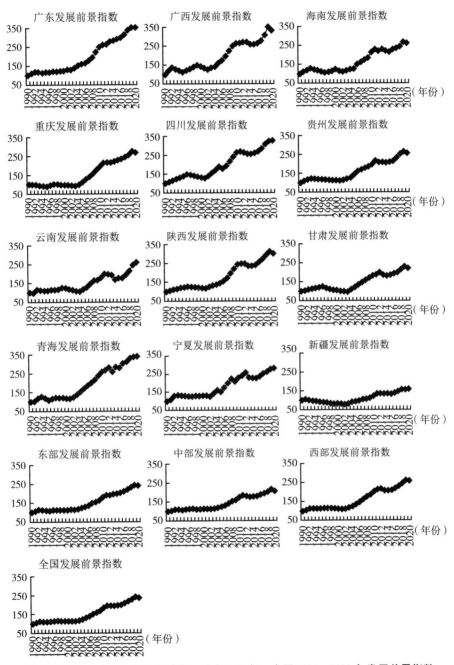

图69　30个省（区、市）及东部、中部、西部、全国 1990～2020 年发展前景指数
（以 1990 年为基期）

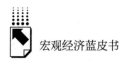

表92　30个省（区、市）1990～2020年经济增长排名情况

省(区、市)	北京	天津	河北	山西	内蒙古	辽宁	吉林	黑龙江	上海	江苏
1990 年	2	21	4	8	28	16	27	5	3	7
1995 年	5	3	13	14	21	16	9	12	4	1
2000 年	9	6	12	21	19	5	16	10	3	1
2005 年	13	3	10	11	15	8	12	9	4	2
2010 年	11	4	21	18	12	8	13	19	2	3
2015 年	6	5	23	28	8	20	15	19	2	3
2016 年	7	3	17	23	10	27	13	20	2	5
2017 年	6	4	17	22	10	25	14	16	1	5
2018 年	7	5	17	22	9	24	15	14	1	4
2019 年	6	7	20	21	8	24	16	17	1	4
2020 年	7	5	16	24	9	22	15	18	1	4
综合	6	5	16	18	13	10	15	12	2	3
2000 年后	8	5	16	19	10	12	13	15	2	3
2010 年后	7	5	21	24	10	19	13	20	2	4
省(区、市)	浙江	安徽	福建	江西	山东	河南	湖北	湖南	广东	广西
1990 年	1	25	9	15	18	12	6	17	11	30
1995 年	6	11	10	23	7	8	17	22	2	29
2000 年	4	17	11	13	7	15	18	23	2	28
2005 年	6	26	7	21	5	16	17	23	1	30
2010 年	5	22	7	17	6	16	10	20	1	27
2015 年	4	10	7	18	9	13	12	21	1	24
2016 年	4	12	6	22	9	14	11	19	1	24
2017 年	3	12	7	23	9	18	11	20	2	24
2018 年	3	13	6	23	10	18	12	21	2	26
2019 年	3	13	5	25	11	19	14	22	2	26
2020 年	3	17	6	25	12	20	14	21	2	26
综合	4	17	7	22	8	14	11	23	1	30
2000 年后	4	17	6	23	7	14	11	24	1	29
2010 年后	3	12	6	23	8	14	11	22	1	25
省(区、市)	海南	重庆	四川	贵州	云南	陕西	甘肃	青海	宁夏	新疆
1990 年	24	20	29	14	23	10	19	22	26	13
1995 年	30	19	26	24	20	18	15	28	27	25
2000 年	26	25	30	24	20	8	14	29	27	22
2005 年	20	29	25	27	28	14	18	24	22	19

续表

省（区、市）	海南	重庆	四川	贵州	云南	陕西	甘肃	青海	宁夏	新疆
2010 年	25	14	15	30	28	9	23	29	26	24
2015 年	26	14	16	30	27	11	17	29	22	25
2016 年	28	16	15	30	29	8	18	26	25	21
2017 年	28	19	13	30	29	8	21	27	26	15
2018 年	30	20	11	28	25	8	19	29	27	16
2019 年	30	18	12	27	23	9	10	29	28	15
2020 年	30	19	13	28	23	8	10	29	27	11
综合	27	21	24	28	25	9	19	29	26	20
2000 年后	25	21	22	30	28	9	18	27	26	20
2010 年后	28	16	15	30	27	9	18	29	26	17

表 93 30 个省（区、市）1990～2020 年经济增长指数（上一年 = 100）

省（区、市）	北京	天津	河北	山西	内蒙古	辽宁	吉林	黑龙江	上海	江苏
1990 年	100	100	100	100	100	100	100	100	100	100
1995 年	98.2	107.5	100.0	104.4	95.7	93.4	111.0	101.7	97.7	101.0
2000 年	97.5	102.4	110.1	97.6	97.1	100.0	99.8	102.6	99.3	105.3
2005 年	101.4	100.7	106.5	98.1	105.2	105.5	106.3	107.9	97.7	102.2
2010 年	101.3	102.2	97.0	98.9	98.4	100.4	107.3	98.2	108.3	100.4
2015 年	107.5	101.4	103.7	94.7	115.6	87.3	103.5	119.3	102.5	100.9
2016 年	103.4	112.0	123.3	114.6	99.8	88.8	106.4	105.8	102.9	103.6
2017 年	102.7	95.9	99.3	105.2	101.5	103.7	99.9	106.6	102.6	97.4
2018 年	98.8	97.6	107.4	107.6	104.8	103.2	90.8	101.7	103.6	102.2
2019 年	97.3	89.2	96.8	100.5	103.4	103.7	100.5	99.6	102.2	101.8
2020 年	98.0	107.3	106.7	96.0	98.0	104.7	100.3	99.1	100.9	100.1
平均	100.4	102.4	101.0	100.7	102.9	100.9	102.1	100.7	102.0	101.7
2000 年后	100.9	101.4	101.8	101.1	102.0	99.7	100.7	100.8	102.7	101.0
2010 年后	101.5	100.6	102.0	100.6	101.8	99.0	100.6	101.1	103.7	100.8
省（区、市）	浙江	安徽	福建	江西	山东	河南	湖北	湖南	广东	广西
1990 年	100	100	100	100	100	100	100	100	100	100
1995 年	93.0	103.3	95.4	99.9	99.5	100.9	96.2	107.0	98.9	98.3
2000 年	95.3	99.6	101.7	103.4	103.5	99.0	104.9	95.8	99.3	119.7
2005 年	97.0	95.0	101.5	98.7	105.0	110.2	105.7	113.6	100.2	103.0

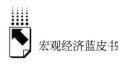

续表

省（区、市）	浙江	安徽	福建	江西	山东	河南	湖北	湖南	广东	广西
2010 年	104.0	101.8	105.8	97.5	100.6	107.2	99.7	102.5	106.0	107.8
2015 年	101.5	102.0	103.2	98.5	100.2	93.0	103.3	101.9	104.7	111.0
2016 年	105.1	101.4	104.4	102.4	104.6	104.8	108.4	107.6	100.2	108.0
2017 年	101.1	103.4	101.4	96.0	100.5	94.9	97.7	100.8	101.4	98.8
2018 年	102.0	100.4	103.1	97.1	99.6	100.3	100.0	96.3	100.9	94.0
2019 年	103.7	100.1	100.5	99.4	98.7	99.4	99.8	100.1	105.0	106.0
2020 年	97.1	96.1	98.7	101.3	96.4	99.4	102.1	99.3	100.2	97.5
平均	101.0	101.8	101.5	100.6	101.5	100.9	100.9	101.0	102.9	102.5
2000 年后	101.4	101.1	101.8	100.3	100.7	100.7	101.5	100.9	102.2	102.1
2010 年后	101.8	101.8	101.9	99.3	99.8	101.0	100.6	100.5	102.3	101.0

省（区、市）	海南	重庆	四川	贵州	云南	陕西	甘肃	青海	宁夏	新疆
1990 年	100	100	100	100	100	100	100	100	100	100
1995 年	97.1	98.7	104.3	99.7	100.9	102.9	104.6	108.1	104.4	92.2
2000 年	100.1	98.4	93.3	95.5	102.0	107.4	99.7	102.9	98.1	96.6
2005 年	102.8	96.6	109.7	106.2	97.1	101.8	103.7	108.6	108.1	102.1
2010 年	97.5	99.3	117.9	98.2	109.8	106.3	100.0	91.8	100.3	97.6
2015 年	97.0	105.5	109.4	107.4	119.8	103.1	115.4	89.9	119.4	89.6
2016 年	100.5	103.1	106.7	104.7	100.9	115.5	105.7	110.4	99.8	119.3
2017 年	95.8	96.5	101.5	100.3	97.2	102.5	96.7	99.2	98.2	108.5
2018 年	86.9	98.1	109.9	104.3	107.5	96.8	103.4	99.0	100.1	94.6
2019 年	111.4	106.4	100.9	103.8	109.9	100.5	118.6	97.7	96.7	101.9
2020 年	99.1	99.0	100.5	98.7	101.9	99.9	98.0	99.6	107.2	108.9
平均	100.6	101.5	103.0	100.3	101.3	101.5	101.7	100.7	101.5	101.3
2000 年后	100.3	101.7	102.8	100.3	101.0	101.4	101.5	100.9	101.0	101.7
2010 年后	98.9	100.5	103.6	100.8	102.4	101.7	102.8	99.8	100.4	102.3

表94　30 个省（区、市）1990～2020 年经济增长指数（以 1990 年为基期）

年份	北京	天津	河北	山西	内蒙古	辽宁	吉林	黑龙江	上海	江苏
1990	100	100	100	100	100	100	100	100	100	100
1995	102.3	166.0	103.3	105.6	147.3	117.1	175.3	104.9	109.4	134.9
2000	91.0	153.7	103.4	94.6	149.5	140.1	159.7	108.8	104.5	141.6
2005	91.0	174.5	116.1	116.4	177.4	142.2	180.9	119.0	112.7	147.2
2010	97.4	191.5	103.9	110.1	186.5	146.1	181.5	107.8	133.1	151.6
2015	112.7	195.2	94.1	91.7	210.9	123.2	182.0	105.2	160.0	157.1

续表

年份	北京	天津	河北	山西	内蒙古	辽宁	吉林	黑龙江	上海	江苏
2016	116.6	218.6	116.0	105.1	210.4	109.3	193.6	111.2	164.6	162.8
2017	119.7	209.7	115.2	110.5	213.5	113.4	193.5	118.6	168.9	158.5
2018	118.2	204.6	123.7	119.0	223.7	117.0	175.7	120.6	174.9	162.1
2019	115.0	182.6	119.8	119.5	231.3	121.4	176.6	120.2	179.9	165.0
2020	112.7	195.9	127.9	114.7	226.7	127.1	177.2	119.1	181.5	165.2

年份	浙江	安徽	福建	江西	山东	河南	湖北	湖南	广东	广西
1990	100	100	100	100	100	100	100	100	100	100
1995	96.9	144.2	111.3	105.0	135.0	122.0	100.2	110.8	140.9	155.8
2000	97.2	133.8	107.2	115.2	139.8	111.1	100.6	106.5	145.7	161.4
2005	101.1	122.0	123.4	111.2	153.0	122.3	110.4	114.9	171.8	151.5
2010	115.3	139.4	132.9	124.1	160.6	122.1	121.1	126.6	190.6	195.1
2015	122.9	163.2	141.5	121.5	156.3	127.6	118.6	124.8	212.2	191.4
2016	129.2	165.5	147.8	124.4	163.5	133.7	128.6	134.2	212.8	206.7
2017	130.7	171.1	149.8	119.4	164.3	126.9	125.6	135.3	215.7	204.1
2018	133.3	171.9	154.5	115.9	163.6	127.3	125.5	130.3	217.8	191.8
2019	138.3	172.0	155.9	115.3	161.5	126.6	125.2	130.5	228.6	203.2
2020	134.3	165.3	153.3	116.8	155.7	125.8	127.9	129.6	229.1	198.1

年份	海南	重庆	四川	贵州	云南	陕西	甘肃	青海	宁夏	新疆
1990	100	100	100	100	100	100	100	100	100	100
1995	96.8	125.0	146.4	99.0	128.1	108.3	122.1	106.2	128.3	94.3
2000	111.5	108.0	129.0	96.4	123.0	124.0	122.8	102.8	126.4	99.8
2005	132.1	105.3	161.0	97.4	109.2	122.5	132.0	121.5	147.5	113.4
2010	129.6	143.1	194.0	94.2	123.8	135.3	121.6	112.5	148.1	111.1
2015	122.6	146.5	196.9	92.7	118.3	131.4	130.4	110.6	147.0	102.6
2016	123.2	151.0	210.1	97.1	119.4	151.8	137.8	122.1	146.6	122.5
2017	117.9	145.7	213.2	97.4	116.1	155.6	133.3	121.1	144.0	132.8
2018	102.5	142.9	234.3	101.6	124.8	150.7	137.8	119.9	144.2	125.7
2019	114.2	152.1	236.3	105.5	137.1	151.5	163.4	117.1	139.4	128.1
2020	113.2	150.5	237.4	104.1	139.7	151.3	160.1	116.7	149.5	139.4

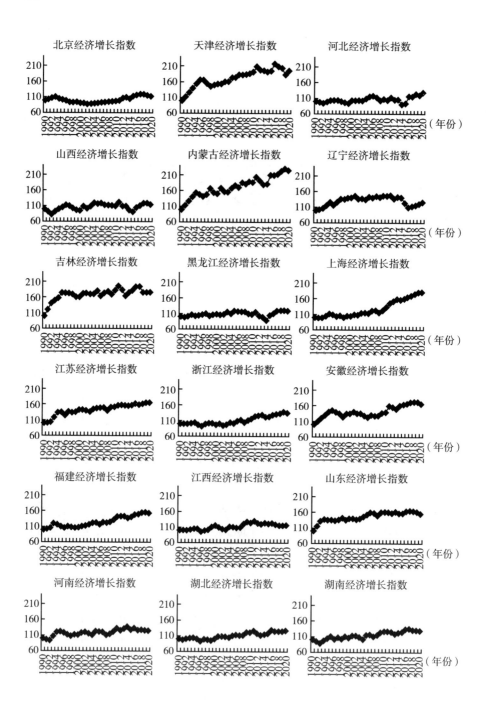

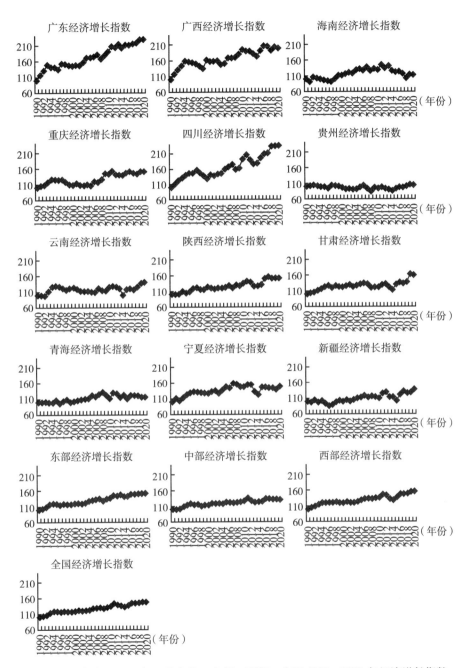

图70　30个省（区、市）及东部、中部、西部、全国 1990 ~ 2020 年经济增长指数（以 1990 年为基期）

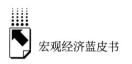

表95　30个省（区、市）1990～2020年增长潜力排名情况

省（区、市）	北京	天津	河北	山西	内蒙古	辽宁	吉林	黑龙江	上海	江苏
1990年	2	13	24	29	21	12	9	4	1	3
1995年	1	6	22	28	16	3	7	5	2	4
2000年	2	4	27	23	13	6	3	5	1	7
2005年	1	4	22	25	12	7	16	6	2	5
2010年	2	8	27	26	10	13	14	7	1	6
2015年	5	9	27	29	6	12	13	11	1	2
2016年	5	10	22	29	6	14	11	15	1	2
2017年	5	14	21	28	6	13	10	16	1	2
2018年	5	14	22	28	7	15	12	16	1	3
2019年	5	16	22	25	12	9	8	17	1	3
2020年	5	15	22	23	10	8	7	17	1	3
综合	2	6	26	27	13	9	10	8	1	3
2000年后	2	6	26	27	11	9	14	10	1	3
2010年后	5	8	25	28	9	12	13	15	1	2

省（区、市）	浙江	安徽	福建	江西	山东	河南	湖北	湖南	广东	广西
1990年	10	28	15	26	16	27	19	22	7	18
1995年	10	12	18	26	8	27	15	19	11	20
2000年	10	20	18	25	9	28	16	21	14	19
2005年	9	23	10	26	15	27	14	20	3	19
2010年	4	17	16	25	11	29	18	24	5	19
2015年	3	17	15	18	7	28	19	22	4	25
2016年	3	18	8	19	13	28	20	17	4	26
2017年	3	18	7	19	11	26	20	17	4	27
2018年	2	18	6	19	9	25	20	17	4	26
2019年	2	19	13	20	14	26	18	10	4	24
2020年	2	19	14	20	13	26	18	11	4	25
综合	4	19	16	25	11	29	17	18	5	20
2000年后	4	18	15	22	13	29	17	19	5	20
2010年后	3	18	14	20	11	29	19	17	4	24

省（区、市）	海南	重庆	四川	贵州	云南	陕西	甘肃	青海	宁夏	新疆
1990年	8	17	11	25	20	23	14	6	30	5
1995年	24	21	13	30	23	25	17	14	29	9
2000年	12	26	11	30	22	24	17	15	29	8
2005年	17	29	11	30	21	24	18	13	28	8

续表

省（区、市）	海南	重庆	四川	贵州	云南	陕西	甘肃	青海	宁夏	新疆
2010 年	3	21	15	30	22	20	23	12	28	9
2015 年	8	21	16	30	23	20	26	14	24	10
2016 年	7	23	16	30	24	21	27	12	25	9
2017 年	8	25	15	30	24	23	29	12	22	9
2018 年	8	24	13	30	23	21	29	11	27	10
2019 年	11	27	15	30	28	21	29	7	23	6
2020 年	12	27	16	30	28	21	29	6	24	9
综合	12	23	15	30	22	24	21	14	28	7
2000 年后	8	25	16	30	23	21	24	12	28	7
2010 年后	6	22	16	30	23	21	27	10	26	7

表96　30个省（区、市）1990～2020年增长潜力指数（上一年＝100）

省（区、市）	北京	天津	河北	山西	内蒙古	辽宁	吉林	黑龙江	上海	江苏
1990 年	100	100	100	100	100	100	100	100	100	100
1995 年	97.9	101.9	109.6	104.0	102.3	104.7	106.2	100.4	96.4	95.1
2000 年	106.6	111.0	109.7	111.0	106.8	106.3	114.9	111.3	104.7	106.9
2005 年	100.3	103.5	102.2	99.1	97.7	98.7	97.2	97.6	97.1	102.9
2010 年	102.3	100.8	99.2	99.7	110.9	99.5	100.3	109.4	106.8	103.8
2015 年	97.4	94.1	104.2	98.2	104.7	99.6	102.3	102.1	100.7	103.6
2016 年	101.7	103.9	114.4	102.6	106.0	100.9	105.1	99.5	105.5	106.3
2017 年	101.2	96.0	104.5	108.9	103.4	102.4	106.3	97.9	102.6	104.0
2018 年	107.1	100.9	99.6	110.9	102.1	98.3	102.1	104.5	103.6	107.4
2019 年	105.9	105.5	112.5	106.2	101.6	120.9	118.8	99.5	104.5	104.6
2020 年	103.3	107.4	100.7	106.9	106.6	106.5	106.9	104.7	105.2	101.8
平均	102.6	102.6	103.2	103.8	103.6	103.0	103.2	101.7	103.3	103.2
2000 年后	103.3	102.6	103.4	103.3	103.3	103.2	103.6	102.3	104.8	104.6
2010 年后	102.0	100.7	102.4	102.6	102.4	103.0	104.0	100.5	103.7	104.4
省（区、市）	浙江	安徽	福建	江西	山东	河南	湖北	湖南	广东	广西
1990 年	100	100	100	100	100	100	100	100	100	100
1995 年	99.3	107.2	96.8	102.0	96.5	104.2	100.3	98.4	99.3	98.7
2000 年	106.7	100.3	103.8	103.8	106.1	103.5	113.5	103.9	112.3	107.4
2005 年	103.8	92.9	106.5	100.8	102.1	96.3	99.2	100.9	107.6	99.9
2010 年	103.2	110.8	102.4	101.4	113.3	100.6	98.2	99.2	102.8	97.9
2015 年	107.0	103.1	103.3	102.8	101.1	105.7	103.0	106.0	104.8	96.2

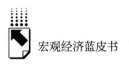
续表

省（区、市）	浙江	安徽	福建	江西	山东	河南	湖北	湖南	广东	广西
2016 年	105.8	105.7	110.2	110.9	99.7	104.6	104.7	110.4	104.4	102.2
2017 年	104.5	107.6	104.3	104.7	104.9	106.0	102.2	106.8	106.9	102.6
2018 年	109.0	108.8	107.7	106.6	106.3	108.6	107.0	110.5	107.8	108.8
2019 年	107.0	98.7	96.6	102.0	99.4	100.7	114.1	121.5	103.4	105.3
2020 年	102.2	101.9	99.2	103.2	105.9	102.2	104.3	101.3	102.5	101.2
平均	103.9	103.9	102.8	103.7	103.0	103.1	102.9	103.8	103.7	102.1
2000 年后	104.9	102.7	103.3	103.4	102.9	102.8	103.5	104.0	105.1	102.4
2010 年后	104.1	102.8	102.3	103.3	102.3	102.6	102.4	105.0	103.8	101.0

省（区、市）	海南	重庆	四川	贵州	云南	陕西	甘肃	青海	宁夏	新疆
1990 年	100	100	100	100	100	100	100	100	100	100
1995 年	92.8	97.7	98.3	100.7	96.8	100.2	100.6	97.0	101.9	99.3
2000 年	113.6	116.5	105.8	101.7	103.4	105.8	111.2	108.9	102.5	109.4
2005 年	107.9	94.5	103.3	103.7	96.2	105.6	101.4	102.1	94.1	98.6
2010 年	115.1	102.0	100.3	98.1	101.0	102.2	98.5	98.4	98.8	113.1
2015 年	98.3	99.4	103.8	102.8	103.0	99.9	98.1	101.1	102.9	102.3
2016 年	106.5	100.7	103.6	102.7	101.0	102.8	102.2	104.5	105.6	106.5
2017 年	100.4	100.1	103.2	103.2	102.2	98.6	97.4	102.3	106.7	99.3
2018 年	104.3	105.1	105.9	107.3	105.1	109.0	103.4	106.5	98.9	103.4
2019 年	105.8	96.1	105.2	99.5	94.4	108.4	102.6	115.3	113.6	119.9
2020 年	101.6	103.5	102.3	98.2	99.6	102.9	105.4	106.7	98.1	96.8
平均	102.7	101.9	102.5	102.2	101.9	103.0	101.6	103.0	104.0	102.5
2000 年后	103.6	103.0	102.7	102.6	101.9	103.2	101.9	104.1	103.2	103.4
2010 年后	101.4	100.8	101.8	101.2	100.4	102.4	100.3	103.3	102.1	103.0

表97　30 个省（区、市）1990～2020 年增长潜力指数（以 1990 年为基期）

年份	北京	天津	河北	山西	内蒙古	辽宁	吉林	黑龙江	上海	江苏
1990	100	100	100	100	100	100	100	100	100	100
1995	103.9	121.0	137.2	133.0	127.7	126.3	115.3	100.4	87.7	99.1
2000	115.5	140.1	140.0	169.5	152.9	132.9	141.0	112.8	102.5	107.8
2005	138.0	169.4	187.1	205.7	188.3	160.2	143.4	135.1	118.4	134.2
2010	176.0	199.4	194.8	226.7	240.8	173.3	166.1	168.6	184.7	165.9

续表

年份	北京	天津	河北	山西	内蒙古	辽宁	吉林	黑龙江	上海	江苏
2015	176.7	185.9	186.9	210.9	230.4	181.9	173.8	152.2	208.6	203.4
2016	179.6	193.2	213.8	216.3	244.2	183.5	182.6	151.3	219.9	216.3
2017	181.8	185.5	223.5	235.5	252.5	187.9	194.0	148.2	225.6	224.9
2018	194.7	187.2	222.5	261.2	257.8	184.7	198.1	154.8	233.7	241.4
2019	206.2	197.5	250.3	277.5	261.9	223.4	235.4	153.9	244.2	252.6
2020	213.0	212.1	252.1	296.7	279.2	237.8	251.6	161.1	257.0	257.1

年份	浙江	安徽	福建	江西	山东	河南	湖北	湖南	广东	广西
1990	100	100	100	100	100	100	100	100	100	100
1995	110.7	166.4	105.0	125.2	123.2	126.0	115.9	123.7	101.8	107.9
2000	124.3	174.8	117.9	148.5	137.5	142.9	128.4	137.6	116.5	121.6
2005	154.3	199.8	163.7	178.7	158.9	176.3	168.3	165.2	160.9	148.2
2010	208.1	249.2	177.8	205.4	208.2	185.4	173.1	173.5	202.1	159.5
2015	237.5	242.7	187.3	220.5	198.1	195.8	166.4	183.0	231.3	149.0
2016	251.3	256.4	206.5	244.6	197.5	204.8	174.3	202.1	241.5	152.2
2017	262.6	275.9	215.3	256.2	207.3	217.1	178.1	215.8	258.2	156.2
2018	286.2	300.1	231.8	273.2	220.4	235.9	190.5	238.4	278.4	170.0
2019	306.2	296.2	224.0	278.7	219.1	237.6	217.4	289.7	287.9	179.0
2020	312.9	301.8	222.1	287.7	232.0	242.8	226.7	293.4	295.1	181.1

年份	海南	重庆	四川	贵州	云南	陕西	甘肃	青海	宁夏	新疆
1990	100	100	100	100	100	100	100	100	100	100
1995	87.3	105.4	104.0	108.9	113.1	110.8	104.8	98.9	149.0	97.2
2000	119.6	107.9	123.9	116.1	123.0	129.1	118.9	113.2	171.2	110.9
2005	137.2	123.7	151.9	155.3	155.3	161.9	146.2	143.8	214.0	136.2
2010	214.5	155.3	169.0	165.4	169.9	187.2	149.7	165.0	250.9	165.6
2015	177.6	158.0	168.2	171.9	171.2	191.4	141.1	168.7	255.5	155.3
2016	189.2	159.1	174.2	176.5	172.9	196.8	144.2	176.3	269.5	165.4
2017	190.0	159.2	179.7	182.2	176.7	194.1	140.4	180.3	287.9	164.3
2018	198.2	167.4	190.4	195.5	185.7	211.6	145.2	192.0	284.6	169.9
2019	209.6	160.9	200.3	194.5	175.4	229.4	149.0	221.5	323.4	203.7
2020	212.8	166.5	204.9	191.1	174.7	236.0	157.0	236.4	317.2	197.1

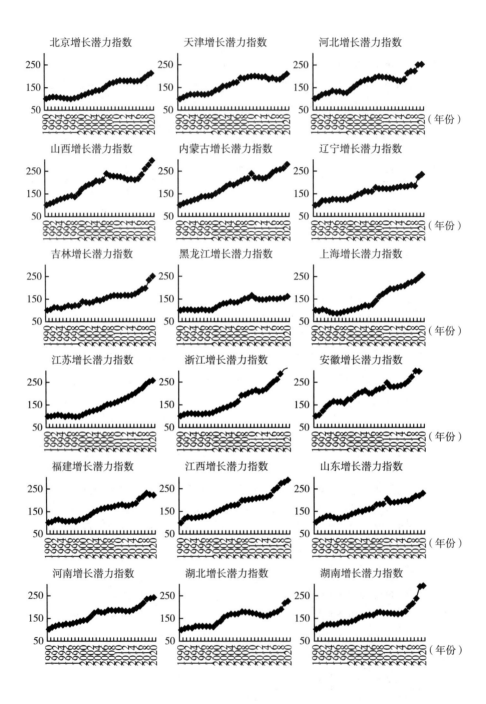

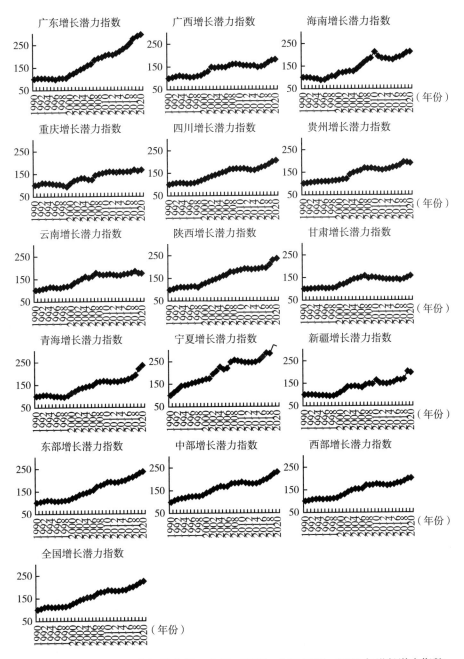

图71　30个省（区、市）及东部、中部、西部、全国1990～2020年增长潜力指数
（以1990年为基期）

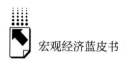
表98　30个省（区、市）1990～2020年政府效率排名情况

省(区、市)	北京	天津	河北	山西	内蒙古	辽宁	吉林	黑龙江	上海	江苏
1990 年	3	1	16	11	18	6	19	5	2	8
1995 年	3	1	17	12	15	8	18	5	2	9
2000 年	3	2	16	20	15	8	11	7	1	6
2005 年	2	4	18	20	12	6	21	9	1	5
2010 年	1	5	20	19	14	7	17	10	2	3
2015 年	1	5	20	18	17	10	16	9	2	4
2016 年	1	5	22	16	18	10	14	9	3	4
2017 年	1	5	23	15	19	10	13	9	2	4
2018 年	1	4	24	15	20	10	13	8	2	5
2019 年	1	5	24	17	23	12	14	8	3	6
2020 年	1	6	26	21	24	13	16	9	4	5
综合	1	3	18	17	16	8	14	9	2	5
2000 年后	1	5	20	19	16	9	15	10	2	4
2010 年后	1	5	24	17	18	10	14	9	2	4

省(区、市)	浙江	安徽	福建	江西	山东	河南	湖北	湖南	广东	广西
1990 年	9	23	26	17	10	28	15	29	14	30
1995 年	6	23	26	16	11	30	14	29	20	28
2000 年	5	23	24	17	10	29	13	25	12	30
2005 年	3	24	15	23	10	25	14	16	11	29
2010 年	4	26	16	18	9	27	13	15	8	29
2015 年	3	25	12	23	6	29	13	19	7	28
2016 年	2	25	12	24	6	29	15	19	7	26
2017 年	3	25	12	24	6	30	18	21	7	26
2018 年	3	25	11	21	6	30	19	23	7	28
2019 年	2	25	11	21	4	27	20	22	7	26
2020 年	3	25	11	20	2	28	19	18	7	23
综合	4	27	15	20	7	28	13	22	10	29
2000 年后	3	26	13	21	6	28	14	18	8	29
2010 年后	3	25	12	21	6	29	16	19	7	27

省(区、市)	海南	重庆	四川	贵州	云南	陕西	甘肃	青海	宁夏	新疆
1990 年	4	21	27	24	25	22	13	7	12	20
1995 年	4	22	25	24	27	21	13	7	10	19
2000 年	4	26	27	22	28	19	18	9	14	21
2005 年	8	27	22	28	30	19	26	7	17	13

续表

省（区、市）	海南	重庆	四川	贵州	云南	陕西	甘肃	青海	宁夏	新疆
2010 年	6	22	24	25	30	23	28	11	12	21
2015 年	8	14	22	21	30	24	27	15	11	26
2016 年	8	13	21	20	30	23	28	17	11	27
2017 年	8	14	17	20	29	22	28	16	11	27
2018 年	9	14	16	18	29	22	27	17	12	26
2019 年	9	13	15	18	28	16	30	19	10	29
2020 年	8	12	14	17	27	15	30	22	10	29
综合	6	19	24	23	30	21	26	11	12	25
2000 年后	7	17	23	24	30	22	27	12	11	25
2010 年后	8	13	20	22	30	23	28	15	11	26

表99　30个省（区、市）1990～2020年政府效率指数（上一年 ＝100）

省（区、市）	北京	天津	河北	山西	内蒙古	辽宁	吉林	黑龙江	上海	江苏
1990 年	100	100	100	100	100	100	100	100	100	100
1995 年	99.1	100.9	100.5	99.2	100.6	100.0	98.7	100.4	101.1	99.9
2000 年	100.6	92.5	93.6	91.7	96.1	99.0	91.4	97.4	103.6	105.6
2005 年	108.6	108.8	102.8	106.1	105.4	106.8	97.1	102.8	108.0	103.6
2010 年	106.7	105.6	104.6	108.3	98.7	97.5	102.7	103.2	94.3	109.4
2015 年	104.3	110.7	108.9	110.6	109.2	105.4	111.1	109.6	105.2	102.0
2016 年	99.9	110.9	107.9	110.5	107.7	107.7	110.8	108.9	103.3	106.0
2017 年	102.6	112.0	101.7	108.4	101.9	106.5	112.0	109.7	103.1	103.2
2018 年	102.4	111.9	100.2	102.3	100.5	100.5	108.4	109.7	104.9	102.7
2019 年	101.4	103.0	101.4	99.1	99.6	98.1	100.0	102.7	101.5	103.7
2020 年	100.4	100.1	101.1	98.7	98.9	97.2	98.4	102.0	101.7	106.3
平均	104.0	102.2	102.4	102.4	102.6	102.2	103.7	103.1	102.5	104.4
2000 年后	106.1	104.0	103.6	104.6	103.8	103.3	104.6	104.5	103.2	105.5
2010 年后	103.9	106.8	104.8	106.4	103.5	102.5	106.5	106.5	102.2	105.5

省（区、市）	浙江	安徽	福建	江西	山东	河南	湖北	湖南	广东	广西
1990 年	100	100	100	100	100	100	100	100	100	100
1995 年	102.8	102.9	104.2	97.9	100.4	94.6	102.4	102.3	101.8	102.2
2000 年	114.7	94.9	99.7	96.4	96.7	98.2	96.4	103.2	99.4	93.7
2005 年	110.6	100.5	111.7	107.3	106.5	112.8	108.5	108.5	111.5	108.1
2010 年	103.0	109.2	113.8	106.9	112.5	100.8	116.4	113.1	117.8	109.0
2015 年	107.2	108.7	110.4	101.8	110.1	103.9	108.9	108.4	106.6	109.4

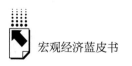
续表

省（区、市）	浙江	安徽	福建	江西	山东	河南	湖北	湖南	广东	广西
2016 年	105.4	107.4	109.3	106.1	106.8	107.1	101.2	107.0	109.5	108.5
2017 年	102.1	108.3	109.0	106.4	111.9	104.4	97.3	100.8	103.2	103.2
2018 年	104.0	104.1	109.3	107.2	112.4	104.8	99.4	97.7	103.7	103.5
2019 年	102.8	106.2	103.9	106.2	111.4	113.8	107.1	111.2	104.7	116.8
2020 年	104.3	106.9	105.1	106.0	112.0	113.3	107.7	111.6	105.5	116.3
平均	104.8	103.4	105.4	103.0	105.1	103.8	103.1	104.8	104.7	104.5
2000 年后	106.3	104.6	107.6	104.8	107.4	106.2	104.5	106.4	107.0	106.7
2010 年后	106.1	107.1	109.3	106.0	110.2	106.0	105.9	106.4	107.6	108.0

省（区、市）	海南	重庆	四川	贵州	云南	陕西	甘肃	青海	宁夏	新疆
1990 年	100	100	100	100	100	100	100	100	100	100
1995 年	101.2	102.5	113.6	102.3	100.6	104.5	100.4	99.9	100.2	100.5
2000 年	96.9	94.7	97.8	94.7	97.3	93.8	97.3	95.0	93.6	101.0
2005 年	96.9	107.2	105.4	103.7	108.4	102.0	95.6	111.8	113.8	108.1
2010 年	111.0	111.4	101.3	104.0	103.7	109.0	102.6	97.9	105.4	104.1
2015 年	109.3	112.2	111.6	111.9	112.3	110.1	101.2	103.9	109.3	102.4
2016 年	107.8	111.7	111.3	110.9	111.2	108.9	102.0	104.5	108.0	102.9
2017 年	101.9	105.1	109.1	105.9	111.9	108.7	106.6	104.9	104.6	106.5
2018 年	101.2	107.0	109.6	105.8	110.4	103.9	106.7	102.4	102.6	106.5
2019 年	105.6	111.7	107.5	105.8	113.1	114.1	99.3	101.4	108.6	100.1
2020 年	105.9	113.2	108.1	107.1	114.8	114.3	100.0	99.7	108.0	101.6
平均	102.3	104.9	104.9	104.4	103.8	104.2	101.2	101.7	103.8	102.1
2000 年后	103.6	107.7	107.2	105.3	106.3	105.5	103.0	102.4	106.1	103.4
2010 年后	105.9	110.4	109.0	108.4	109.9	108.4	104.3	102.9	107.4	103.0

表100　30 个省（区、市）1990～2020 年政府效率指数（以 1990 年为基期）

年份	北京	天津	河北	山西	内蒙古	辽宁	吉林	黑龙江	上海	江苏
1990	100	100	100	100	100	100	100	100	100	100
1995	100.9	100.5	97.2	93.2	103.3	97.8	103.1	103.1	105.7	102.2
2000	93.8	77.6	91.3	69.6	93.1	99.6	104.3	94.5	113.1	121.0
2005	115.4	83.4	93.8	73.1	112.5	126.6	90.3	90.9	122.3	154.6
2010	218.6	94.4	125.2	105.3	141.5	150.1	140.5	124.5	155.2	213.8

续表

年份	北京	天津	河北	山西	内蒙古	辽宁	吉林	黑龙江	上海	江苏
2015	291.7	127.9	176.6	159.7	192.4	182.4	211.3	175.3	179.3	284.4
2016	291.5	141.9	190.7	176.5	207.3	196.4	234.1	190.9	185.3	301.4
2017	299.2	158.9	193.9	191.3	211.2	209.3	262.3	209.4	190.9	311.1
2018	306.2	177.9	194.3	195.7	211.5	210.2	284.4	229.6	200.3	319.5
2019	310.4	183.2	197.0	193.8	210.6	206.3	284.3	235.7	203.2	331.2
2020	311.7	183.4	199.2	191.4	208.2	200.6	279.9	240.5	206.7	352.1

年份	浙江	安徽	福建	江西	山东	河南	湖北	湖南	广东	广西
1990	100	100	100	100	100	100	100	100	100	100
1995	113.9	103.0	107.2	97.5	91.3	89.4	102.1	99.1	89.7	104.0
2000	127.9	100.9	102.7	86.0	94.7	83.1	94.5	114.2	94.4	86.0
2005	178.2	95.6	150.4	78.6	111.3	107.5	101.9	167.2	123.5	99.6
2010	210.7	135.1	202.1	130.4	166.6	154.9	150.4	230.2	202.6	165.5
2015	326.9	191.8	329.8	169.9	255.4	192.0	211.4	304.5	294.4	222.7
2016	344.6	206.0	360.4	180.2	272.8	205.7	214.0	325.9	322.3	241.6
2017	351.9	223.1	393.0	191.8	305.3	214.7	208.2	328.4	332.8	249.3
2018	365.9	232.2	429.6	205.6	343.1	225.0	207.0	321.0	345.0	258.0
2019	376.1	246.7	446.3	218.3	382.3	256.1	221.7	356.9	361.3	301.4
2020	392.1	263.8	469.1	231.3	428.1	290.1	238.7	398.3	381.3	350.6

年份	海南	重庆	四川	贵州	云南	陕西	甘肃	青海	宁夏	新疆
1990	100	100	100	100	100	100	100	100	100	100
1995	103.2	104.2	112.3	105.2	98.0	109.8	91.1	98.2	101.7	104.2
2000	92.2	81.6	92.8	114.5	81.9	103.7	74.3	95.4	80.5	91.2
2005	79.6	80.7	119.2	92.1	78.9	110.0	61.7	111.0	83.3	117.6
2010	114.8	145.4	159.4	147.7	107.8	149.1	89.8	115.0	137.4	136.0
2015	156.1	243.5	260.8	244.2	164.7	206.1	119.3	142.0	208.9	151.0
2016	168.4	272.0	290.3	270.8	183.1	224.4	121.7	148.3	225.7	155.4
2017	171.6	285.9	316.9	286.7	204.8	243.9	129.8	155.5	236.0	165.6
2018	173.7	305.8	347.2	303.2	226.2	253.3	138.4	159.2	242.2	176.3
2019	183.4	341.5	373.1	320.7	255.7	288.9	137.5	161.3	263.0	176.6
2020	194.2	386.5	403.4	343.4	293.4	330.3	137.5	160.8	284.0	179.4

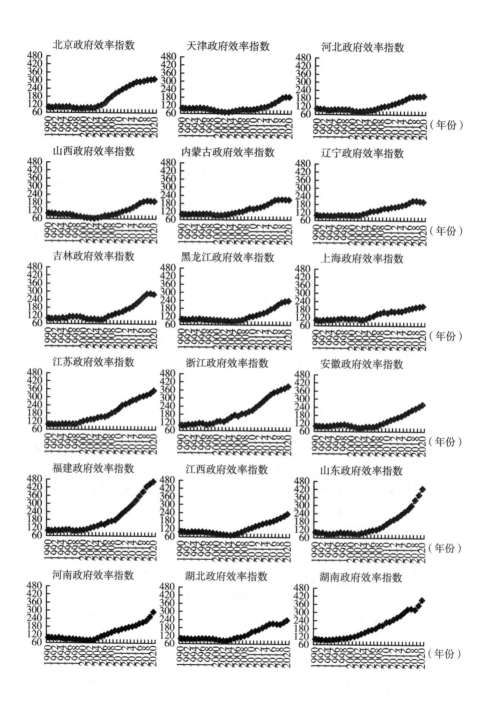

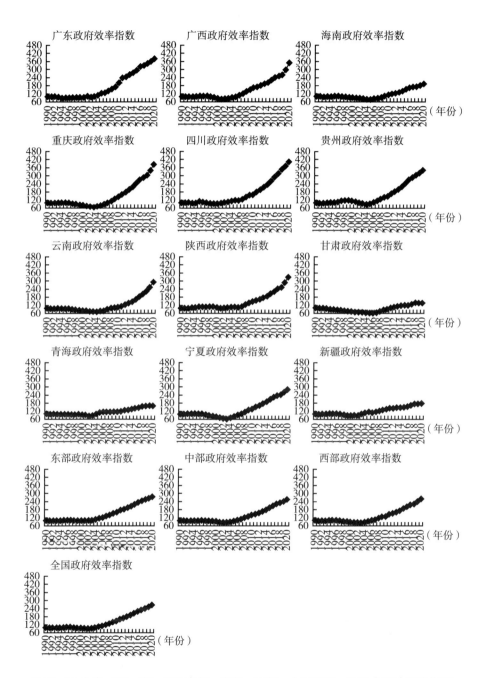

图72 30个省（区、市）以及东部、中部、西部、全国1990~2020年政府效率指数
（以1990年为基期）

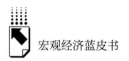

表101　30个省（区、市）1990～2020年人民生活排名情况

省（区、市）	北京	天津	河北	山西	内蒙古	辽宁	吉林	黑龙江	上海	江苏
1990 年	2	3	18	8	11	6	5	10	1	7
1995 年	2	3	14	6	11	4	8	5	1	7
2000 年	1	3	7	11	8	5	13	12	2	6
2005 年	1	3	15	14	9	5	10	7	2	6
2010 年	1	4	9	7	12	5	10	11	2	6
2015 年	2	3	18	13	15	6	8	21	1	5
2016 年	3	2	17	11	14	6	8	21	1	5
2017 年	3	2	17	11	13	6	7	21	1	5
2018 年	3	2	17	11	13	6	7	24	1	5
2019 年	3	2	14	10	15	6	7	24	1	5
2020 年	3	2	14	11	15	6	7	24	1	5
综合	2	3	13	9	11	6	7	14	1	5
2000 年后	2	3	11	9	12	6	8	18	1	5
2010 年后	2	3	13	10	14	6	8	20	1	5

省（区、市）	浙江	安徽	福建	江西	山东	河南	湖北	湖南	广东	广西
1990 年	9	23	16	14	19	25	13	22	20	27
1995 年	10	29	17	16	13	24	20	23	15	27
2000 年	4	29	9	22	10	25	23	18	14	26
2005 年	4	26	13	23	8	24	19	22	11	27
2010 年	3	26	13	23	8	19	20	21	17	28
2015 年	4	26	9	24	7	17	12	23	19	30
2016 年	4	25	9	26	7	18	12	23	19	30
2017 年	4	25	9	26	7	18	12	24	19	30
2018 年	4	25	10	28	7	18	12	23	19	29
2019 年	4	25	9	26	8	18	11	22	19	29
2020 年	4	26	9	25	8	16	10	22	19	28
综合	4	25	10	23	8	21	18	24	16	28
2000 年后	4	25	10	24	7	20	16	23	15	28
2010 年后	4	26	9	24	7	19	12	22	18	28

省（区、市）	海南	重庆	四川	贵州	云南	陕西	甘肃	青海	宁夏	新疆
1990 年	15	29	26	30	24	17	28	12	21	4
1995 年	9	25	22	30	28	19	26	18	21	12
2000 年	16	24	20	30	27	21	28	17	19	15
2005 年	20	28	17	29	30	21	25	18	16	12

续表

省（区、市）	海南	重庆	四川	贵州	云南	陕西	甘肃	青海	宁夏	新疆
2010 年	25	27	14	30	29	18	24	16	22	15
2015 年	20	29	16	28	25	11	27	14	22	10
2016 年	20	29	16	27	24	10	28	15	22	13
2017 年	20	29	16	27	23	10	28	15	22	14
2018 年	20	30	15	27	21	9	26	14	22	16
2019 年	21	30	16	27	20	13	28	12	23	17
2020 年	21	30	17	27	20	13	29	12	23	18
综合	20	29	19	30	27	15	26	17	22	12
2000 年后	21	29	19	30	27	14	26	17	22	13
2010 年后	21	30	17	29	25	11	27	15	23	16

表 102　30 个省（区、市）1990~2020 年人民生活指数（上一年 = 100）

省（区、市）	北京	天津	河北	山西	内蒙古	辽宁	吉林	黑龙江	上海	江苏
1990 年	100	100	100	100	100	100	100	100	100	100
1995 年	106.1	102.1	118.9	107.2	106.6	99.3	106.3	110.3	102.5	105.7
2000 年	103.2	106.1	101.9	99.3	107.3	100.2	100.0	106.5	98.5	101.9
2005 年	104.6	100.4	105.1	105.0	107.1	110.1	104.3	114.1	103.4	106.0
2010 年	103.8	106.7	110.8	111.9	108.5	104.8	105.8	102.8	104.2	106.6
2015 年	102.4	106.9	103.1	107.6	108.5	104.4	109.0	102.0	104.4	102.7
2016 年	106.0	108.9	107.8	109.5	109.7	105.5	107.0	102.6	104.3	105.7
2017 年	106.0	108.1	106.4	107.6	107.6	108.1	107.4	106.2	107.2	104.7
2018 年	103.7	107.6	105.8	103.4	108.9	103.6	105.7	100.1	104.2	103.5
2019 年	104.9	102.8	107.6	104.8	99.0	106.5	106.7	107.0	105.1	105.8
2020 年	99.9	97.7	104.9	103.4	103.3	105.7	105.2	105.2	104.2	100.4
平均	102.1	103.3	104.5	103.5	103.6	103.7	103.6	102.7	102.4	103.8
2000 年后	102 8	104.5	104.2	104.9	104.4	104.5	105.4	103.9	103.8	104.9
2010 年后	102.5	105.9	104.6	104.9	104.6	104.8	105.8	102.1	104.6	105.3
省（区、市）	浙江	安徽	福建	江西	山东	河南	湖北	湖南	广东	广西
1990 年	100	100	100	100	100	100	100	100	100	100
1995 年	103.9	99.6	107.9	110.2	105.1	111.9	104.6	91.7	105.8	101.3
2000 年	107.5	105.5	104.8	98.4	104.6	107.6	101.4	109.8	100.6	100.1
2005 年	106.4	107.8	102.7	104.9	106.0	107.4	105.9	110.0	105.6	100.3
2010 年	110.2	113.1	114.9	105.6	110.2	112.3	111.1	111.7	111.3	111.7
2015 年	107.2	108.1	109.4	104.1	106.6	104.7	107.1	106.8	104.4	105.9

续表

省(区、市)	浙江	安徽	福建	江西	山东	河南	湖北	湖南	广东	广西
2016 年	106.7	107.6	108.8	105.8	105.7	106.7	107.9	109.2	105.0	107.8
2017 年	106.8	105.6	106.1	104.4	106.2	104.6	106.4	106.9	105.9	107.6
2018 年	104.3	103.8	103.4	103.2	103.4	103.3	104.7	105.0	103.8	108.7
2019 年	106.1	107.7	105.0	109.8	107.0	106.9	106.0	109.0	106.1	107.2
2020 年	102.5	101.7	102.3	104.1	103.8	104.3	103.7	103.5	102.6	99.4
平均	104.2	104.3	104.5	103.2	104.9	105.1	104.2	104.5	104.1	104.5
2000 年后	105.1	106.1	105.1	104.6	105.4	106.3	106.4	105.4	104.4	105.0
2010 年后	105.0	105.4	106.1	104.6	105.5	105.7	106.8	105.4	105.0	105.0

省(区、市)	海南	重庆	四川	贵州	云南	陕西	甘肃	青海	宁夏	新疆
1990 年	100	100	100	100	100	100	100	100	100	100
1995 年	97.7	116.9	97.5	101.5	104.0	104.0	99.9	94.2	102.7	92.2
2000 年	105.2	105.9	104.9	103.1	105.5	96.5	106.9	93.6	101.3	96.5
2005 年	102.5	107.5	108.5	112.9	108.8	103.9	109.5	111.0	100.9	103.7
2010 年	109.0	112.7	113.8	107.8	109.7	111.3	111.8	112.0	108.5	109.2
2015 年	108.4	105.0	107.1	108.1	108.5	106.8	104.4	105.1	108.4	107.0
2016 年	105.6	107.8	108.2	110.4	109.5	109.2	106.5	106.1	109.3	102.0
2017 年	106.9	106.8	106.4	106.0	108.8	108.1	108.5	105.1	106.9	104.4
2018 年	104.7	105.6	104.1	104.9	108.7	105.7	105.9	104.8	104.5	101.1
2019 年	105.6	102.9	103.5	108.7	111.4	98.4	102.9	111.6	107.3	102.4
2020 年	100.5	101.9	102.3	102.3	99.7	102.8	98.5	105.5	102.6	100.4
平均	103.4	105.6	105.1	106.0	104.8	104.5	104.9	104.1	103.9	102.6
2000 年后	104.6	104.7	105.7	107.9	106.2	105.8	105.3	105.5	104.8	104.3
2010 年后	105.8	104.6	105.2	106.8	107.6	106.3	104.2	106.3	105.3	104.6

表 103　30 个省(区、市)1990~2020 年人民生活指数(以 1990 年为基期)

年份	北京	天津	河北	山西	内蒙古	辽宁	吉林	黑龙江	上海	江苏
1990	100	100	100	100	100	100	100	100	100	100
1995	92.9	90.4	105.9	95.1	97.4	96.6	82.1	102.4	90.5	91.9
2000	107.7	109.9	155.0	101.1	121.2	116.4	91.1	103.4	91.3	109.0
2005	119.3	117.1	145.1	105.1	125.8	134.7	102.7	120.6	104.6	125.9
2010	147.1	145.4	241.4	177.7	183.7	180.4	154.8	174.6	129.2	176.5

续表

年份	北京	天津	河北	山西	内蒙古	辽宁	吉林	黑龙江	上海	江苏
2015	151.1	199.8	254.5	201.1	207.8	216.6	197.5	172.5	158.3	239.6
2016	160.1	217.6	274.4	220.2	228.0	228.6	211.2	177.0	165.1	253.2
2017	169.7	235.2	291.9	237.0	245.4	247.1	226.9	188.0	177.0	265.1
2018	176.0	253.1	309.0	245.2	267.2	255.9	239.9	188.2	184.5	274.3
2019	184.5	260.3	333.1	257.1	264.5	272.5	256.1	201.3	193.9	290.1
2020	184.3	254.3	349.5	265.7	273.2	288.0	269.5	211.7	202.0	291.2

年份	浙江	安徽	福建	江西	山东	河南	湖北	湖南	广东	广西
1990	100	100	100	100	100	100	100	100	100	100
1995	89.2	77.8	95.5	89.8	115.0	98.1	79.6	89.5	105.8	91.9
2000	125.8	103.9	134.2	95.3	144.4	130.4	90.8	131.7	134.8	132.3
2005	151.9	130.3	137.7	101.0	160.5	147.2	108.1	138.4	156.6	147.2
2010	216.1	215.9	213.5	158.0	249.3	262.3	175.0	221.7	216.2	234.5
2015	255.5	259.5	274.5	185.5	313.8	333.6	246.2	250.8	259.5	258.4
2016	272.6	279.2	298.7	196.3	331.8	356.0	265.5	273.8	272.6	278.4
2017	291.0	295.0	317.0	204.9	352.3	372.4	282.5	292.8	288.7	299.7
2018	303.5	306.2	327.7	211.4	364.1	384.5	295.7	307.5	299.7	325.7
2019	322.0	329.7	344.1	232.2	389.7	411.0	313.3	335.1	317.8	349.2
2020	330.1	335.3	352.0	241.7	404.4	428.7	325.0	346.8	326.1	347.2

年份	海南	重庆	四川	贵州	云南	陕西	甘肃	青海	宁夏	新疆
1990	100	100	100	100	100	100	100	100	100	100
1995	107.7	136.1	111.8	76.9	80.5	97.1	107.5	84.0	95.3	75.3
2000	109.2	199.4	143.8	113.3	117.8	108.7	150.7	98.5	117.5	82.8
2005	106.1	199.2	163.0	180.8	108.4	120.0	182.2	106.0	134.9	97.3
2010	155.3	331.6	282.8	283.9	187.1	205.0	290.5	178.7	191.5	136.5
2015	208.7	364.7	335.6	394.6	264.0	282.5	322.0	225.8	228.4	184.2
2016	220.3	393.2	363.2	435.6	289.0	308.4	343.0	239.6	249.7	187.8
2017	235.3	420.1	386.4	461.8	314.5	333.5	372.0	251.9	267.0	196.2
2018	246.4	443.7	402.1	484.3	342.0	352.4	393.9	264.0	279.0	198.3
2019	260.1	456.5	416.3	526.5	381.1	346.7	405.3	294.7	299.3	203.1
2020	261.4	464.9	425.8	538.3	380.0	356.3	399.4	310.9	307.0	204.0

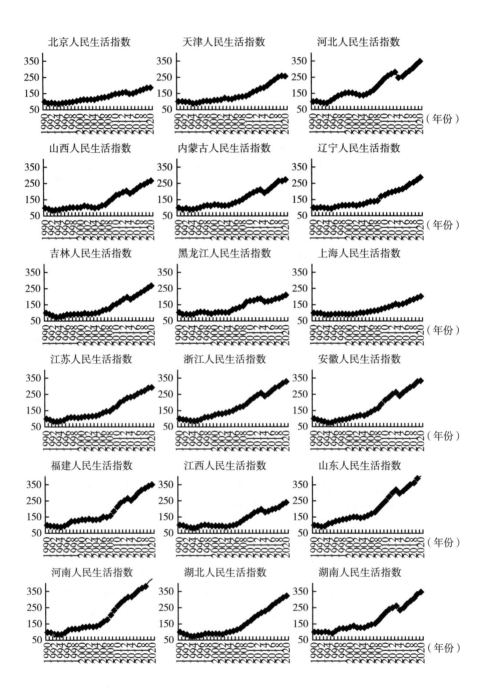

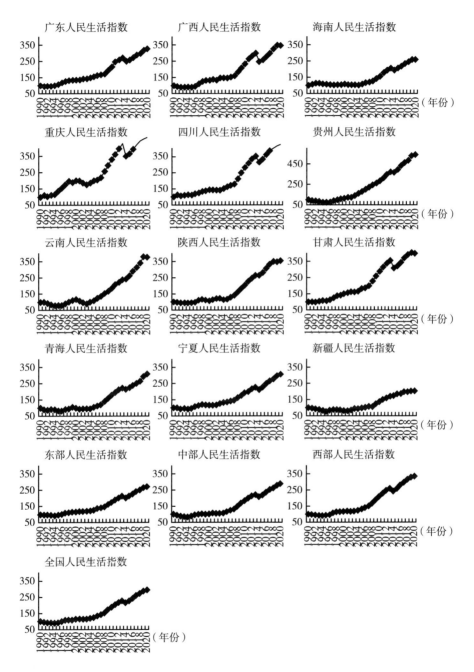

图73　30个省（区、市）及东部、中部、西部、全国1990～2020年人民生活指数
（以1990年为基期）

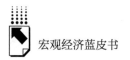

表104　30个省（区、市）1990～2020年环境质量排名情况

省(区、市)	北京	天津	河北	山西	内蒙古	辽宁	吉林	黑龙江	上海	江苏
1990年	27	25	29	30	19	10	9	11	18	16
1995年	26	27	29	30	17	6	10	16	18	14
2000年	27	24	29	30	18	19	11	14	17	9
2005年	23	21	28	30	18	15	13	16	20	9
2010年	17	23	29	30	21	19	9	11	8	12
2015年	17	19	29	28	20	26	10	13	5	16
2016年	17	18	29	28	19	26	7	13	6	16
2017年	14	18	28	29	17	27	5	11	6	19
2018年	14	17	28	29	15	26	4	9	6	18
2019年	14	15	28	29	16	26	2	9	7	17
2020年	14	12	26	29	16	27	2	9	6	19
综合	22	24	29	30	18	19	9	14	12	13
2000年后	18	20	28	30	17	24	8	12	10	14
2010年后	17	18	28	29	20	26	6	12	5	15
省(区、市)	浙江	安徽	福建	江西	山东	河南	湖北	湖南	广东	广西
1990年	15	14	2	13	24	23	20	17	8	3
1995年	13	15	3	12	24	22	19	20	8	2
2000年	12	13	2	10	20	22	21	15	7	3
2005年	12	11	3	8	19	27	17	22	7	6
2010年	4	14	3	10	18	28	20	15	5	7
2015年	2	14	4	6	25	30	22	9	3	11
2016年	3	12	4	8	24	30	21	10	2	11
2017年	3	13	4	8	25	30	21	7	2	12
2018年	3	13	5	8	25	30	22	7	1	10
2019年	4	11	5	8	23	30	25	6	1	10
2020年	3	11	7	8	22	30	23	5	1	10
综合	7	15	2	8	21	28	20	16	3	4
2000年后	4	15	3	9	22	29	19	13	2	7
2010年后	3	13	4	9	22	30	21	8	2	11
省(区、市)	海南	重庆	四川	贵州	云南	陕西	甘肃	青海	宁夏	新疆
1990年	1	21	7	12	4	28	26	6	22	5
1995年	1	23	9	11	4	28	25	5	21	7
2000年	1	26	4	16	5	25	28	8	23	6
2005年	1	26	5	14	4	29	24	2	25	10

续表

省（区、市）	海南	重庆	四川	贵州	云南	陕西	甘肃	青海	宁夏	新疆
2010 年	1	22	13	24	6	26	27	2	25	16
2015 年	1	18	15	23	8	24	21	7	27	12
2016 年	1	20	15	23	9	27	22	5	25	14
2017 年	1	20	16	22	10	26	23	9	24	15
2018 年	2	20	19	23	11	27	24	12	21	16
2019 年	3	18	19	24	12	27	22	13	21	20
2020 年	4	17	21	25	13	28	24	15	20	18
综合	1	23	10	17	6	27	26	5	25	11
2000 年后	1	23	11	21	6	27	26	5	25	16
2010 年后	1	19	14	24	10	27	25	7	23	16

表 105　30 个省（区、市）1990～2020 年环境质量指数（上一年＝100）

省（区、市）	北京	天津	河北	山西	内蒙古	辽宁	吉林	黑龙江	上海	江苏
1990 年	100	100	100	100	100	100	100	100	100	100
1995 年	102.1	103.1	105.9	99.0	105.3	107.9	107.9	103.3	100.9	97.9
2000 年	106.0	101.2	97.9	110.8	100.3	99.9	99.4	105.1	101.7	100.6
2005 年	101.1	106.2	108.9	106.3	101.2	102.4	102.4	99.9	99.4	104.4
2010 年	100.3	98.3	99.5	98.3	101.0	99.9	107.3	101.9	100.2	97.9
2015 年	107.6	112.0	92.9	112.1	109.4	101.1	113.4	99.7	99.9	101.9
2016 年	105.5	106.7	111.2	97.8	113.2	100.3	111.8	105.3	101.4	104.6
2017 年	103.3	102.8	100.6	97.7	104.2	98.8	110.1	105.0	104.6	99.5
2018 年	103.0	100.6	104.2	98.9	101.3	100.1	106.8	101.9	104.0	100.3
2019 年	103.9	105.3	104.7	100.7	103.6	100.3	110.4	104.0	104.6	99.8
2020 年	101.7	108.5	105.1	100.1	103.2	100.5	108.3	103.2	103.1	101.5
平均	103.0	103.0	102.8	102.5	102.0	100.0	102.7	101.8	102.6	101.4
2000 年后	103.2	103.1	102.4	102.7	101.7	99.9	103.3	102.3	102.9	100.7
2010 年后	101.8	102.9	100.5	99.7	102.0	98.2	105.5	101.8	102.6	99.7

省（区、市）	浙江	安徽	福建	江西	山东	河南	湖北	湖南	广东	广西
1990 年	100	100	100	100	100	100	100	100	100	100
1995 年	101.4	101.0	100.7	98.0	102.4	105.0	100.2	97.5	101.4	101.0
2000 年	96.7	100.1	98.1	100.5	95.6	102.1	105.6	104.4	101.6	98.4
2005 年	101.0	102.3	101.3	104.3	113.2	104.1	103.0	109.3	102.7	103.5
2010 年	101.4	99.4	105.0	100.9	101.8	100.2	98.8	102.4	101.8	102.9
2015 年	103.1	108.5	110.1	107.0	100.7	103.4	110.3	103.2	111.0	103.9

省（区、市）	浙江	安徽	福建	江西	山东	河南	湖北	湖南	广东	广西
2016 年	103.0	107.4	104.2	103.8	116.0	97.0	109.1	103.1	107.0	106.8
2017 年	101.8	101.3	101.4	101.6	99.8	98.9	99.8	105.7	107.4	100.4
2018 年	103.2	102.0	102.3	103.1	99.7	99.7	99.8	106.8	107.5	102.6
2019 年	104.1	102.1	101.3	105.2	103.9	98.5	98.9	107.3	107.7	102.4
2020 年	104.7	100.8	100.9	104.7	102.8	99.3	102.7	107.0	106.4	102.2
平均	102.8	101.9	101.2	102.2	102.2	99.8	101.4	102.8	102.9	101.0
2000 年后	102.9	101.7	101.0	102.2	101.0	98.6	101.5	103.2	103.4	100.6
2010 年后	102.8	101.4	101.6	102.6	100.4	97.0	100.1	103.8	104.6	101.1

省（区、市）	海南	重庆	四川	贵州	云南	陕西	甘肃	青海	宁夏	新疆
1990 年	100	100	100	100	100	100	100	100	100	100
1995 年	96.4	100.5	103.4	105.1	100.0	99.1	102.5	99.8	104.1	104.0
2000 年	102.4	103.9	106.5	105.7	101.7	102.5	103.9	99.6	93.9	105.4
2005 年	105.2	103.3	110.9	109.2	104.3	105.3	114.1	104.0	101.8	99.5
2010 年	101.4	102.4	97.0	99.2	101.7	105.0	90.9	99.2	107.0	103.5
2015 年	101.3	111.4	101.3	108.6	102.7	112.5	105.1	101.9	96.8	110.7
2016 年	101.3	103.1	102.4	108.9	102.2	92.2	104.8	107.0	114.0	98.2
2017 年	98.4	102.1	99.4	100.2	100.4	99.3	98.5	98.7	103.3	100.0
2018 年	97.7	102.0	98.6	100.4	99.9	97.3	99.8	96.4	103.5	99.0
2019 年	101.1	100.8	100.5	100.8	99.0	100.3	102.8	98.2	107.5	97.7
2020 年	99.3	103.3	100.2	100.5	100.6	100.3	100.4	98.2	104.2	103.5
平均	100.3	102.1	100.8	100.8	100.9	101.6	102.2	101.0	102.1	100.6
2000 年后	100.5	102.8	100.2	100.9	100.7	100.9	102.5	100.9	101.8	100.7
2010 年后	100.5	102.1	99.5	100.5	100.2	99.8	101.1	99.0	102.9	100.7

表 106　30 个省（区、市）1990~2020 年环境质量指数（以 1990 年为基期）

年份	北京	天津	河北	山西	内蒙古	辽宁	吉林	黑龙江	上海	江苏
1990	100	100	100	100	100	100	100	100	100	100
1995	111.2	102.2	128.6	105.1	116.8	119.1	105.0	96.9	108.7	109.4
2000	131.2	128.1	134.8	131.9	127.0	101.2	111.1	108.2	120.8	128.7
2005	156.6	156.1	184.4	188.4	135.8	115.2	115.7	115.9	123.1	139.7
2010	196.9	171.6	209.3	205.6	146.1	120.8	135.3	138.9	163.8	149.6

续表

年份	北京	天津	河北	山西	内蒙古	辽宁	吉林	黑龙江	上海	江苏
2015	197.6	181.9	171.0	210.7	138.7	98.0	136.6	136.3	179.6	138.9
2016	208.5	194.0	190.1	206.1	156.9	98.3	152.8	143.6	182.1	145.3
2017	215.3	199.5	191.3	201.4	163.5	97.1	168.2	150.8	190.5	144.5
2018	221.8	200.8	199.3	199.1	165.7	97.2	179.7	153.6	198.2	145.0
2019	230.6	211.4	208.7	200.4	171.6	97.5	198.3	159.8	207.4	144.8
2020	234.5	229.4	219.3	200.6	177.2	97.5	214.7	164.9	213.8	146.9

年份	浙江	安徽	福建	江西	山东	河南	湖北	湖南	广东	广西
1990	100	100	100	100	100	100	100	100	100	100
1995	111.5	105.7	106.0	106.2	116.7	114.5	110.8	101.4	110.8	114.6
2000	122.6	120.9	112.2	118.2	145.0	128.4	119.1	122.6	120.9	113.4
2005	131.2	133.6	110.8	132.4	160.0	120.3	141.6	118.5	126.9	113.8
2010	169.8	146.5	123.5	142.4	181.1	131.2	147.5	152.8	147.4	119.6
2015	189.7	146.4	126.1	152.3	146.2	97.7	134.0	167.2	164.4	112.9
2016	195.5	157.2	131.4	158.2	169.6	94.7	146.1	172.5	176.0	120.6
2017	199.1	159.3	133.3	160.8	169.3	93.7	145.7	182.3	189.0	121.1
2018	205.5	162.6	136.3	165.8	168.8	93.3	145.4	194.6	203.2	124.3
2019	213.9	166.0	138.1	174.5	175.3	91.9	143.8	208.7	218.9	127.3
2020	223.9	167.3	139.4	182.7	180.2	91.3	147.6	223.3	232.9	130.0

年份	海南	重庆	四川	贵州	云南	陕西	甘肃	青海	宁夏	新疆
1990	100	100	100	100	100	100	100	100	100	100
1995	99.0	102.5	105.8	109.1	103.8	106.2	121.4	107.3	115.1	101.3
2000	100.6	107.3	128.2	108.1	113.9	137.3	120.1	110.9	117.5	110.3
2005	99.9	118.0	132.8	119.4	123.1	132.7	151.3	143.8	125.3	109.4
2010	104.0	148.5	127.6	115.0	129.0	170.5	154.2	146.3	142.1	113.6
2015	111.0	157.4	122.4	108.4	125.9	174.9	177.1	132.2	131.4	119.0
2016	112.4	162.3	125.3	118.1	128.6	161.3	185.7	141.4	149.8	116.8
2017	110.7	165.8	124.5	118.3	129.2	160.7	183.0	139.6	154.7	116.7
2018	108.2	169.0	122.8	118.7	129.1	155.9	182.7	134.5	160.1	115.6
2019	109.3	170.4	123.4	119.7	127.9	156.5	187.8	132.1	172.1	112.9
2020	108.6	176.0	123.7	120.3	128.6	156.9	188.5	129.7	179.3	116.9

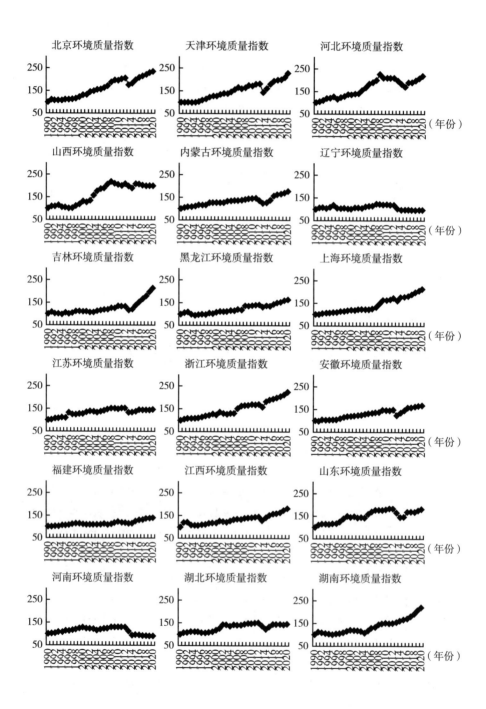

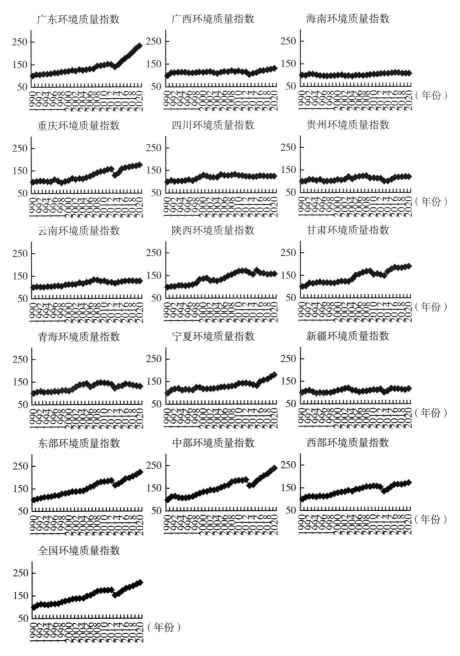

图74 30个省（区、市）及东部、中部、西部、全国1990～2020年环境质量指数（以1990年为基期）

附录2　指标设计及数据处理

（一）指标设计、数据来源及处理

本文所有数据均来源于《中国统计年鉴》、各省区市统计年鉴、各省区市国民经济和社会发展统计公报。环境质量相关指标来源于《中国能源统计年鉴》、《中国环境统计年鉴》及《中国城市统计年鉴》。2020年数据由2019年第一季度数据和上年第一季度和上年度数据通过比例关系得出。指标设计和数据处理方式参见《经济蓝皮书夏季号：中国经济增长报告（2017～2018）》和《经济蓝皮书夏季号：中国经济增长报告（2018～2019）》。

（二）中国30个省（区、市）发展前景评价过程

本文采用 SPSS 16.0 软件进行主成分分析，当提取了24个主成分时，累计贡献率约为90%，足以对所选择变量进行较为充分的解释，达到主成分分析法的要求。

1. KMO 和 Bartlett's 球形检验结果

KMO 检验用于检查变量间的偏相关性，本文的 KMO 统计量为0.865，检验效果良好，适合进行主成分分析（见表107）。

表 107　KMO 和 Bartlett's 检验结果

KMO 取样适切性量数		.865
Bartlett's 球形度检验	近似卡方	67790.002
	自由度	1653
	显著性	.000

2. 变量共同度

变量共同度是各变量中所含原始信息能被提取的公因子所表示的程度，

从表 108 可以看出，所有变量共同度都在 0.8 以上，提取的公因子对各变量的解释能力极强。

表 108　变量共同度

变量	变量名称	提取比例
TFP	全要素生产率增长	0.896
productivity	全社会劳动生产率	0.942
Koutput	资本产出率	0.898
invEff	投资效果系数	0.936
GDP2	第二产业占 GDP 比重	0.914
GDP3	第三产业占 GDP 比重	0.922
urban	城市化率	0.936
gdpVolatility	经济增长波动指标	0.976
foreignVolatility	对外开放稳定性	0.987
pgdpi	人均 GDP 增长率	0.895
inflation	通货膨胀指标	0.956
unemployment	失业率指标	0.899
LaborE	劳动投入弹性指标	0.949
KE	资本投入弹性指标	0.861
energyE	能源消耗弹性指标	0.970
patent	专利授权量	0.927
eduFin	地方财政教育事业费支出	0.924
HC	人力资本	0.908
populationIncRate	人口增长率	0.884
sciFin	地方财政科学事业费支出	0.922
population15_64	有效劳动力比例	0.934
postCount	人均邮电业务量	0.873
infield	万人耕地面积	0.908
infrastructure Index	基础设施指数	0.916
trafficIndex	交通基础设施指数	0.889
comInfrastuct Index	电信基础设施指数	0.860
marketDegree	市场化程度	0.862
serviceEstablishment	城镇社区服务设施数量	0.955
establishment Level	城市设施水平	0.893
urbanEndowmentInsurance	城镇基本养老保险覆盖率	0.941
urbanMedicare	城镇基本医疗保险覆盖率	0.821

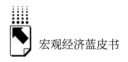

续表

变量	变量名称	提取比例
unemploymentInsurance	城镇失业保险率覆盖率	0.903
countryEndowmentInsurance	农村社会养老保险覆盖率	0.916
pgdp	人均 GDP	0.966
pIncomePGDP	人均可支配收入占 GDP 比重	0.861
urbanIncome	城镇家庭人均可支配收入	0.971
countryIncome	农村居民家庭人均年纯收入	0.968
urbanCountry	城乡人均纯收入指标	0.904
sanitationFin	地方财政卫生事业费支出	0.939
urbanEngel2	城镇居民恩格尔系数	0.847
countryEngel	农村居民恩格尔系数	0.869
save	人均储蓄存款额	0.956
doctors	万人拥有医生数	0.862
beds	万人床位数	0.881
sanitaryInstitution	万人卫生机构数	0.816
urbanCountryConsume	城乡消费水平指标	0.890
consumeLevel	消费水平	0.965
protectArea	自然保护区面积	0.923
parkVirescence	万人城市园林绿地面积	0.878
water	人均水资源量	0.908
energyExp	万元 GDP 能耗指标	0.881
eleExp	万元 GDP 电力消耗指标	0.919
wasteWaterEligible	工业废水排放量指标	0.878
ind3 deposeVal	工业"三废"综合利用产品产值	0.935
EInvest	环境污染治理投资总额	0.892
polluteInvest	治理工业污染项目投资占 GDP 比	0.946
AirIndex	空气质量指数	0.907
betterDays	空气质量优良天数	0.904

注：初始值均为 1。以上是通过主成分分析法提取的。

3. 碎石图

碎石图用来表示各个因子的重要程度。从碎石图可以直观地看出较大的特征值对应前面陡峭部分，作用明显；后面相对平缓的部分对应较小的特征值，其影响相对要小（见图 75）。

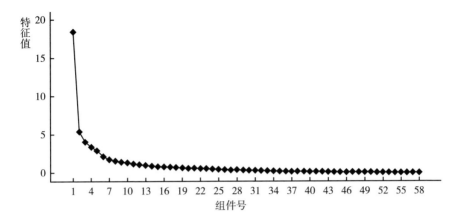

图75　碎石图

Abstract

Based on the S-shaped growth curve model, this report forecasts China's economic growth path in the future, empirically analyzes the empirical facts of the conditions for the transformation of the growth path, discusses the improvement of economic growth efficiency and high quality development, evaluates the development prospects of provinces, districts and cities in 2020 and from the 8th five year plan to the 13th five year plan. A positive feedback mechanism with non-economic factors is introduced to overcome the path locking. Through the co-evolution of economic and non-economic factors, this report puts forward the mode construction to adapt to the transformation of economic growth path, in order to realize the transformation of China's path and marching towards modernization, which includes: (1) it points out the evolution direction of macro management system under the high quality transformation; (2) puts forward the focus of government governance and the reform of macro management system, government governance and public finance system reform, money supply system reform, government resource allocation system reform; (3) constructing positive feedback mechanism of non-economic factors such as society; (4) the arrangement of system reform sequence in the process of China's modernization: establishment of objective function of high quality development from 2021 to 2035 and reform of macro resource management system; the comprehensive construction of national capacity and national governance modernization from 2036 to 2050.

The second part is the report of China's regional economic prospects. This report analyzes the economic growth, growth potential, government efficiency, people's life and environmental quality of 30 provinces, districts, and cities in China from 1990 to 2020 which is composed of index, classification and ranking. On this basis, it introduces the development prospects of 30 provinces, districts, and cities in China from 1990 to 2020. Based on thebackgroundof high-quality development towards 2035, it evaluates the development prospects of 30 provinces, districts, and cities in China, and shows the changes of development prospect index, classification and ranking of 30 provinces, districts, and cities in China from the 8th five year plan to the 13th five year plan. The conclusions are as follows: the development prospects of 30 provinces, districts, and cities in China can be divided into five levels: Level I, level II, level III, level IV and level V. Among them, Shanghai, Beijing, Jiangsu and Zhejiang Province are at Level I in the average results of 1990 ~ 2020, 2000 ~ 2020, 2010 ~ 2020 and 2009 ~ 2017. Guangdong province rises to level I from 2018 to 2020, while Beijing falls from Level I to level II, during the same period. In the past 30 years, the development prospects of the eastern, western and central part of China have changed as follows from the point of region: the improvement of the development prospects in the western region is generally better than that in the eastern and central regions; the improvement of the people's livelihood in the western region is also better than that in the eastern and central regions, however, the eastern region is better than the central and western regionsthat comparethe improvement in the economic growth, growth potential, government efficiency and environmental quality. In addition, by comparing the weight changes of specific indicators in the recent seven years, it can be found that the weight of urban unemployment insurance coverage rate is the highest in 2020; the weight of urbanization rate is in the forefrontfrom 2014 to 2020; the weight of urban basic endowment insurance coverage rate is in the forefront during the period 2015 ~ 2017, 2019 and 2020. The changes of specific indicators that in the top weight rankings can reflect the importance of index of public service, social security and people's lifesuch as urban unemployment insurance coverage rate, urbanization rate, urban basic endowment insurance coverage ratewhich are related to urbanizationin the process of China's high-quality development.

Keywords: Macro – Economy; Economic Growth; High Quality Development; Regional Development Prospects

Contents

I   General Report

Abstract: Based on the S-shaped growth curve model, this report forecasts China's economic growth path in the future, empirically analyzes the empirical facts of the conditions for the transformation of the growth path, discusses the improvement of economic growth efficiency and high quality development, evaluates the development prospects of provinces, districts and cities in 2020 and from the 8th five year plan to the 13th five year plan. A positive feedback mechanism with non-economic factors is introduced to overcome the path locking.

Through the co-evolution of economic and non-economic factors, this report puts forward the mode construction to adapt to the transformation of economic growth path, in order to realize the transformation of China's path and marching towards modernization, which includes: (1) it points out the evolution direction of macro management system under the high quality transformation; (2) puts forward the focus of government governance and the reform of macro management system, government governance and public finance system reform, money supply system reform, government resource allocation system reform; (3) constructing positive feedback mechanism of non-economic factors such as society; (4) the arrangement of system reform sequence in the process of China's modernization: establishment of objective function of high quality development from 2021 to 2035 and reform of macro resource management system; the comprehensive construction of national capacity and national governance modernization from 2036 to 2050.

Keywords: Macro −Economy; Economic Growth; High Quality Development; Regional Development Prospects

Ⅱ Prospect Report on Regional Economic Development

Abstract: This report analyzes the economic growth, growth potential, government efficiency, people's life and environmental quality of 30 provinces, districts, and cities in China from 1990 to 2020 which is composed of index, classification and ranking. On this basis, it introduces the development prospects of 30 provinces, districts, and cities in China from 1990 to 2020. Based on thebackgroundof high-quality development towards 2035, it evaluates the development prospects of 30 provinces, districts, and cities in China, and shows the changes of development prospect index, classification and ranking of 30 provinces, districts, and cities in China from the 8th five year plan to the 13th five year plan. The conclusions are as follows: the development prospects of 30 provinces, districts, and cities in China can be divided into five levels: Level I, level II, level III, level IV and level V. Among them, Shanghai, Beijing, Jiangsu and Zhejiang Province are at Level I in the average results of 1990 ~ 2020, 2000 ~ 2020, 2010 ~ 2020 and 2009 ~ 2017. Guangdong province rises to level I from 2018 to 2020, while Beijing falls from Level I to level II, during the same period. In the past 30 years, the development prospects of the eastern, western and central part of China have changed as follows from the point of region: the improvement of the development prospects in the western region is generally better than that in the eastern and central regions; the improvement of the people's livelihood in the western region is also better than that in the eastern and central regions, however, the eastern region is better than the central and western regionsthat comparethe improvement in the economic growth, growth potential, government efficiency and environmental quality. In addition, by comparing the weight changes of specific indicators in the recent seven years, it can be found that the weight of urban unemployment insurance coverage rate is the highest in 2020; the weight of

urbanization rate is in the forefrontfrom 2014 to 2020; the weight of urban basic endowment insurance coverage rate is in the forefront during the period 2015 ~ 2017, 2019 and 2020. The changes of specific indicators that in the top weight rankings can reflect the importance of index of public service, social security and people's lifesuch as urban unemployment insurance coverage rate, urbanization rate, urban basic endowment insurance coverage ratewhich are related to urbanizationin the process of China's high-quality development.

Keywords: Economic Growth; Development Prospects; High Quality Development

社会科学文献出版社

皮 书

智库报告的主要形式
同一主题智库报告的聚合

❖   ❖

皮书是对中国与世界发展状况和热点问题进行年度监测，以专业的角度、专家的视野和实证研究方法，针对某一领域或区域现状与发展态势展开分析和预测，具备前沿性、原创性、实证性、连续性、时效性等特点的公开出版物，由一系列权威研究报告组成。

❖   ❖

皮书系列报告作者以国内外一流研究机构、知名高校等重点智库的研究人员为主，多为相关领域一流专家学者，他们的观点代表了当下学界对中国与世界的现实和未来最高水平的解读与分析。截至2020年，皮书研创机构有近千家，报告作者累计超过7万人。

❖   ❖

皮书系列已成为社会科学文献出版社的著名图书品牌和中国社会科学院的知名学术品牌。2016年皮书系列正式列入"十三五"国家重点出版规划项目；2013~2020年，重点皮书列入中国社会科学院承担的国家哲学社会科学创新工程项目。

中国皮书网

（网址：www.pishu.cn）

发布皮书研创资讯，传播皮书精彩内容
引领皮书出版潮流，打造皮书服务平台

栏目设置

◆ 关于皮书

何谓皮书、皮书分类、皮书大事记、
皮书荣誉、皮书出版第一人、皮书编辑部

◆ 最新资讯

通知公告、新闻动态、媒体聚焦、
网站专题、视频直播、下载专区

◆ 皮书研创

皮书规范、皮书选题、皮书出版、
皮书研究、研创团队

◆ 皮书评奖评价

指标体系、皮书评价、皮书评奖

◆ 互动专区

皮书说、社科数托邦、皮书微博、留言板

所获荣誉

◆ 2008 年、2011 年、2014 年，中国皮书
网均在全国新闻出版业网站荣誉评选中
获得"最具商业价值网站"称号；
◆ 2012 年，获得"出版业网站百强"称号。

网库合一

2014年，中国皮书网与皮书数据库端口
合一，实现资源共享。

皮书数据库
ANNUAL REPORT(YEARBOOK)
DATABASE

所获荣誉

- 2019年，入围国家新闻出版署数字出版精品遴选推荐计划项目
- 2016年，入选"'十三五'国家重点电子出版物出版规划骨干工程"
- 2015年，荣获"搜索中国正能量 点赞2015""创新中国科技创新奖"
- 2013年，荣获"中国出版政府奖·网络出版物奖"提名奖
- 连续多年荣获中国数字出版博览会"数字出版·优秀品牌"奖

成为会员

通过网址www.pishu.com.cn访问皮书数据库网站或下载皮书数据库APP，进行手机号码验证或邮箱验证即可成为皮书数据库会员。

会员福利

已注册用户购书后可免费获赠100元皮书数据库充值卡。刮开充值卡涂层获取充值密码，登录并进入"会员中心"—"在线充值"—"充值卡充值"，充值成功即可购买和查看数据库内容。

会员福利最终解释权归社会科学文献出版社所有。

数据库服务热线：400-008-6695
数据库服务QQ：2475522410
数据库服务邮箱：database@ssap.cn
图书销售热线：010-59367070/7028
图书服务QQ：1265056568
图书服务邮箱：duzhe@ssap.cn

基本子库
SUB DATABASE

中国社会发展数据库（下设 12 个子库）

整合国内外中国社会发展研究成果，汇聚独家统计数据、深度分析报告，涉及社会、人口、政治、教育、法律等 12 个领域，为了解中国社会发展动态、跟踪社会核心热点、分析社会发展趋势提供一站式资源搜索和数据服务。

中国经济发展数据库（下设 12 个子库）

围绕国内外中国经济发展主题研究报告、学术资讯、基础数据等资料构建，内容涵盖宏观经济、农业经济、工业经济、产业经济等 12 个重点经济领域，为实时掌控经济运行态势、把握经济发展规律、洞察经济形势、进行经济决策提供参考和依据。

中国行业发展数据库（下设 17 个子库）

以中国国民经济行业分类为依据，覆盖金融业、旅游、医疗卫生、交通运输、能源矿产等 100 多个行业，跟踪分析国民经济相关行业市场运行状况和政策导向，汇集行业发展前沿资讯，为投资、从业及各种经济决策提供理论基础和实践指导。

中国区域发展数据库（下设 6 个子库）

对中国特定区域内的经济、社会、文化等领域现状与发展情况进行深度分析和预测，研究层级至县及县以下行政区，涉及地区、区域经济体、城市、农村等不同维度，为地方经济社会宏观态势研究、发展经验研究、案例分析提供数据服务。

中国文化传媒数据库（下设 18 个子库）

汇聚文化传媒领域专家观点、热点资讯，梳理国内外中国文化发展相关学术研究成果、一手统计数据，涵盖文化产业、新闻传播、电影娱乐、文学艺术、群众文化等 18 个重点研究领域。为文化传媒研究提供相关数据、研究报告和综合分析服务。

世界经济与国际关系数据库（下设 6 个子库）

立足"皮书系列"世界经济、国际关系相关学术资源，整合世界经济、国际政治、世界文化与科技、全球性问题、国际组织与国际法、区域研究 6 大领域研究成果，为世界经济与国际关系研究提供全方位数据分析，为决策和形势研判提供参考。

法律声明